生产组织、消费者决策
与零售业态演化

韩朝亮 韩 平

著

图书在版编目（CIP）数据

生产组织、消费者决策与零售业态演化/韩朝亮，韩平著. —北京：经济管理出版社，2020.1

ISBN 978-7-5096-7026-2

Ⅰ.①生… Ⅱ.①韩… ②韩… Ⅲ.①零售业—商业模式—研究 Ⅳ.①F713.32

中国版本图书馆 CIP 数据核字（2020）第 022103 号

组稿编辑：杨　雪
责任编辑：杨　雪　王莉莉
责任印制：黄章平
责任校对：陈晓霞

出版发行：经济管理出版社
　　　　　（北京市海淀区北蜂窝 8 号中雅大厦 A 座 11 层　100038）
网　　址：www.E-mp.com.cn
电　　话：（010）51915602
印　　刷：三河市延风印装有限公司
经　　销：新华书店
开　　本：720mm×1000mm /16
印　　张：14.5
字　　数：238 千字
版　　次：2020 年 6 月第 1 版　2020 年 6 月第 1 次印刷
书　　号：ISBN 978-7-5096-7026-2
定　　价：58.00 元

·版权所有　翻印必究·

凡购本社图书，如有印装错误，由本社读者服务部负责调换。

联系地址：北京阜外月坛北小街 2 号
电话：（010）68022974　邮编：100836

前　言

　　流通产业的基础是零售业，零售业的载体与具体形态是零售业态，零售业态演化与模式创新的水平体现着一个国家流通产业的效率。从发达国家的情况看，零售业态演化是生产组织、消费者决策协同演化的结果。从时间序列的视角看，为了适应生产组织与消费者决策的变化，其经历了充分的演化过程，形成了从百货商店、超级市场、购物中心、电子商务的主力业态演化过程。由于其演化的充分性，线下零售业态可以较好地满足效率与体验的要求，线上零售业态仅作为线下的有效补充。与发达国家零售业态演化的过程不同，改革开放后，中国打破了传统国营商业的主导局面，竞争的引入为零售业态演化提供了基本动力，中国零售业态进入快速演化的过程。零售业态的快速复制与加速布局，使得中国在短时间内完成了零售业态演化的全过程，但由于缺乏充分演化过程，线下零售业态始终徘徊在粗放发展的路径上，效率低、缺乏模式创新等问题始终未得到根本解决。进入21世纪，随着网络信息技术的普及与应用，电子商务演化成一种主要零售业态，由于传统线下零售业态低水平均衡以及电子商务的先天优势，使淘宝、天猫、京东等电子商务B2C、C2C模式在中国迅速发展，在不足20年的发展过程中产生了阿里巴巴、腾讯、京东等一批世界级电子商务企业。电子商务企业除了模式创新之外，更加关注传统零售业态演化过程中缺乏高效商业基础设施支撑的问题，在发展中期将更多要素投入商业基础设施的完善与重构中，第三方支付、物流、金融、大数据、云计算、物联网、移动互联网等零售业态演化必需的基础设施逐渐完善，同时由于体量巨大的国内需求与使用密度，中国一跃成为商业基础设施世界领先国家。与西方发达国家不同，在渠道融合的过程中，中国并没有走线下主导的路径，而是线上企业通过完善、高效的商业基础设施主导、重构线下零售业态，走出了一条差异化的演化路径，并且在零售业态模式创新方面处于世界领先地位。不可否认，由于传统零售业态的粗放发展与不充分演化，在线上主导零售业态演化的过程中，我们还将面临诸多问题，中国将在零售业态演化过程中进行更多创新尝试。

传统零售业态演化研究都沿着单一时间序列视角展开，零售业态被预设成超越社会结构的独立存在，使用描述性统计方法，找出制约零售业态演化的因素，总结演绎零售业态演化的特征与趋势。本书引入多元化视角，从制约零售业态演化的最直接因素——生产与消费入手，区别于传统"生产什么"与"消费什么"的视角，本书以生产组织与消费者决策为视角，重点说明"如何生产""如何消费"对零售业态演化的影响。更为关键的是，本书始终以信息内生为主线，即将信息作为理论框架的内生变量，重点说明生产组织在从科层组织、市场组织、网络组织到自组织过程中对零售业态的信息要求，为了适应生产组织对信息的要求，零售业态也沿着生产组织的结构与方式演化。在此基础上，消费者决策对信息的要求，促使零售业态在生产组织作用结果的基础上，进一步向更加复杂的业态创新，充分体现了消费者决策对生产组织作用零售业态的调节机制。更为关键的是生产组织与消费者决策协同演化将构成覆盖全社会的协同网络，持续为生产、消费协同提供信息来源，并在此基础上借助算法、云计算向数据智能演化。协同网络与数据智能是零售业态持续演化的基本动力，在其作用下零售业态向智能零售演化。

从生产组织看，生产组织结构经历了单一结构、分工结构、模块结构、网络结构四个阶段，为了适应生产组织结构变化对要素配置的要求，生产组织由科层组织、市场组织、网络组织向自组织方式演化。为了适应生产组织的变化，零售商的组织结构与组织方式也沿着生产组织的演化路径展开，零售业态组织结构先后经历了单一结构、分工结构、模块结构。现阶段，中国零售业态进入模块结构阶段，在与商业基础设施互联互通的基础上，实现了零售信息集聚与报酬递增。面向未来，在技术的赋能下，生产组织在物联网与人工智能的影响下，将采取网络结构，智能机器人、智能工厂将成为分布式节点，在数据搜集、处理的基础上，将形成自组织的协同生产网络。相应的零售业态也将向网络结构与自组织演化，现阶段，阿里巴巴、亚马逊等全球领先的零售商已开始尝试自组织方式，完成智能商业革命。

从消费者行为看，传统消费者行为理论是构建在均衡分析与演化分析的基础上，均衡分析的前提是构建理性，即消费者信息完全能知晓选择结果，人被预设为神，传统新古典经济学的偏好—效用研究范式是最好的体现。演化分析的前提是演化理性，即消费者被预设为完全受环境影响的结果，无主观能动性，其结果是消费者的选择受外界环境影响的结果。从实际看，构建理性与演化理性都不能很好地解释消费者行为，有必要引入认知理性，即消费者既不会完全理性也不会完全无能，其结果是形成全新的偏好—认知—效用研究范式。消费者认知水平受到信息搜集、处理能力高低的影响，这导致消费者在完全信息与非完全信息中间徘徊。我们将消费者信息搜集、处理的能力定义为信息能力，信息能力的直接来源是消费者复杂决策网络，消费者复杂决策网络有其独特的网络经济特征。为了提升消费者的信息能力，适应消费者复杂决策网络的需要，出现了信息中介与个人信息助手，其目的是不断适应消费者信息能力提高、节约认知资源的需要。零售业态的整个演化过程，从根本上看，都是为了满足消费者信息能力提升的需要，尤其是到了全渠道融合阶段，更是为了适应消费者购物活动颗粒化的要求，满足消费者信息搜集社交化、网络化的趋势。

面向未来，满足生产组织与消费者决策对信息沉淀、差异化商品体验、服务提供的要求，尤其是信息内生对协同网络与数据智能的更高要求，零售业态在内在体现出关系塑造的本质属性，外在表现出智能零售的基本特征。在商业模式方面，其将由平台模式向C2B模式演化，顺应C2B模式的要求，零售业态的客体、主体、载体、商业关系等将发生深刻变化，最终体现出报酬递增、自组织、和谐生态、智能感知等基本特征，基于零售业态演化体现出的共性特征，具体零售业态将差异化创新，满足生产组织与消费者决策动态匹配多样性组合的要求。

阿里巴巴集团是全球商业变革的领先企业，近20年引领着中国零售业态演化。以阿里巴巴为案例，通过扎根学习理论，剖析阿里巴巴零售业务的演化过程，通过其典型做法验证生产组织与消费者行为协同演化下零售业态演化的过程、模式与趋势。通过阿里巴巴在新零售提出实践过程中的思考与做法，进一步明确未来零售业态演化的趋势与商业模式。

随着零售业态演化，政府治理结构也将面临颠覆性变革，授权式治理方式将成为零售业态治理的主要方式。授权式治理要求零售商履行连带责任,政府治理零售平台,平台对零售活动负责。为了适应授权式治理方式,必然要求在数据兼容、产权界定、数据定价交易等方面进行探索性创新。同时由于零售业态网络经济的特征,零售业态寡头垄断的趋势越发明显,由于零售业态自然垄断的特点,使笔者将规制的重点从垄断势力向垄断行为转变。

本书的第1章由哈尔滨商业大学韩平完成,第2章由哈尔滨商业大学于雪飞完成,其余章节由韩朝亮撰写,全书由韩朝亮统稿。在本书出版之际,笔者谨向给予本书出版提供支持和帮助的机构和人士表示衷心的感谢。本书的出版得到了哈尔滨商业大学经济学院的大力支持,在此深表谢意。同时,感谢经济管理出版社杨雪编辑的热心帮助与支持。此外,在本书的撰写过程中,我们借鉴吸收了国内外专家学者的研究成果,在此也致以诚挚的谢意。

由于笔者学术水平有限,本书一定有不少欠缺之处,恳请广大读者予以批评指正。

韩朝亮
2019年8月

目 录

1 绪论 ·· 1
  1.1 研究背景 ··· 1
  1.2 研究目的和意义 ·· 3
    1.2.1 研究目的 ·· 3
    1.2.2 研究意义 ·· 3
  1.3 国内外研究现状 ·· 5
    1.3.1 国外研究现状 ·· 5
    1.3.2 国内研究现状 ·· 10
  1.4 研究思路与基本框架 ·· 15
    1.4.1 研究思路 ··· 15
    1.4.2 基本框架 ··· 16
  1.5 研究方法 ··· 17
  1.6 创新点 ·· 18

2 生产组织演化的过程、结构与方式 ·································· 20
  2.1 生产组织 ··· 20
    2.1.1 组织 ·· 20
    2.1.2 生产组织 ··· 21
    2.1.3 生产组织的界定 ·· 22
  2.2 生产组织演化的外部环境 ·· 23
    2.2.1 要素层次变化 ·· 23
    2.2.2 技术创新 ··· 25
    2.2.3 制度创新 ··· 27

2.2.4　复杂程度提高 …………………………………………… 28
2.3　生产组织的结构 ……………………………………………………… 29
　　　2.3.1　单一结构 …………………………………………………… 29
　　　2.3.2　分工结构 …………………………………………………… 30
　　　2.3.3　模块结构 …………………………………………………… 31
　　　2.3.4　网络结构 …………………………………………………… 32
2.4　生产组织的方式 ……………………………………………………… 33
　　　2.4.1　科层组织 …………………………………………………… 34
　　　2.4.2　市场组织 …………………………………………………… 34
　　　2.4.3　网络组织 …………………………………………………… 35
　　　2.4.4　自组织 ……………………………………………………… 37
2.5　生产组织的演化特征 ………………………………………………… 38
　　　2.5.1　报酬递增由特殊性向普遍性转变 ………………………… 38
　　　2.5.2　虚拟整合程度不断提高 …………………………………… 39
　　　2.5.3　由非合作零和博弈向合作正和博弈转化 ………………… 41
　　　2.5.4　动态能力显著提升 ………………………………………… 42
2.6　生产组织与消费者决策的动态适应 ………………………………… 44
2.7　本章小结 ……………………………………………………………… 45

3　消费者决策的前提、过程与信息约束 …………………………………… 46
3.1　消费者认知理性 ……………………………………………………… 46
　　　3.1.1　建构理性 …………………………………………………… 47
　　　3.1.2　演化理性 …………………………………………………… 48
　　　3.1.3　建构理性与演化理性的比较 ……………………………… 48
　　　3.1.4　认知理性 …………………………………………………… 49
　　　3.1.5　认知约束与信息约束 ……………………………………… 51
3.2　消费者决策行为 ……………………………………………………… 52
　　　3.2.1　消费者决策行为研究的基本范式 ………………………… 52
　　　3.2.2　消费者决策过程模型 ……………………………………… 53
3.3　消费者信息搜索行为 ………………………………………………… 55
　　　3.3.1　消费者信息搜索与来源 …………………………………… 55

3.3.2 消费者复杂决策网络 ································· 56
　　　3.3.3 消费者复杂决策网络的特征 ························· 57
　　　3.3.4 消费者复杂决策网络与消费者信息搜集行为
　　　　　 关系分析 ····································· 60
　3.4 消费者信息处理行为 ······································· 62
　　　3.4.1 智慧大脑与非智慧大脑"二元结构" ··············· 62
　　　3.4.2 消费者信息处理的阶段划分 ························· 63
　　　3.4.3 消费者信息处理的数据智能依赖 ····················· 68
　3.5 消费者信息能力 ··· 68
　3.6 实证研究 ··· 70
　　　3.6.1 研究模型与基本假设 ······························· 70
　　　3.6.2 预调研分析 ······································· 72
　　　3.6.3 正式调研分析 ····································· 76
　3.7 本章小结 ··· 80

4 生产组织、消费者决策协同对零售业态演化的作用机理 ············· 81
　4.1 消费者决策与生产组织协同的内在关联机理 ················· 81
　　　4.1.1 消费者信息能力与生产组织差异化创新 ··············· 81
　　　4.1.2 消费者信息能力与隐性需求匹配 ····················· 83
　　　4.1.3 生产组织与消费者决策协同作用的结果 ··············· 84
　4.2 生产组织与消费者决策协同的外在表现形式 ················· 85
　　　4.2.1 协同网络构建 ····································· 85
　　　4.2.2 数据智能应用 ····································· 86
　　　4.2.3 网络配置机制形成 ································· 88
　4.3 生产组织演化对零售业态的客观要求 ······················· 90
　　　4.3.1 单一结构阶段 ····································· 91
　　　4.3.2 分工结构阶段 ····································· 92
　　　4.3.3 模块结构阶段 ····································· 94
　　　4.3.4 零售业态模块结构与商业基础设施 ··················· 96
　　　4.3.5 零售业态模块结构与零售信息集聚 ··················· 99
　　　4.3.6 网络结构阶段 ···································· 106

4.4 消费者决策对零售业态演化的调节机制 …………………… 108
    4.4.1 消费者决策行为决定零售业态渠道选择 …………… 108
    4.4.2 消费者决策行为调节零售业态商品经营结构 ……… 109
    4.4.3 消费者决策行为加速零售业态组织形式变化 ……… 111
    4.4.4 消费者决策行为改变零售业态经营模式 …………… 112
    4.4.5 消费者决策行为加速零售业态技术变革 …………… 113
    4.4.6 消费者决策行为强化零售业态信息职能 …………… 115
4.5 生产组织、消费者决策协同对零售业态的作用机理分析 …… 116
    4.5.1 生产组织、消费者决策协同对零售业态作用的
        内在机理 ………………………………………………… 117
    4.5.2 生产组织、消费者决策协同对零售业态作用的
        外在表现 ………………………………………………… 118
    4.5.3 零售业态协同网络构建 ………………………………… 119
    4.5.4 零售业态数据智能迭代 ………………………………… 121
4.6 生产组织、消费者决策协同对零售业态的作用结果 ………… 122
4.7 零售业态中间环节存在的必要性 ………………………………… 123
    4.7.1 去中介化趋势 …………………………………………… 123
    4.7.2 再中介化现实 …………………………………………… 124
4.8 多元零售业态同时存在的格局分析 ……………………………… 126
4.9 本章小结 ……………………………………………………………… 126

5 零售业态演化的趋势、模式与特征 …………………………… 128

5.1 零售业态演化的内在本质 ………………………………………… 128
5.2 零售业态演化的外在表现形式 …………………………………… 130
5.3 零售业态演化的商业模式 ………………………………………… 132
    5.3.1 P2B2C 模式 ……………………………………………… 133
    5.3.2 C2B 模式 ………………………………………………… 134
5.4 零售业态演化的趋势分析 ………………………………………… 136
    5.4.1 零售业态主体的新角色 ………………………………… 136
    5.4.2 零售业态客体的新内容 ………………………………… 137
    5.4.3 零售业态渠道的新形态 ………………………………… 138

5.4.4　零售业态活动的新关系 ………………………………… 139
　　　5.4.5　零售业态经营的新理念 ………………………………… 140
　　　5.4.6　零售业态技术的新变革 ………………………………… 141
　5.5　零售业态演化的基本特征 ……………………………………… 142
　　　5.5.1　智能感知 ………………………………………………… 142
　　　5.5.2　自组织 …………………………………………………… 143
　　　5.5.3　精准升维 ………………………………………………… 144
　　　5.5.4　报酬递增 ………………………………………………… 145
　　　5.5.5　寡头垄断 ………………………………………………… 146
　　　5.5.6　和谐生态 ………………………………………………… 147
　5.6　具体零售业态差异化创新 ……………………………………… 148
　5.7　本章小结 ………………………………………………………… 152

6　基于扎根理论研究过程——阿里巴巴典型事实 ……………… 153

　6.1　扎根理论研究过程 ……………………………………………… 153
　　　6.1.1　案例背景 ………………………………………………… 153
　　　6.1.2　方法选择 ………………………………………………… 154
　　　6.1.3　数据收集 ………………………………………………… 155
　6.2　阿里巴巴零售业务的发展历程 ………………………………… 155
　　　6.2.1　2003～2008年：零售业务布局阶段 …………………… 156
　　　6.2.2　2009～2012年：专业化分工阶段 ……………………… 157
　　　6.2.3　2013～2016年：生态系统构建阶段 …………………… 159
　　　6.2.4　2017年至今：新零售赋能阶段 ………………………… 161
　6.3　阿里巴巴的组织方式分析 ……………………………………… 163
　　　6.3.1　科层组织 ………………………………………………… 163
　　　6.3.2　市场组织 ………………………………………………… 163
　　　6.3.3　网络组织 ………………………………………………… 164
　　　6.3.4　自组织 …………………………………………………… 165
　6.4　阿里巴巴的技术架构分析 ……………………………………… 167
　　　6.4.1　烟囱式技术架构 ………………………………………… 167
　　　6.4.2　数据共享技术架构 ……………………………………… 168

  6.4.3 数据中台技术架构 ·················· 170
 6.5 阿里巴巴的信息功能分析 ················· 172
  6.5.1 阿里巴巴的全渠道融合 ················ 172
  6.5.2 阿里巴巴的信息中介特征 ··············· 174
  6.5.3 阿里巴巴的个人信息助手特征 ············· 174
 6.6 阿里巴巴的商业模式分析 ················· 175
  6.6.1 C2C 模式 ······················ 175
  6.6.2 B2C 模式 ······················ 175
  6.6.3 P2B2C 模式 ····················· 176
  6.6.4 C2B 模式 ······················ 177
 6.7 阿里巴巴的绩效考核分析 ················· 178
 6.8 阿里巴巴的新零售实践分析 ················ 179
  6.8.1 盒马鲜生的典型实践 ················· 179
  6.8.2 银泰百货的典型实践 ················· 183
  6.8.3 大润发超市的典型实践 ················ 187
 6.9 本章小结 ························ 189

7 引领零售业态演化的政策建议 ················ 191

 7.1 零售业态治理方式从直接控制型向授权式转变 ······· 191
 7.2 推动零售业态的全面在线化 ················ 193
 7.3 促进零售业态间的数据兼容 ················ 194
 7.4 明确零售业态的数据产权 ················· 195
 7.5 加速零售信息定价与交易 ················· 197
 7.6 持续完善商业基础设施 ·················· 199
 7.7 改革零售业态反垄断规制模式 ··············· 200
 7.8 本章小结 ························ 200

8 结论与展望 ························ 202

 8.1 研究结论 ························ 202
 8.2 研究展望 ························ 205

参考文献 ····························· 206

1 绪 论

1.1 研究背景

零售业态是零售领域研究的长期热点选题,随着中国在全球率先开始探索"新零售"的实践,外源性资金的持续投入,使得新技术、新模式、新消费交织,催生新业态不断涌现,在理论研究领域迫切需要新的理论指导中国零售业态演化实践与政府治理,本书在此研究背景下应运而生①。

(1) 全球领先的新零售实践。2018 年,中国网上零售额 90065 亿元,比上年增长 23.9%,中国网上零售额连续多年保持 20% 以上的高增长速度,网络零售规模居全球第一。中国网络零售在规模结构、模式创新、新技术应用等方面都处于世界领先水平,在网络零售持续快速发展的同时,网络购物用户规模、使用率增长趋缓,获客成本显著提高,网络零售未来发展面临全新挑战。从 2016 年开始,阿里巴巴、京东等全球领先的网络零售企业开始新零售转型,阿里巴巴基于完整的线上商业基础设施,在相继收购、持股银泰百货、大润发、三江购物等传统线下零售企业后,探索性地推出

---

① 本书选题来源于国家社科基金项目"基于供给侧改革的中国零售业态结构优化与创新研究"(项目编号:16BJY125),以及笔者主持的黑龙江省社科基金项目"经济高质量发展的流通先导新动力机制研究"(项目编号:18JYC259)、黑龙江省普通本科高等学校青年创新人才培养计划项目"零售业态、商业基础设施协同演化与新零售模式研究"(项目编号:UNPYSCT-2018129)。

盒马鲜生的新零售业态。根据新零售业态提供的全渠道融合、技术赋能等可复制的经验，相继改造银泰百货、大润发，银泰百货与大润发的成功改造将进一步深化阿里从传统零售业态的蜕变。京东借助腾讯的线上资源优势，在相继持股家乐福、沃尔玛、永辉超市的同时，加速改造布局线下资源，京东无人便利店、京东超市、京东到家等新业态纷纷上线。传统生鲜超市、大卖场、百货商店、专业店在全球领先的商业基础设施赋能下，全面开启了网络协同与数据智能的探索，中国零售已经走在了全渠道融合与数字零售浪潮的前沿。

（2）线下企业遭遇发展困境。线上企业加速发展并不断实现全渠道融合的同时，实体零售商陷入了发展困境。传统超市持续"关店潮"，2018年1~6月，15家零售上市企业共关店228家，较去年同期增长9.62%，其中联华超市2015~2018年，持续关店1700家。除了传统内资零售企业，国际零售巨头沃尔玛、家乐福等也加大门店调整力度，2018年1~6月，沃尔玛中国关店16家，家乐福中国关店11家。实体零售商由于长期业态同质化、商品同质化、商业模式同质化，陷入了低端锁定与路径依赖的困境，商业地产结构性过剩与关店潮加剧。传统超市、百货商店、专业店由于产品的标准化，在电子商务的冲击下陷入了经营困境，部分超市、百货商店、专业店也意识到全渠道融合的重要性，在PC端、移动端加速布局，但结果都不尽如人意。永辉、天虹、步步高、新华都等区域零售企业开始意识到自建平台的重要性，但是在获得用户安装基础难度增加的情况下，开始尝试与商业基础设施服务商阿里巴巴、京东展开深层次合作，探索转型升级路径。从产业链看，生产厂商有效供给不足、产品同质化导致价格竞争与营销创新成为零售商的主要选择，其直接结果是产业链的微利与低效率、低层次的供需双向匹配，产业链的微利与低效匹配将向产业链上游不断传导，导致制造业盈利困难，难以进行技术创新和智能制造升级，又开启了新一轮的产品同质化—零售商价格竞争与营销创新—产业链微利与低效匹配的恶性循环，中国零售业进入瓶颈期和探索阶段。

（3）亟须理论指导实践。中国零售业发展全球领先，使得长期依赖模仿创新与商业模式改进的中国零售企业失去了参考模板，典型零售商的先试先行全面展开，外源性资本不断涌入，零售市场不断出现新概念、新技术、新模式，"新零售"应运而生。在新零售的探索中，线上线下融合、全渠道融合、服务化、体验化成为典型尝试。但"新零售"仅是典型零售商的全新提法，能否定义为零售行业发展趋势，从基础理论上"新零售"应如何界定，其基本运营要素、典型模式、演化路径应如何描述，成为零售理论与实践共同面对的问题。

1.2 研究目的和意义

1.2.1 研究目的

本书以零售业态为主要研究对象，动态分析零售业态的演化过程，尤其是零售业态演化的最新阶段。在零售组织加速"新零售"实践的过程中，尝试全渠道融合发展，尝试通过协同网络搭建实现数据智能，尝试由商品主导向服务主导转型，尝试通过信息流引导商流、物流、资金流，尝试通过数据重构零售价值创造过程，典型的实践与尝试为中国学者研究零售业态演化提供了难得的案例素材。与此同时，传统的经典零售业态演化理论（如环境理论、循环理论、冲突理论）在解释零售组织的典型尝试时，适用范围与解释能力有限，迫切需要新的理论范式解释在"新零售"实践的过程中出现的新尝试、新技术、新业态。本书的目的在于通过生产组织、消费者决策协同视角，重点考察"如何生产""如何消费"作用下零售业态演化的全过程，解释该过程中出现的全渠道融合、协同网络、数据智能、服务主导、信息内生等典型尝试。更为关键的是本书重点考察生产组织、消费者决策过程中对信息的内在要求，说明在生产组织与消费者决策协同生产网络中，信息是在经济体系内部由纯粹经济因素影响而自行变化的变量，生产组织与消费者决策对信息的要求，决定了零售业态的演化方向。在此基础上，表明了零售组织全渠道融合发展是为了满足消费者决策信息搜集的要求，是实现信息流、商流、物流、资金流统一的内在要求。协同网络搭建与数据智能保证了数据获取以及在其基础上数据智能对人的替代。

1.2.2 研究意义

本书的研究意义从理论意义与学术价值、现实意义与应用前景两方面展开。

(1) 理论意义与学术价值。

第一，将零售业态演化研究纳入主流经济学框架。如何把流通因素引入主流经济学框架，现有文献有两种探索：一是构建生产、消费与流通的三部门复杂均衡模型（张先轸，2014）[①]；二是把流通业比重参数引入生产函数的全要素生产率，以参数代表部门，构建简洁的拓展 Solow 模型（程进文等，2016）[②]。可以看出将流通纳入主流经济学都是围绕宏观研究框架展开的，没能回归主流微观经济学框架。零售活动、流通规律都是基于微观主体的典型实践，所以本书尝试将零售业态演化研究纳入微观经济学的经典消费者决策理论与生产组织理论框架，通过经典理论的再应用、再创新，形成零售业态引入主流经济学的研究范式。

第二，多元化视角。传统零售业态演化研究都是沿袭着经验判断的研究范式，在经典零售业态演化理论的指导下，零售业态演化研究都沿着单一时间序列视角展开，零售业态被预设成超越社会结构的独立存在，使用描述性统计方法，找出制约零售业态演化的因素，总结演绎零售业态演化的特征与趋势。本书打破单一的研究视角，借助经典理论的指导，从生产与消费系统演化的多元化视角与多向因果关系和多层嵌套的角度，分析生产与消费对零售业态演化的深层次影响，找出零售业态演化的过程、模式与趋势。

第三，信息内生为主线。将信息作为理论框架的内生变量，重点说明生产组织在从科层组织、市场组织、网络组织到自组织过程中对零售业态的信息要求，为了适应生产组织对信息的要求，零售业态也沿着生产组织的结构与方式演化。在此基础上，消费者决策对信息的要求，促使零售业态在生产组织作用结果的基础上，进一步向更加复杂的业态创新，充分体现了消费者决策对生产组织作用零售业态的调节机制。更为关键的是生产组织与消费者决策协同演化将构成覆盖全社会的协同网络，持续为生产、消费协同提供信息来源，并在此基础上借助算法、云计算向数据智能演化。

[①] 张先轸，何文，李京晓. 流通、生产与消费：基于三部门封闭经济系统的均衡分析 [J]. 财贸经济，2014（8）：94-103.

[②] 程进文，刘向东. 结构负利：流通业比重与地区经济增长 [J]. 经济理论与经济管理，2014（6）：32-44.

协同网络与数据智能是零售业态持续演化的基本动力,在其作用下零售业态向智能零售演化。

(2) 现实意义与应用前景。

第一,为新零售实践提供理论基础。新零售的深层是技术赋能下社会协同网络中关系与要素的再配置,本书的现实意义是立足于国内典型企业的新零售实践,通过经典理论对零售业态演化的研究,解释该过程中出现的全渠道融合、协同网络、数据智能、服务主导、信息内生等典型尝试,为新零售实践提供理论基础,指导新零售企业实践。

第二,为政府决策提供理论依据。传统零售治理模式是直接治理,由于流通渠道单一,直接治理模式从效率视角看是可行的,但面对消费场景碎片化、消费渠道多元化、消费商品差异化的趋势,政府治理不可能面对所有微观主体,现实的转变是政府的治理模式由直接治理向授权式治理模式转变,即政府治理零售平台,零售平台对零售活动承担连带责任。

第三,清晰未来方向。中国零售业态演化已处于全球领先地位,零售业态演化缺乏参考样本,未来零售业态演化的模式与趋势是企业界与理论界关注的焦点,本书的研究将从理论层面清晰未来零售业态的演化方向,从微观视角明确大趋势下零售业态演化的小趋势。

1.3 国内外研究现状

1.3.1 国外研究现状

传统零售业态演化理论研究已形成了系统的理论体系,部分理论在零售业态演化中的适应性已经得到了验证,本书结合 Brown 对国外零售业态演化理论的综述,系统地对国内外零售业态演化理论进行梳理。Brown 对 20 世纪 80 年代之前零售业态演化研究成果进行了系统梳理,将零售业态演化理论细分为环境理论、循环理论、冲突理论,并认为环境理论、循环理论、冲突理论相互融合会形成新的混合理论①②。基于 Brown 的综述成果，并补充最新研究文献，形成了表 1-1。

表 1-1　国外零售业态演化理论

理论分类		典型代表学者	理论方法与观点
环境理论	宏观零售理论	Schiffman（1981）	宏观环境变化影响零售组织的变迁
	调适理论	Gist（1971）；Roth 和 Klein（1993）；Evans 等（1993）	越适应环境的零售组织越不会被淘汰
	组织进化论	Dreesman（1968）	以达尔文进化论为基础提出零售业物竞天择学说
	生态进化论	Markin 和 Duncan（1981）	用生态观念解释零售组织演进
循环理论	零售手风琴理论	Hower（1943）；Brand（1963）；Hollander（1966）	以手风琴推拉引起风囊宽窄变化说明产品线宽窄变化
	零售轮理论	McNair（1958）	新零售业态以低价格策略进入市场，随后逐渐提升价格，之后又有更新的业态以低价策略进入市场
	零售生命周期理论	Davidson, Bates 和 Bass（1976）	运用生命周期理论说明零售业态演进
	两极理论	Dressman（1968）；Schary（1970）	零售组织存在两极化现象
冲突理论	危机反应模型	Fink, Baek 和 Taddeo（1971）	新零售业态出现，现有业态出现危机并随之发生变化
	辩证发展理论	Gist（1971）	零售组织变迁源于新旧机构的冲突，新零售业态扬弃旧业态
	真空地带理论	Nielsen（1966）	用客户对零售服务和价格的偏好的空隙解释新业态的产生

---

① Brown S. The Wheel of the Wheel of Retailing [J]. International Journal of Retailing, 1998（3）：16-37.
② Brown S. Institutional Change in Retailing：A Review and Synthesis [J]. European Journal of Marketing, 1987（6）：5-36.

续表

理论分类		典型代表学者	理论方法与观点
混合理论	环境—循环混合理论	Mcnail 和 Cox（1957）；Deiderick 和 Dodge（1983）	零售业态的周期演化是在一定的政治、经济、文化、法律和技术等环境下进行的
	循环—冲突混合理论	Martenson（1981）；Izraeli（1970）	零售业态的周期演化和新旧业态冲突相伴随
	环境—冲突混合理论	Alderson（1957）；Mcnail 和 May（1976）	环境影响竞争优势，而优势导致业态间的冲突，最终带来业态变化
	环境—循环—冲突混合理论	Ageragaard, Olsen 和 Allpass（1970）；Beem 和 Oxonfoldt（1966）；中西正雄（1996）	零售业态的变化是由环境、周期、冲突共同推动的

资料来源：笔者整理。

（1）环境理论。零售业态演化的环境理论是指零售业态演化是宏观环境与微观环境协同演化的结果，零售业态演化理论可以细分为宏观零售理论与生态进化理论，生物进化理论又可以细分为调适理论、组织进化论、生态进化论。Schiffman 和 Rosenbloom 综合考量政治、经济、文化与人口情况（密度、就业情况、收入水平）等宏观因素，认为零售业态演化是宏观环境下自然选择的结果，其根本体现了零售组织的被动性[①]。而生物进化理论主要是将达尔文进化论的生物学观点引入零售业态研究的过程，其与宏观零售理论的主要差异体现在零售组织的主动性方面，零售业态主动改变、适应环境变化的能力，基于环境的变化进行新业态演化与商业模式创新。环境理论主要是经济生物学在零售领域的应用，其基本前提是演化理性假设，演化理性认为，人类的理性不是先验存在的，而是由漫长的生物和文化演化中演进而来的，他不是孤立或超越所有历史文化背景的，而是内嵌于各

[①] Rosenbloom B, Schiffman L G. Retailing Theory: Perspectives and Approaches [M]. Chicago: American Marketing Association, 1981.

种习俗、惯例、法律、制度、语言、历史等文化制度中（哈耶克，1979）[①]。

（2）循环理论。零售业态的循环理论认为新业态是在传统业态的基础上，保留部分基因，循环上升的结果。循环理论主要包括零售手风琴理论、零售轮理论、生命周期理论、两极理论。零售业态手风琴理论认为零售业态商品经营范围类似于手风琴的风囊变化，不断在扩张—收缩—扩张的区间徘徊，其实质是典型的经验判断与应用。与手风琴理论相似，McNair 将零售业态演化类比于车轮旋转，新业态在出现时必然经历低价、低毛利、低档定位与传统成熟业态进行竞争，在新业态获得成功后，必然吸引零售业态进行价格竞争与非价格竞争，非价格竞争的结果是经营成本普遍上升，原有低价、低毛利、低档定位的基础不复存在，新业态必然向高毛利、高定位、高价格演化，在此基础上必然产生新的业态，零售业态类似于车轮般循环往复[②]。零售生命周期是将管理学企业生命周期理论系统引入，认为零售组织必然经历产生、成长、成熟、衰落四个阶段。两极理论认为零售业态规模存在大小两极分化，较大规模业态依靠规模经济发展，较小规模业态定位于差异化竞争。后期学者指出零售业态不仅在规模上两极分化，在商品范围、服务水平等领域同样存在两极分化。循环理论的基本方法是经验判断，在特定的领域具有较好的解释能力，但普适性较差，同时缺乏自然科学的有效支撑。

（3）冲突理论。冲突理论主要认为零售组织面对业态间与业态内部冲突时，采取的手段与方式。主要包括危机反应模型、辩证发展理论、真空地带理论。危机反应模型类比于地震，认为面对新的零售业态的竞争，零售业态将经历震感、防御、认知和适应四个阶段，在不同阶段采取不同的策略，最终回归均衡态势的过程。辩证发展理论是将黑格尔哲学中正反合理论的概况性引入，指出正反零售业态在竞争过程中必然最终回归融合的演化路径。真空地带理论是对辩证发展理论的深入，指出正反零售业态趋向融合后，传统正反零售业态的领域出现真空地带，由于消费者需求的多样性，真空地带为未来零售创新提供了可能。冲突理论是传统均衡理论的

[①] 弗里德里希·奥古斯特·冯·哈耶克. 哈耶克论自由文明与保障 [M]. 北京：中国商业出版社，2016.

[②] Mcnair M P. Significant Trends and Developments in the Postwar Period [M]. Pittsburgh：University of Pittsburgh Press, 1958.

应用,其实质认为竞争的结果必然导致最终均衡水平。

(4)混合理论。上述已提及,环境理论、循环理论与冲突理论在解释零售业态演化过程中都存在使用范围有限的问题,所以为了更好地解释零售业态演化,部分学者开始将经典零售业态演化理论再融合。混合理论主要包括环境—循环理论、循环—冲突理论、环境—冲突理论、环境—循环—冲突理论。①环境—循环理论。环境—循环理论认为在宏观、微观环境的变化下零售业态将呈现周期性变化。Cox 将环境理论与零售轮理论相结合,认为在环境的影响下,零售之轮会不断向前演化[1]。Deiderick 和 Dodge 将零售环境理论、零售生命周期理论与零售轮理论结合起来进行研究[2]。②循环—冲突理论。Gist 将冲突理论与循环理论相结合认为,传统零售业态为代表的正方,与新零售业态代表的反方冲突的结果是,新旧业态融合而成的更新业态[3]。③环境—冲突理论。环境—冲突理论主要包括竞争优势理论与简单—复杂化理论,Aldersen 认为环境会使得新旧零售业态确立竞争优势,并在遏制对方获取演化必要环境中向前演化[4]。Regan 零售业态会率先选择简单的服务与商品组合,即高档商品—高服务、中档商品—中服务、低档商品—低服务,随着环境变化与零售业态演化,会形成三种商品层次与三种服务的多样化复杂组合。④环境—循环—冲突理论。部分学者尝试将环境理论、循环理论与冲突理论融合一起解释零售业态演化现象,主要包括螺旋式上升理论、市场演进的多元化理论和新零售轮理论。螺旋式上升理论。Ageragard,Olsen 和 Allpass 认为,零售业态演化不是静止的周期性,而是具有螺旋式上升的特征[5]。Beem 和 Oxenfeldt 认为在社会与技术环境变化的影响下,零售业态演化经历了长周期与短周期,短周期内业态内

---

[1] Regan W J. The States of Retail Development [M]. Homewood, Illinoise: Richard D. Irwin Inc., 1964: 139–153.

[2] Deiderick T E, Dodge H R. The Wheel of Retailing Rotates and Moves [R]. Carbondale: Proceedings Southern Marketing Association, 1983.

[3] Gist R R. Retailing: Concepts and Decisions [M]. NewYork: John WILey & Sons, 1968.

[4] Aldeson W. Marketing Behavior and Executive Action [M]. Homewood, Illionis: Richard D. Irwin Inc., 1957.

[5] Agergaard E, OLSEN P A, ALLPASS J. The Interaction between Retailing and the Urban Centre Structure: A Theory of Spiral Movement [J]. Environment and Planning, 1970 (2): 55–71.

竞争导致差异化与创新，短周期的竞争导致长周期充分演化出新的零售业态①。新零售轮理论。中村正雄认为新业态因技术革新而突破原有的技术边界线，从而获得更多顾客的青睐，其他企业继而模仿，使得竞争激烈化，进而使得新的技术边界线形成，新技术边界线的上下两端延伸与旧边界线相连接，从而激起新的竞争，最终导致新旧业态费用结构差异消失、新技术革新动机产生，如此循环往复②。

1.3.2 国内研究现状

国内关于零售业态演化的基本理论研究，主要是在引进外国经典理论的基础上，进行中国化与适应性验证，由于中国零售业态演化的时间、充分程度、基本环境、技术变化与外国差异性较大，部分学者在此基础上丰富、拓展了零售业态演化理论（见表1-2）。

表1-2 国内零售业态演化理论

理论分类		典型代表学者	理论方法与观点
环境理论	宏观环境	沈蕾和于炜霞（2000）；方虹（2001）；戴黎燕（2006）；杨宜苗和夏春玉（2007）；刘晓雪（2009）；卫海英和高庆伟（2009）等	宏观环境变化对零售业态演化具有影响
	微观环境	赵伟和白长虹（2000）；晏维龙（2003）；孙明贵（2004）；张鸿雁和李程骅（2004）；朱涛（2009）等	微观环境变化对零售业态演化具有影响
	综合环境	李飞（2001）；徐少丹（2014）等	综合环境变化对零售业态变化具有影响
循环理论	零售轮理论	晏维龙（2002）	检验和完善零售轮理论
	零售生命周期理论	庄华强（2002）；汪建成和任丽霞（2006）	用生命周期说明零售业态演进

---

① Beem E R, Oxenfeldt A R. Adiversity Theory for Market Processes in Food Retailing [J]. Journal of Farm Economics, 1966 (8): 69-95.

② 中西正雄，吴小丁. 零售之轮真的在转吗 [J]. 商讯商业经济文荟，2006 (1): 14-19.

续表

理论分类		典型代表学者	理论方法与观点
冲突理论	辩证发展理论	芮明杰和李想（2007）	零售业态源于新旧机构的冲突
混合理论	环境—循环理论	刘星原（2004）；彭娟（2012）	环境和循环变化引起业态变化
	环境—冲突理论	沈建和刘向东（2011）；黄漫宇（2011）	零售业态演化是环境、竞争冲突等因素共同作用的结果
	环境—循环—冲突理论	陶伟军和文启湘（2012）	零售业态变化由环境、周期和冲突共同推进
	多理论综合模型	李飞（2006）；鲍观明和叶永彪（2006）；龚雪（2014）；李飞和贺曦鸣（2015）；王海波（2016）	建立零售业态演化的综合模型

（1）环境理论。国内关于环境理论的研究主要围绕宏观环境、微观环境和综合环境展开，普遍利用描述性统计，找出制约零售业态演化的环境因素，进而影响零售业态演化方向。宏观因素认为经济发展水平、收入水平、市场竞争、消费需求、技术变迁是零售业态演化的主要因素（沈蕾、于炜霞，2001；方虹，2001；戴黎燕，2006）[1][2][3]，宏观因素对零售微观组织的影响一定是存在的，但宏观因素作为自变量在短期内是难以改变的，所以零售业态只能被动适应其变化，在其适应范围内进行业态创新。微观环境与宏观因素不同，微观环境因素认为消费者需求特征与生活方式改变是零售业态演化的根本动力（赵伟、白长虹，2000；晏维龙，2003；孙明

---

[1] 沈蕾，于炜霞.中国服装零售业态发展内在动因的探讨 [J].商业经济与管理，2000（5）：13-15.

[2] 方虹.零售业态的生成机理与我国零售业态结构调整 [J].商业经济与管理，2001（10）：5-8.

[3] 戴黎燕.中国零售业态变革研究 [J].商业经济文荟，2006（3）：11-13.

贵，2004）①②③。不同的观点认为，以企业家才能为基础，对零售组织要素革新与重构形成了全新的零售业态，零售业态内部与零售业态间的竞争导致了零售业态不断适应消费者偏好向前演化（张鸿雁、李程骅，2004；朱涛，2009）④⑤。综合环境理论在综合了宏观环境理论与微观环境理论的基础上，认为零售业态演化是以宏观环境为背景，以微观消费者需求为基础，以技术变革为动力，不断调整零售组织的资金、劳动力等有形要素与信息、知识等无形要素的投入组合，形成适应内外部环境的零售业态演化方向。

（2）循环理论。国内对循环理论的理解主要在于评价其适应性方面，尤其对零售轮理论、生命周期理论。零售轮理论不适应中国实际，在此基础上提出消费者偏好理论（晏维龙，2002）⑥。部分学者通过对中国具体百货商店、超级市场演化过程的考察，检验和完善了零售生命周期理论（庄华强，2002；汪建成、任丽霞，2006）⑦⑧。

（3）冲突理论。在解释业态创新方面，普遍认为成本劣势零售组织在竞争中具有差异化的动机，当差异化使零售要素全面重组时，新业态产生，新业态的产生必然在业态间进行大规模复制与应用，导致业态间竞争激烈，创新主导企业不能再依靠原有差异化获得超额利润，于是零售业态进入下一个创新周期，新零售业态由此产生（芮明杰、李想，2007）⑨。

（4）混合理论。国内关于混合理论的研究主要可以分为环境—循环理论、环境—冲突理论、环境—循环—冲突理论、多理论综合模型。①环

---

① 赵伟，白长虹．对当前我国大型零售企业业态变革的思考［J］．中国软科学，2000（2）：33-36.
② 晏维龙．零售营销策略组合及零售业态多样化［J］．财贸经济，2003（6）：83-95.
③ 孙明贵．业态管理原理［M］．北京：北京大学出版社，2004.
④ 张鸿雁，李程骅．商业业态变迁与消费行为互动关系论——新型商业业态本土化的社会学视角［J］．江海学刊，2004（3）：99-105.
⑤ 朱涛．零售业态演化：基于组织能力视角的理论分析［J］．商业经济与管理，2009（3）：5-10.
⑥ 晏维龙．"零售之轮"理论发展的逻辑与不足［J］．北京工商大学学报（社会科学版），2002（6）：30-34.
⑦ 庄华强．零售业态演化规律的理论探讨［J］．商业经济与管理，2002（7）：32-34.
⑧ 汪建成，任丽霞．中国零售业的环境指数、业态生命周期与业态变迁［J］．当代经济与管理，2006（3）：38-46.
⑨ 芮明杰，李想．零售业态的差异化和演进：产业组织的视角［J］．产业经济研究，2007（2）：1-7.

境—循环理论。零售业态在环境影响的背景下，零售组织必然经历"扬弃—异化—趋同—再扬弃—再异化—再趋同"的演化过程，实现零售要素重组，使得零售业态不断向前演化（刘星原，2004）[①]。宏观环境尤其是消费者需求差异，导致零售业态沿着不同的生命周期演化（彭娟，2012）[②]。②环境—冲突理论。在宏观环境与消费者偏好变化的影响下，零售业态内部与零售业态间的竞争是零售业态演化的基本动力（黄漫宇，2011）[③]。③环境—循环—冲突理论。零售知识是零售业态的基本驱动力，在其驱动下零售业态演化过程经历"业态新生期—业态成长期—业态成熟期—业态蜕变期"，呈现出一个螺旋循环过程（陶伟军、文启湘，2012）[④]。

以往零售业态演化的研究，主要沿着单一视角展开，仅考察零售业态自身演化的趋势与特征，研究方法以经验判断为主，代表理论包括循环理论、冲突理论、环境理论、综合理论。遗憾的是，传统零售业态演化理论没有对零售业态演化形式、特征和演化动力等问题做出深入分析。零售业态处于生产与消费的中间环节，从演化的视角看，其演化受微观生产组织与消费者决策演化的影响，零售业态与生产厂商、消费者决策的协同演化构成复杂的经济系统。在其后的研究中部分学者尝试从消费者演化视角，通过基本理论与描述性统计分析消费者行为演化对零售业态的影响，包括市场细分和顾客受让价值理论（张宁宁、叶永彪，2006）[⑤]、消费者主体意识（李光芹，2009）[⑥]、零售业态嬗变理论模型（王娟，2012）[⑦]、业态多重均衡分析（石明明，2013）[⑧]、Logistic 模型（赵玮、李玉萍，2016）[⑨]、消费

[①] 刘星原．我国零售业态及经营模式异化与趋同的演化规律研究［J］．当代经济科学，2001（4）：75-79.

[②] 彭娟．基于规模发展的零售业态区域差异实证研究［J］．北京工商大学学报（社会科学版），2012（4）：17-24.

[③] 黄漫宇．中国农村零售业态变革分析［J］．农业经济问题，2011（9）：72-76.

[④] 陶伟军，文启湘．零售业态的生成与演进：基于知识的分析［J］．当代经济科学，2002（6）：52-57.

[⑤] 张宁宁，叶永彪．零售业态演变规律探析——个以消费者为视角的新阐释［J］．商业经济文萃，2006（2）：86-88.

[⑥] 李光琴．消费者视角下的国内零售业态变迁路径阐释［J］．商业时代，2009（8）：14-15.

[⑦] 王娟．基于消费者行为的零售业态演进研究［D］．中南大学博士学位论文，2012.

[⑧] 石明明．消费者异质性、搜寻与零售业态均衡——后福特时代流通过程如何响应消费者异质性［J］．财贸经济，2013（11）：107-116.

[⑨] 赵玮，李玉萍．消费者行为视角下零售业态演进的影响因素及发展趋势［J］．商业经济研究，2016（11）：23-24.

者异质性（田华伟，2018）①。基于消费者行为研究的实质是一致的，即在经典演化理论的指导下，零售业态演化研究都沿着单一时间序列视角展开，零售业态被预设成超越社会结构的独立存在，使用描述性统计方法，找出制约零售业态演化的因素，总结演绎零售业态演化的特征与趋势。从微观生产组织视角研究看，零星的研究理论主要从供应链视角阐释零售与生产的协同，包括全球生产网络视角（王玥，2018）②、企业生产效率的角度（周霄雪，2016）③、零售供应链的 Stackelberg 博弈模型（马树建、王慧敏、施庆生，2008）④，虽然关注生产对零售的决定作用，但并未涉及零售业态演化研究。

本书研究的核心是尝试构建零售业态演化的全新视角与范式，所以文献梳理的重点区别于传统零售业态演化的研究范式、研究视角、研究方法、研究观点。石奇、岳中刚（2008）分析了大型零售商的双边市场特征，指出消费现代化是大型零售商双边市场特征的主要来源⑤。龚秀芳（2011）对比分析了网商生态系统与传统零售生态系统，指出两个系统融合发展是零售业态演化的基本动力⑥。骆品亮、傅联英（2014）总结了零售企业平台化转型的趋势，并对平台化转型模式进行了对比和适用性分析⑦。雷兵（2017）基于系统动力学理论与方法，分析了网络零售生态系统中的捕食、互利和竞争的关系，网络零售商、消费者、物流配送企业、网络零售服务外包企业不断成长⑧。鄢章华（2017）认为零售业态演化是基于平行社会的分工协作，将实现数据化和交易成本的零边际化，虽然其对零售业态演化的研究是初步

---

① 田华伟. 消费者异质性视角下的中国零售业态发展与演进研究 [J]. 价格月刊，2018（7）：74-79.

② 王玥. 基于全球生产网络视角下的零售供应链升级与转型——以鲜奶和大豆油为例 [J]. 地理研究，2018（7）：1435-1446.

③ 周霄雪. 下游企业市场扩张与上游企业生产效率——跨国零售企业对中国制造企业的影响 [J]. 国际贸易问题，2016（11）：76-85.

④ 马树建，王慧敏，施庆生. 生产商能力限制条件下零售供应链的 Stackelberg 弈模型 [J]. 统计与决策，2008（6）：50-51.

⑤ 石奇，岳中刚. 大型零售商的双边市场特征及其政策研究 [J]. 财贸经济，2008（2）：105-111.

⑥ 龚秀芳. 网商生态系统与传统零售生态系统的比较分析 [J]. 电子商务，2011（9）：8-12.

⑦ 骆品亮，傅联英. 零售企业平台化转型及其双边定价策略研究 [J]. 管理科学学报，2014（10）：1-12.

⑧ 雷兵. 网络零售生态系统种群成长的系统动力学分析 [J]. 管理评论，2017（6）：152-164.

研究，但平行系统、零边际等复杂系统思想已经出现①。可以看出，复杂系统理论、信息经济理论、生物进化理论、耗散结构理论等思想与方法开始导入零售业态演化的研究，零售业态演化研究开始从自然科学中汲取养分。

1.4 研究思路与基本框架

1.4.1 研究思路

本书在系统梳理传统零售业态演化经典理论的基础上，对零售业态演化的研究视角进行系统分类与学术史梳理，在此基础上从生产组织与消费者决策协同演化视角研究零售业态的理论缘由、根据，正式提出问题。以时间序列为基础，对生产组织的结构、方式与特征进行系统分析，重点对零售业态的组织方式进行剖析，验证零售业态的组织方式沿袭着生产组织的结构、方式与特征，并不断满足生产组织对信息、服务、体验的要求，其本质是信息要求。以消费者行为为基础，通过构建理性与演化理性的对比分析，借鉴现有研究成果，提出认知理性的折中研究框架，形成基于传统消费者行为理论的偏好—认知—效用的研究范式，将认知深化为信息约束，将信息内生引入主流研究框架。消费者的信息约束受制于信息搜集、处理的能力，将信息搜集、处理的能力定义为消费者信息能力，消费者信息能力提升是生产组织差异化创新的原动力，消费者信息能力提升与生产组织差异化构成经济增长的宏观传导机制，将微观研究纳入宏观框架。消费者信息搜集、处理能力来源于消费者复杂决策网络，消费者复杂决策网络具有典型的网络经济新特征，基于此，以量表开发的形式，对消费者复杂决策网络与经济新特征进行验证。在消费者决策模型的基础上，提出消费者决策对零售业态演化的客观要求。在此基础上结合生产与消费协同演化的前期研究，判断未来社会协同网络产生的可能性，基于此，对网络资源配置机制进行说明，网络资源配置机制具体可分解为协同网络与数据智能，基于此，

---

① 鄢章华，刘蕾．"新零售"的概念、研究框架与发展趋势［J］．中国流通经济，2017（10）：12-19．

对未来零售业态演化的商业模式、商业关系、主客体进行系统说明，清晰未来零售业态演化的趋势。立足阿里巴巴的新零售实践，验证基于生产组织与消费者决策协同演化的零售演化理论体系，侧重于阿里巴巴的商业模式重构与中台战略实践。最后面向未来，形成授权式治理模式，并对授权式治理模式下的数据兼容、知识产权、数据定价等进行说明。

1.4.2 基本框架

文献综述。对前期零售业态演化的学术史进行梳理，对零售业态演化的研究视角与基本方法、观点进行系统分析，为提出研究问题提供前提准备。

问题提出。基于前期文件梳理，从研究视角提出基于生产组织与消费者决策协同演化的研究问题，作为主要的研究视角创新，具体的研究技术路线如图1-1所示。

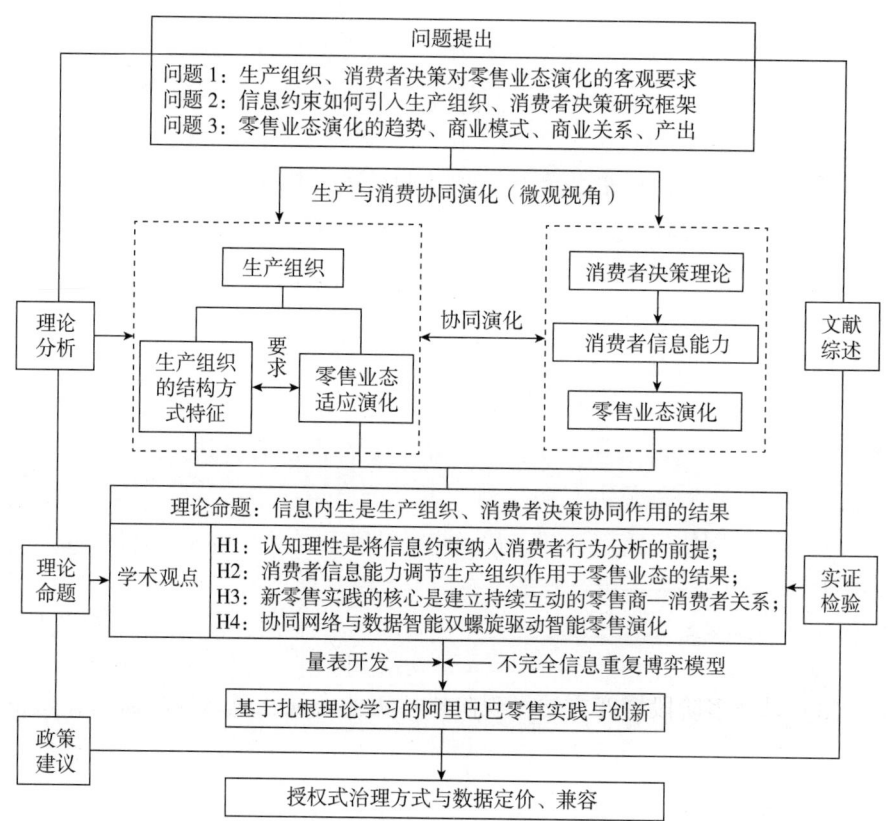

图 1-1 本书技术路线

理论分析。以时间序列为基础，系统分析生产组织的结构、方式与特征。基于消费者决策的分析，以消费者信息搜集、处理能力为主线，形成消费者决策的完整理论体系。

理论命题。基于生产组织与消费者决策协同演化的视角，提出生产组织与消费者行为对零售业态的客观要求，最终形成零售业态演化的过程、趋势与商业模式。

实证检验。通过量表开发、不完全信息重复博弈模型、扎根理论学习等方法，验证零售业态演化的过程、趋势与商业模式的适应性，最终确定研究的最终理论体系与学术思想。

政策建议。最后面向未来，形成授权式治理模式，并对授权式治理模式下的数据兼容、知识产权、数据定价等进行说明，保障零售业态演化与商业模式的确立。

1.5 研究方法

本书的研究方法包括以下几个方面：

（1）动态分析法。本书以零售业态为主要研究对象，以零售业态演化过程中典型实践所显现出来的数量特征为标准，判断被研究现象是否符合正常发展趋势，探求其偏离正常发展趋势的原因并对未来的发展趋势进行预测。

（2）量表开发方法。消费者决策的核心是消费者信息的搜集、处理，在具体分析消费者决策过程中，通过量表开发方法，对消费者复杂决策网络、消费者数据智能、消费者信息搜集能力、消费者信息处理能力四个变量进行量表开发，通过预调研与正式调研，对四个变量的相关关系进行验证，最终检验基本假设和理论模型，为消费者信息能力提供微观支撑。

（3）动态多阶段博弈方法。现阶段零售业态演化进入模块阶段，在零售业态与商业基础设施互联互通的基础上，将产生零售信息集聚与零售信息多样化的特征，本书利用讨价—还价动态多阶段博弈模型，说明在零售信息集聚与零售信息多样化的过程中将产生报酬递增的阶段特征。

（4）扎根理论研究法。通过全球领先的零售企业的典型实践，系统验证生产组织与消费者决策协同作用下零售业态的趋势、模式与特征，进一步说明理论框架与观点的合理性。本书以阿里巴巴为主要研究对象，通过扎根理论研究过程与数据搜集，系统考察阿里巴巴在生产组织、消费者决策影响下的演化趋势与模式。并重点分析其数据中台技术结构演化过程，说明信息在组织中内生的过程以及数据为什么成为阿里巴巴的"新能源"。

1.6　创新点

本书的主要创新点体现在以下几个方面。

（1）信息内生的视角创新。与传统零售业态演化经典理论不同，本书将零售业态预设为生产与消费的中间环节，重点研究在生产组织与消费者决策协同演化的过程中，零售业态将如何适应与演化，从而回归生产—流通—消费的研究范式。在生产组织与消费者决策协同过程中，信息内生是贯穿研究始终的主要创新主线与创新点。本书将信息作为理论框架的内生变量，重点说明生产组织在科层组织、市场组织、网络组织到自组织过程中对零售业态的信息要求，为了适应生产组织对信息的要求，零售业态也沿着生产组织的结构与方式演化。在此基础上，消费者决策对信息的要求促使零售业态在生产组织作用结果的基础上，进一步向更加复杂的业态创新，充分体现了消费者决策对生产组织作用零售业态的调节机制。更为关键的是生产组织与消费者决策协同演化将构成覆盖全社会的协同网络，持续为生产、消费协同提供信息来源。在持续信息来源的基础上借助算法、云计算向数据智能演化，推动零售业态向智能零售演化。本书系统地说明了零售业态信息内生过程以及在此基础上的信息利用与价值创造，验证"信息内生是生产组织、消费者决策协同作用的结果"的基本理论问题，同时也说明了为什么信息流成为商流、物流、资金流、人员流的先导。

（2）生产组织、消费者决策的协同作用机理研究。生产组织演化的主要动力来源于消费者决策的变化，生产组织结构、方式复杂化是为了充分满足消费者决策的要求。从内在细腻化的视角看，由于消费者决策过程中消费者信息能力不断提升，导致生产组织不断加速差异化创新，适应消费者信息能力提升带来的利润降低，在此过程中生产组织结构、方式更加复杂化，同时满足消费者个性化的隐性需求。从外在广义视角看，生产组织在演化过程中，逐渐呈现网络结构与自组织；消费者决策演化过程中，深度依赖消费者复杂决策网络与数据智能；生产组织与消费者协同作用的外在表现为生产网络与消费者网络协同构成覆盖全社会的协同网络，协同网络促使生产与消费"时空错开、同步并联"，满足生产与消费者数据、信息要求。在算法、云计算等技术迭代下，加速数据智能应用，协同网络与数据智能构成经济社会演化的基本动力。

（3）消费者决策理论框架组构。以消费者理性为基础，比较建构理性与演化理性，提出消费者理性应建立在认知理性的基础上，消费者决策纳入偏好—认知—效用分析框架。在此基础上说明消费者偏好能否实现效用最大化取决于认知约束与信息约束，认知约束的本质是信息约束，信息约束成为调节偏好到效用的调节变量。在消费者具体决策过程中，消费者信息搜集由对生产组织依赖向消费者复杂决策网络依赖转变，消费者复杂决策网络有助于消费者信息搜集能力提升。消费者信息处理由人脑依赖向数据智能依赖转变，消费者数据智能有助于提升消费者信息处理能力。消费者信息搜集、处理能力相互促进，使得消费者认知水平提升，最终通过消费者隐性需求的满足，提高其效用水平，实现效用最大化。

（4）零售业态演化典型趋势的理论解释。基于生产组织与消费者协同作用，对零售业态演化过程中出现的全渠道融合、信息内生、协同网路、数据智能、智能感知、服务主导等典型特征与实践，给出了清晰的理论解释。重点说明了信息（数据）的应用及其基本嵌入机制，在大数据、云计算、算法的加持下，将促使零售业态的各要素再次进行边际调整，从而形成新的零售组织新的经营形态。

2

生产组织演化的过程、结构与方式

关于流通地位与作用的认识存在诸多理论，由于受社会再生产四环节基础理论的影响，学界普遍认同流通环节论，认为流通是生产与消费的中介环节，其发展直接受生产与消费的制约，传统研究视角集中于"生产什么"，本书的研究集中于"如何生产"对零售业态演化的影响。

2.1 生产组织

在考察主导性生产组织演化的历史过程之前，应清楚组织、生产组织的关系，有必要对生产组织的研究对象与研究内容进行界定，以使生产组织的研究框定在既定的范围内，契合本书的研究主题。

2.1.1 组织

关于组织的界定，新古典经济学基于静态分析，将组织界定为严格的函数关系。新古典经济学将组织等同于独立的经济人，在此基础上构建"生产函数关系"，由此建立基于有形生产要素的如何生产，如何在短期、长期实现最优化的数学模型，其唯一目的是实现生产要素在组织内部的最优配置。新古典经济学关于组织的界定忽视了企业组织的起源与演化过程，更不能为企业组织存在提供形象化的事实说明，其核心就是抽象化的函数关系。奈特在新古典经济学静态分析的基础上，引入了不确定性经济分析，改变了静态分析的函数关系变量。奈特认为不确定性将导致组织经营风险的存在，风险的存在赋予了组织保险的功能，企业家是规避风险、分摊风险的主导者，首次肯定了企业家的作用。在奈特的基础上，科斯将组织扩大到新古典经济学关于生产函数关系的界定范围，将配置资源的范围扩大到市场。在资源配置过程中存在市场与企业组织，企业组织存在的根本原因是其效率高于市场组织，并提出了科层组织的概念，企业家通过科层组织完成资源在企业内部的配置，这也是企业家作用的体现。科斯之后的新制度经济学没能将组织的分析纳入更多动态内容，而是将主要精力用于向新古典经济学靠拢，其结果是科斯以后的产权理论、组织理论和契约理论仍是以静态分析为主，仍没能改变资源配置的宿命，制度安排只是资源配置最优化的保障。现代主流经济学组织理论的核心仍然是要素范围扩大下的最优配置理论，而并非一种考虑了历史逻辑起点和个人权利禀赋的合约选择或者制度选择理论。要考察作为生产组织的企业如何产生和演化，需要比较企业组织和其他生产组织的差异，分析组织效率是如何随着组织形态嬗变而变化的。

典型的组织界定包括：马克斯·韦伯将组织界定为"一种通过规则对外来者进入的封闭而又限制的社会关系"。切斯特·巴纳德认为组织本质上是一种包含物的、生物的、人的、社会的构成要素的开放性社会协作系统，这个社会协作系统包括三个基本要素，即协作意愿、协作目标和信息交互。西蒙将组织界定为"一个人类群体当中的信息沟通与相互关系的复杂模式"。马克斯·韦伯、切斯特·巴纳德、西蒙对组织界定的共同认识包括：一是打破了新古典经济学静态分析的界定，认为组织是一个复杂的社会协同系统；二是存在信息交互，信息交互的效率是组织效率提升的决定性因素；三是在新制度经济学关于组织界定的基础上又向前迈出了一步，认为组织是更为复杂的社会关系的组合，同时需要新制度经济学的制度提供产权界定。本书关于组织的界定，基于马克斯·韦伯、切斯特·巴纳德、西蒙关于组织的共识。

2.1.2 生产组织

关于生产组织有两种典型的应用范畴，具体到英文翻译的差别是 Production Organize 和 Production Organization，显然前一个组织是动词，后一个组织是名词。前一个生产组织（Production Organize）依据要素范围包括企业范围和社会范围，企业范围具体指对具体产品生产过程进行的组织工作和流程优化，具体内容包括根据专业化分工程度确立企业内部生产单元（工段、车间等），选择合适的生产组织形式（流水线作业等），确立生产单元的专业化形式（工艺、对象专业化），生产单元的流程优化，具体包括在时间、空间、规模、结构上的相互衔接配合，企业范畴的生产组织的核心是新古典经济学静态观点，即在企业内部实现资源合理配资与最优化。全社会范围内的生产组织，一般指各地区、各生产部门和各企业之间的分工与协作的生产组织形式。全社会范畴的生产组织是在企业内部范围的基础上，将生产组织扩大到科斯界定的市场和马克斯·韦伯、切斯特·巴纳德、西蒙的社会协同系统的过程，其实质是在全社会范围内进行资源配置的动态过程，由于参与要素的复杂化，其呈现出了复杂系统的特点。对于后一个生产组织其实质是具体生产组织过程中体现出的关系集合和承载主体。主流研究将生产组织抽象为交易和合同关系的简单规定，生产组织通过交易和合同实现了关系的再调整，从而动态地实现了生产组织对生产要素在配置上的更高水平的优化，但从实际看，以交易和合同关系替代具体的生产与生产关系不可能完全揭示具体的生产组织动态的变迁过程。

2.1.3 生产组织的界定

作为本书研究对象的生产组织，即微观的生产组织，涉及社会范围内的生产组织。必须在此界定清楚，随着生产组织边界的不断扩展，介于市场与科层之间的各种组织形态如企业联盟、事业部制、企业网络等也都可以看作是生产组织的内容。切斯特·巴纳德认为组织本质上是一种包含着物的、生物的、人的、社会的构成要素的开放性社会协作系统，这一系统主要包含三个要素，即协作意愿、共同目标和信息交流。本书研究的生产组织对象是为了完成商品与服务的生产，包括物的、生物的、人的、社会的构成要素的开放性社会协作系统，而且生产组织作为提供商品与服务的主体，其提供的服务比重逐渐提升。在界定清楚微观生产组织的研究对象后，有必要进一步考察研究对象的具体研究内容，主导性生产组织演化过程中具体的生产组织过程与活动更是本书的考察重点，即有关企业组织如何生产、如何实现资源的最优配置的过程。本书所涉及的生产组织考察是指以主导性生产组织为研究对象，考察其在历史演化过程中具体的生产组织活动的结构、方式与特征。

2.2 生产组织演化的外部环境

由于经济面临的外部环境的变化，必然导致生产、流通、消费的变化，本书在总体层面将经济面临的外部环境进行统一阐释，在后续的研究中也将继续应用，但不再赘述，例如理论界和企业界普遍认为电子商务对线下实体店冲击严重，导致"关店潮"的产生，但本书的研究观点认为，由于外部环境的变化，导致生产与消费的变化，最终导致传统零售业态不能适应其环境的变化，最终必然退出市场，如果没有电子商务的存在，传统零售业态同样也将退出市场。

2.2.1 要素层次变化

经济系统具有层次性，层次性的主要来源是主导要素（昝廷全，2003）[①]，按照主导要素演变的时间顺序，依次分为初级要素、中级要素和高级要素。表2-1显示了主导要素的转换关系以及由此产生的基本理论拓展。依托初级要素的发展阶段，由于初级要素稀缺性、排他性等特征，新古典经济学关于优化资源配置成为研究的核心问题，加快资本、土地、劳动力的积累与集聚成为经济增长的应有之义，因此，规模经济成为理论界与企业界关注的重点。此时，知识、技术、数据、制度作为外生因素，以参数进入新古典均衡分析框架。随着科技发展与制度演化，中级要素的普遍存在，关于拓展可用资源问题以及可用资源内生化研究成为了新兴古典经济学与新增长理论关切的核心，由于中级要素具有非稀缺性、非排他性与正外部性等基本特征，使得依托中级要素的经济体获得报酬递增成为可能，早期由于依靠教育来推动技术和知识的自发生成相对缓慢，人们开始

---

① 昝廷全. 系统经济：新经济的本质——兼论模块化理论[J]. 中国工业经济，2003（9）：23-29.

借助专业化分工的"干中学"原理加速分工发展，中级要素的能动性（教育、干中学）在配置初级要素的过程中必然继续深化分工，所以分工开始导致分工深化，分工开始累积因果关系，分工一般取决于分工，经济增长进入报酬递增阶段。当社会分工深化达到一定阶段后，生产组织更加复杂化，经济结构更加细微化，于是分工深化的负面效应显现：一方面过于细化的分工结构导致系统内部获得协同效应的难度增加；另一方面带有个别冲击性质的外在不可预期因素增加。在这种背景下，网络信息技术的出现在一定程度上缓解了分工深化带来的弊端，尤其是组织、网络、标准、文化等高级要素的发展。高级要素具有融合性、共生性特征，解决了分工深化后再融合的交易费用、协同效应与抗风能力问题。同时，高级要素对初级要素、中级要素具有较强的能动性和约束条件，可以创造出人们普遍接受的整体设计规则，成为决定系统竞争力的主导力量。经济增长关注的核心从分工带来的效率效应跃升到充分发挥效率效应同时向主要依托协同效应转化，这里的协同效应主要指金钱外部性与技术外部性。

表 2-1 主导要素转换与基本特征

	要素类别	基本特征	互动关系	关注重点	发展措施	演化路径
初级要素	资本、土地、劳动力	消耗性、稀缺性、排他性、负外部性、非交互性	匹配	规模经济	要素积累	粗放到集约
中级要素	知识、技术、数据、制度	非消耗性、非稀缺性、非排他性、正外部性、交互性	渗透、融合	分工效应	生产迂回化、价值链条化	集约到效率分工
高级要素	组织、网络、标准、文化	融合性、共生性	寄生、共生	模块的创新能力，设计规则的再创新	模块化、融合化	效率分工到功能分工

主导要素的价值创造能力的升级来源于关系互动，在关系互动过程中实现了信息、知识、技术内生化与协同化，主导要素对应的互动关系包括匹配（Matching）、渗透（Infiltrating）、融合（Syncretizing）和寄生（Parasitism）。匹配关系是指要素的配对，即协调性与互补性（王瑜、

任浩，2014）①，协调性与互补性限制了分工的范围，随着专用性资产的投入，其能力资产的组合也是确定的，匹配是构成机械式系统的核心。渗透开始包含主动因素，但渗透是单向的，要素 A 向要素 B 传输知识、技术，要素 B 吸收要素 A 的知识、技术融入自身，在 A 向 B 渗透的过程中，B 实现了要素的升级与扩张。融合的实质是双向渗透，A、B 要素之间实现知识、技术的双向交互，要素得到反复利用与提升，并且具备了循环因果的关系。寄生是指低级要素寄生于高级要素生存与发展，与生物学寄生概念不同，参与各方不会利益受损，参与各方均能收益。A、B 要素相对于 C 要素是低级要素，A、B 要素在 C 要素的系统（体系）中，更容易实现渗透与融合，寄生是要素之间非线性作用的结果，要素之间相互作用向有机系统演变。传统的初级要素间是显著的匹配关系，强调其互补与协调，最终一体化形成最终产品与服务。中级要素间的主导关系是融合关系，而中级要素与初级要素间的互动是典型的渗透关系，传统内生增长理论的实质就是通过中级要素的渗透关系，改变初级要素的产出效率，后期通过中级要素间的相互融合产生金钱外部性与技术外部性，成功地解释了报酬递增与新经济现象。高级要素的主要作用是形成与中级要素、低级要素的寄生关系，增强中级要素、低级要素的能动性约束条件，与其相互共生形成复杂系统。

2.2.2 技术创新

从技术演化的历史看，社会技术创新与生产组织创新是同构的，技术创新导致企业生产方式变革随之变化，生产方式的改变将导致企业内部与企业之间配置资源机制发生改变，最终导致生产组织形态变革（Sanchez & Mahoney，2012）。以机械化为主要标志的第一次工业革命，改变了传统小作坊式生产方式，机械化确立了现代工业企业的雏形，同时也要求劳动力、资本、土地等有形要素向工业企业集中，大规模生产（Mass Production）成为现代企业的标志。以电气化为主要标志的第二次工业革命经济学研究的实质与第一次工业革命是一致的，电气化进一步满足了工业的动力要求，产生了化学工业、石油工业、汽车工业、电力工业等新兴产业，新兴产业的产业属性和进一步提高劳动生产率的意愿，都进一步要求扩大规模经济。

---

① 王瑜，任浩. 模块化组织价值创新：内涵与本质 [J]. 科学学研究，2014（2）：282-288.

机械化、电气化的实质是能源革命，能源革命带来的技术革新必然要求单一结构的规模经济，追求规模经济使得垄断成为应有之义。第二次工业革命后，由于市场容量的急剧扩大以及运输、通信技术的迅速发展，现代大工业生产体系得以建立，以大规模生产为特征的福特制生产方式席卷了整个西方的制造业领域，资本密集的工业特点要求把大量生产和大量分配的作业集中在一家公司完成，从而使得多功能、多单位的纵向一体化（Vertical Integration）大型企业在相当长的一段时期成为主宰美、德、英等西方发达国家产业组织的基本形态。

自然科学原理的重大突破带来了第三次工业革命，空间技术、原子能技术、计算机网络技术、生物技术、生命科学都在"二战"后取得了重大进展。自然科学原理的重大突破，一方面要求学科分工越来越细化，另一方面要求学科之间相互联系越来越紧密，协同创新成为主要的创新方式。适应分工细化以及分工细化基础上再协调的需求，必然需要沟通协调技术的支撑。随着分工的深化，分工结构导致系统内部协同难度增加，计算机网络技术的不断创新与加速应用从根本上解决了分工过程中产生的协调问题，计算机网络技术的产生就是为了解决科研过程中 FTP 文件分享与传输的问题。自然科学原理的突破，使得经济学理论在此阶段也开始关注科技发展与劳动者素质提高，知识、人力资源、创新的内生性研究成为此阶段的主要方向，主要通过生产技术的不断进步，劳动者素质和技能的不断提高，劳动手段的不断改进，来提高劳动生产率。

第四次工业革命的核心是智能制造，智能制造技术是在物联网技术、传感器技术、自动化技术、人工智能技术的基础上，通过感知、人机互动、决策、执行和反馈，实现产品设计过程、制造过程和企业管理及服务的智能化，是信息技术与制造技术的深度融合和集成。面向未来的智能制造是物理系统和虚拟信息系统的组成，称之为信息物理生产系统（Cyber Physics Production System，CPPS），其核心是把传感器、感应器等智能装置嵌入所有的物体和环境中，并且通过有线和无线网络加以连接，形成物联网，再通过超级计算机、云计算将物联网与互联网整合起来，实现人类社会活动与物理系统的整合。智能制造是面向产品全生命周期，实现泛在感知条件下的信息化制造。泛在感知构成泛在网络，泛在网络是包含非常大数量的、非传统计算器的"智能物品"网络，如图 2-1 所示。泛在感知网络对通信的要求变得越来越高,最终的目的是实现人和人、人和物、物和物之间毫无困难的 5A(Anytime,Anywhere,Anyone,Anything,Anydevice)交流,即任何时间、任何地点、任何人、任何物使用任何设备都能进行通信。

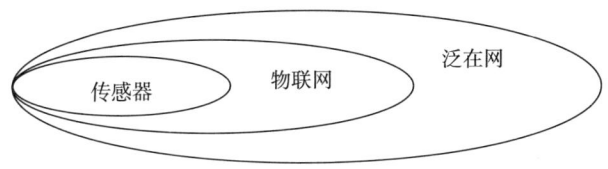

图 2-1 泛在网络的构成层次

2.2.3 制度创新

技术创新是微观生产组织演化的支撑,除技术创新外,制度创新带来的交易效率提升也是微观产品组织结构演化的一个必要条件。技术创新要求基于生产分工的越来越细化、在泛在网络时代生产要素将实现颗粒化,分工细化要求不断的制度创新为其交易提供产权保障。新兴古典经济学认为制度创新带来的产权保障与效率提高是分工深化的重要原因。政府以及政府治理或相关的制度、法规措施可降低交易费用,这是影响交易效率的重要因素(卡利斯·Y. 鲍德温,2002)[①]。在政府诸多政策中,知识产权制度在生产组织中的作用尤为突出。知识产权制度的出现,源于对科学技术创新的保护,同时科技创新水平的提高,又反向推动知识产权制度的细化、完善和发展。专利制度导致近代中国与欧洲在知识积累和技术进步模式上产生巨大分野,进而导致产业革命发生在欧洲而非中国。从历次工业革命的发起国看,无论是英国还是德国,完善的知识产权保护制度与文化,是保障其制造业持续健康发展的基础,更是加速制造业领域技术创新,提高生产效率的重要利器。关于制度创新在生产组织演化中的重要作用,制度学派与新兴古典经济学进行了充分的阐释。政府在法律制度与产权保护领域的努力将降低全社会交易成本,为生产组织活动提供良好的未来预期(Douglass C. North,1986)。制度与政策形成的社会基础设施能有效降低交易费用,也是促进生产繁荣的根本(Hall & Jones,2004)。关于分工的内生

---

① 卡利斯·Y. 鲍德温. 价值链管理 [M]. 北京:中国人民大学出版社,2003.

演化机制，杨小凯、黄有光（1999）运用序贯均衡模型，通过对内生交易成本与瓦尔拉价格机制关系的探讨，厘清了这一传导机制的真正内涵，即"分工—信息分散—价格协调（瓦尔拉机制）—降低内生交易成本—生产力提高—分工进化"。具体来说，在他们看来，随着分工的演化，信息越来越分散在不同的专业市场中，市场一方面在促进信息的分散化和信息的不对称，进而产生专业化生产的企业和经济结构；另一方面市场又通过公平竞争（价格协调）来限制起源于信息不对称的机会主义行为，使每个人、每个经济组织在不知道其他信息时，都能享受所有不同专业信息带来的生产能力。

2.2.4 复杂程度提高

全球化市场、技术变革和持续缩短的产品生命周期以及消费者个性化需求使得传统企业正面临着动态性和复杂性的双重挑战（Siggelkow & Rivkin，2005）。这种转变突出体现在由封闭系统到开放系统、由静态单一环境到动态复杂环境，封闭系统到开放系统是静态单一环境到动态复杂环境产生的决定因素。封闭系统是指缺乏与外界进行物质交换与经济联系的系统，开放系统是指与外界存在广泛的物质、能量、信息的系统，在技术创新带来技术可行性以及制度创新带来交易效率提高的背景下，开放程度逐渐提高是世界经济的最显著特征。封闭系统到开放系统的转变，直接带来了竞争环境由静态单一环境向动态复杂环境的转变，由静态（Static）到动态（Dynamic）的转变主要来源于技术创新加速、要素不断升级带来的持续变化过程，单一到复杂突出表现在从生产到消费的多样性与不可控性。静态单一环境的直接结果是企业生产组织在企业内部完成，庞大的组织架构与机械式设计能更高效地获取规模经济。动态性和复杂性的双重挑战要求企业内部做出快速的反应，否则将可能在竞争中被淘汰，但是庞大的组织架构却成为企业灵活应对外部环境变化的阻力。在此基础上，生产组织开始由纵向一体化向价值链分工转变，价值链分工是适度动态性和复杂性的最优选择，但其实质仍然是被动分工，分工环节具有机械式设计的特征。在动态复杂环境下，引导企业成功的关键因素是反应速度、灵活、资源整合与创新，其核心转变必须完成由机械设计到有机设计的转变，机械设计是被动分工，在分工与组装过程中，业务流程与零部件缺乏创新基因与自我组织能力。而有机设计的核心是自我演化,即业务流程与功能模块具有创新基因和自增强机制,其结果是最终产品具有成长性。模块化组织内部附着在一个价值网络中,核心企业可以专注自身的核心价值,将非核心价值外包出去,形成一个以核心价值为主的复杂但又具有创造性的价值创造系统。企业核心竞争力的演进与发展类似于生物有机体的一般特性,是一个动态的、有机的系统(王伟、宋雨,2016)[①]。中国转型经济时期,制度缺失和产权保护不力、关系战略与创新战略并驾齐驱、组织边界不断拓展和越发模糊,与静态环境战略相匹配的科层组织形式已明显难以适应当前经济需求。本土新兴企业在中国转型经济环境下生存与发展需要同时应对多重矛盾与冲突,是战略复杂性的根本原因(武亚军,2009)[②],中国需要进行更深入的制度创新来适应复杂动态环境的需要。

2.3 生产组织的结构

微观生产组织的结构是由生产技术所决定的具体产品生产组织架构,即整个生产活动的总体结构,生产组织从具体结构看,先后经历了单一结构、分工结构、模块结构与网络结构。生产组织在分工深化的作用下,不断地经历了拉伸—再分解—颗粒化的过程。

2.3.1 单一结构

这里的单一结构是指新古典经济学家所强调的规模经济的效果,单一结构能够保证农业与工业产品生产过程中规模经济效应的最大化,单一结构就是实现产品生产的纵向一体化(Vertical Integration),是传统企业将上、下游的业务活动集成于企业内部的典型做法。典型的单一结构是福特制,福特制的核心是企业对整个生产流程的控制,从原料供应、产品设计、零

[①] 王伟,宋雨.基于模块化制造网络的企业价值创造研究综述[J].大连海事大学学报(社会科学版),2016(3):52-56.

[②] 武亚军.中国本土新兴企业的战略双重性:基于华为、联想和海尔实践的理论探索[J].管理世界,2009(12):120-136.

部件加工、产成品组装、流通、售后服务等所有环节都集中于生产组织内部，通过生产组织内部单一产品的大量生产，在组织内部实行高度的标准化、机械化和专业化，不断分工、再分工，极大提高单一工序的劳动生产率与熟练程度。单一结构是规模经济在第一次、第二次工业革命的直接体现，极大地提高了有形要素的使用效率，但过分强调规模经济的效果导致新古典经济学忽略了分工的意义，进而无法解释报酬递增与涌现出的新的经济现象。同时随着消费者需求水平的不断提高，消费者多样化、个性化的要求与单一结构产品的单一化相矛盾，这必然要求其打破单一大规模的组织结构，将生产组织拉伸，形成基于外部市场的分工结构。

2.3.2 分工结构

在以杨小凯、黄有光教授为代表的新兴古典经济学派的努力下，分工被作为一个主导型的分析框架引入了新兴古典经济学之中，分工越细化，外包水平越高，专业化水平就越高。由于大规模定制本质上具有"持续创新+敏捷制造"的特征，纵向一体化的层级制组织结构已无法对市场的多样化需求进行快速响应，竞争的压力迫使传统巨型企业放弃了将上、下游的业务活动集成于企业内部的做法，而转为实施"归核化"战略（Focus Strategy），在专注于核心业务的同时将非核心业务纷纷剥离，生产组织因而出现了纵向分离（Vertical Disintegration）的趋势。生产组织的分工结构使其不断进行外包与外化，生产组织进行外包与外化将在一定程度上获得结构瘦身效应、规模经济效益、学习效应与比较优势效应，结构瘦身效应使"船小好调头"得以实现，生产组织可以适应外部动态复杂环境的变化，在瞬息万变的环境中抓住市场机遇。规模经济效应与学习效应随着生产组织的规模扩大，实现了成本的降低，但其核心差异在于在成本曲线上移动还是成本曲线整体移动（见图 2-2）。比较优势效应是指生产组织能在全球范围内充分利用要素密集优势，劳动力密集、资本密集、技术密集都将实现要素供给成本的下降。结构瘦身效应、规模经济效益、学习效应与比较优势效应在一定程度上降低了生产组织的成本，但在分工结构上已经开始出现了报酬递增现象，下文将具体阐述。在分工结构下，外部组织在规模经济、学习效应、比较优势作用下，逐步形成具备独立研发能力的生产模块，模块结构开始出现。

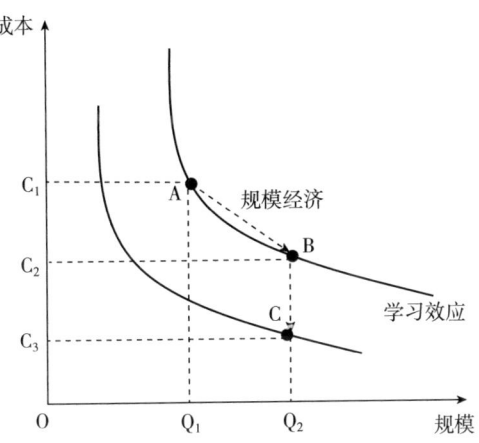

图 2-2 分工结构中的规模经济与学习效应

2.3.3 模块结构

从分工结构的方向看，其实质是纵向分工结构，按照主导企业的价值链分解形成技术关联的上下游的链条式关系，迈克尔·波特的价值链理论是分工结构下典型的解释理论。随着分工深化，开始出现横向分工，横向分工意味着同质位的竞争开始，同质位是指在价值链处于同一环节、可以相互替代的价值创造过程。横向分工意味着同质产品的产业化和非同质产品的多样化。当价值链的纵向分工与横向分工在社会分工体系中同时涌现时，混合分工结构开始，混合分工结构是在多条横向价值链与纵向价值链交叉过程中形成的价值网络，依托混合式分工结构的价值网络，为了适应消费者多样化、个性化需求，竞争的模式从原有的短期"淘汰赛"转变为长期"锦标赛"竞争，在相对缺乏竞争的分工结构下，一旦成为价值链中一个主要环节，其地位是相对稳固的，而在混合分工结构下，面对共同的规则，长期进行"背对背"的"锦标赛"竞争，一旦在竞争中处于劣势，必然被其他竞争对手取代。混合式分工结构的出现，使得生产组织进入模块结构阶段。所谓的模块是指具有某种确定独立功能的半自律子系统，它可以通过标准的界面结构与其他功能的半自律子系统按照一定的规则相互联系而构成更加复杂的系统（青木昌彦，2003）[①]。模块化生产是以产品的

[①] 青木昌彦. 模块时代：新产业结构的本质 [M]. 上海：上海人民美术出版社，2003.

可模块化为前提，通过编码化信息（Codified Information）的交流与传递，利用契约将生产系统分解为若干模块，再基于共同标准进行模块整合，形成最终产品的过程（Baldwin & Clark，1997）。模块结构（Modular Structure）是模块化生产中体现出的生产系统结构。将生产和组装模块的企业连接起来所形成的开放式网络生产体系，正是适应于生产组织纵向分离后企业间广泛协作的最佳网络治理模式，从而成为生产组织形态演进的一种新趋向（余东华、芮明杰，2005）①。从模块化生产的具体参与主体看，将参与主体分为规则设计商（Designer）、系统集成商（Integrator）、模块制造商（Module-maker）层级（李海舰，2007）②。规则设计商指代虚拟网主企业、标准制定企业，提供标准的界面结构；用系统集成商指代最终产品集成商，负责具体的分解和整合过程；用模块制造商指代节点企业、中间品企业，其是最终模块的提供者，模块结构的物理实体。

具体模块结构是在规则设计商提供的共同标准下，系统集成商提供具体的虚拟网络结构，模块制造商提供物理结构，最终有机融合为产品的总体架构，具体模块化构成如图2-3所示。模块结构是在技术创新的基础上产生的，由于柔性生产技术、互联网技术等的不断更新，为模块结构提供了技术可行性，模块结构相对于分工结构其显著的特征是将自主创新与报酬递增要素更多地融入企业的价值创造过程，系统集成商、模块制造商在遵循规则设计商统一的标准基础上，可以具有更多的主动性进行创新，最终通过标准的集成嵌入最终产品的价值创造过程。

2.3.4 网络结构

单一结构是一个价值节点，价值节点满足规模经济要求。分工结构是将价值节点分解为价值链，满足专业化要求。模块结构是在价值链的基础上，融合横向价值链创新能力，形成价值网络的过程，不过，价值网络中的节点是相对较大的模块，而网络结构是将模块结构中的价值网络节点继续缩小化、颗粒化，真正是将生产组织依靠分布式网络的过程。未来智能

---

① 余东华，芮明杰. 模块化、企业价值网络与企业边界变动 [J]. 中国工业经济，2007（7）：88-95.

② 李海舰，魏恒. 新型产业组织分析范式构建研究——从 SCP 到 DIM [J]. 中国工业经济，2005（10）：29-39.

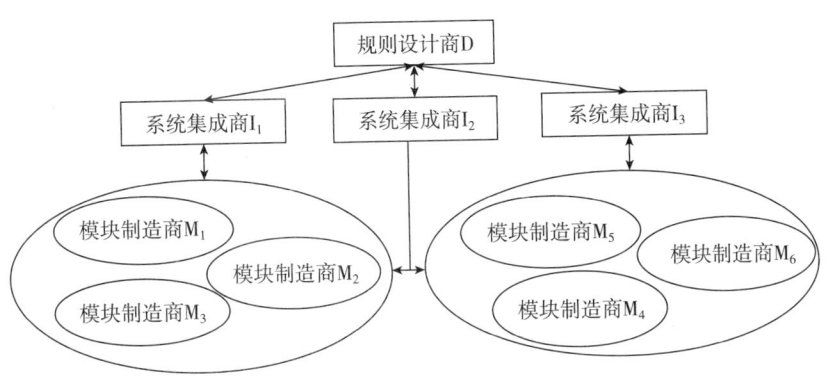

图 2-3 模块结构的构成层次

制造的典型案例是工业机器人网络与3D打印工厂网络。智能制造将推动制造业生产方式变革，随着信息技术的进步，工业机器人将有效地接入网络，组成更大的生产系统，使多台机器人协同实现一套生产解决方案成为可能。工业机器人负责从生产信息处理、设计研发、生产制造、物流配送的全过程，通过大数据、物联网、云计算，工业机器人可以实现自组织，其生产组织结构最终体现为分布式的工业机器人节点。3D打印的广泛应用可以使消费者通过互联网将其所需要的产品就地打印出来，由此可以预计，传统的大型生产厂商将面临数以万计的小型社区生产者的挑战。网络结构的实质是将传统中心式生产组织真正转向分布式节点构成的生产网络，生产活动由分布式节点协同完成，在此基础上分布式节点具有比模块结构更大的自主性，同时随着分布式节点密度的逐渐增加，使全社会基于网络配置资源成为可能，网络配置资源的实质是网络组织。

2.4 生产组织的方式

生产组织的方式是指在具体的组织结构下生产要素的配置方式。在科层组织下，企业家成为配置资本、劳动力的主要因素，在市场组织下，价格成为配置资源的主要信号，在模块结构下，网络成为配置资源的主要方式,在自组织下,数据成为配置资源的主要手段,生产组织的方式是微观经济学的核心,新古典经济学是建立在市场组织下的基本研究范式。

2.4.1 科层组织

单一结构追求纵向一体化带来的规模经济效应的结果是要素配置在企业内进行,即科层组织。科层组织是典型的集权式组织结构(Williamson,1996)①,其演化动力来源于对上级或前一级生产工序命令的执行,组织内存在显著的等级差。关于科层组织的讨论源于企业的性质与边界的讨论,企业的边界主要是由生产中的技术因素决定的,企业与市场互不相容,交易费用经济学认为企业的本质是对市场的替代,企业用权威关系代替价格机制能够节约交易费用,企业的边界在当一项活动由企业内完成所产生的边际组织成本与其由市场交易来完成所产生的边际交易成本相等的那一点上(Caose,1937)②,企业的边界由资产专用性、交易频率和不确定性等因素共同决定(Williamson,1985)。新产权理论学派则将企业看作是一种物质资产的集合,企业和市场的差别在于是否存在着剩余控制权,从而在契约不完全的情形下是否可以激励专用型投资(Grossman & Hart,1986)。张五常(1983)③认为企业的出现,不是以非市场方式来替代市场方式,而是以要素市场来取代产品市场,以一种形式的契约安排取代另一种形式的契约安排。企业与市场都是一种契约,这些契约之间可以相互替代。在科层组织中,企业家的突出作用得到体现,企业家成为科层组织的金字塔塔顶,其成为企业内部配置生产要素的关键因素,企业家成为企业经营效率高低的决定要素,在此阶段已产生了爱迪生、福特等卓越的企业家代表。

2.4.2 市场组织

分工结构要求生产组织纵向分离后,原有纵向一体化企业通过实施业务归核,将低附加值的业务环节外包出去而成为"大脑企业"。对整个产业来说,纵向分离企业不仅没有因失去"肢体"而使经济规模有所萎缩,反

---

① 奥利弗·E. 威廉姆森. 治理机制 [M]. 北京:机械工业出版社,2016.
② R. H. Coase. The Nature of the Firm [J]. Economica, 1937 (11): 386-405.
③ 张五常. 企业契约的性质 [J]. 现代制度经济学, 1985: 139-153.

而在市场竞争下大大增强了对生产组织的影响力和控制力。分工结构带来外包程度的不断深化，依靠市场机制（价格机制、供求机制、竞争机制）来配置生产要素与业务流程，由企业家配置资源向市场配置资源转变，除了能获取传统规模经济效应、比较优势效应、学习效应、结构瘦身效应外，更为关键的是能够使得分工累积因果关系，实现报酬递增。分工结构依靠市场组织来配置资源，其实质是分权式组织结构（Young，1994），其演化动力是分工经济驱使的自发产物。新古典经济学与新兴古典经济学建立的基础是分工结构下的市场组织，在肯定分工的作用后，价格成为配置、平衡组织内外部资源的主要手段，新古典经济学的成功关键在于价格。由于技术创新与制度创新的相对滞后，在分工过程中各流程环节信息存在信息不对称，所以在一定程度上只能依靠价格信号和业务环节企业自身信号机制（信誉）等进行资源配置，资源配置很难达到帕累托最优，但相对于科层组织，指令计划配置资源的配置效率已经有了显著的提升。

2.4.3 网络组织

在模块结构下，出现了横向分工与纵向分工交叉的混合分工结构，混合分工结构使得价值创造过程形成了价值网络，价值网络是网络组织在价值创造环节的体现。随着全球化水平的提高与分工深化，生产组织边界发生改变，企业与市场相互融合，产生了市场型企业和企业型市场（李海舰等，2005）[①]。在新经济时代，随着信息技术的发展，企业在边际扩张过程中出现了边际成本递减、边际收益递增的现象，边际成本曲线和边际收益曲线无法随着企业规模的扩大而相交于一点，企业边界趋于无穷，企业进入无边界时代。如图2-4所示，MR是边际收益曲线，MR曲线是对数增长曲线，MR虽然在初始阶段可能保持指数增长，但最终会回归对数增长，几乎没什么事物能一直保持指数增长。大部分仅能在一定的范围内保持指数增长，越过这个范围后又会回归到对数增长（Scott Young，2013）。MC是边际成本曲线，随着计算机网络、移动通信网络、物联网的普遍应用，边际成本在逐渐下降，零边际成本、协同共享将会给主导人类生产发展的经济模式带来颠覆性的转变。A点是不稳定均衡点，在A点左侧MC>MR，企

[①] 李海舰，袁磊. 论无边界企业 [J]. 中国工业经济，2005（4）：94-102.

业退出市场，在 A 点右侧，MR>MC 企业自增强，所以 A 点是不稳定均衡点，随着 Q 的增大，企业边界趋向无穷，进入无边界时代。

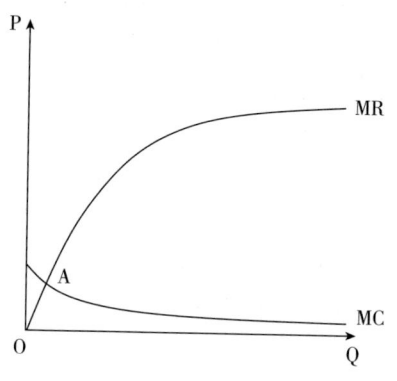

图 2-4　企业边界曲线

在生产组织进入无边界时代后一个显著的问题是：依靠传统的市场组织与科层组织配置是不可行的，必然存在第三种组织方式。在我们看来，威廉姆森的企业与市场的二分法不能说明处于市场与企业之间的制度安排和组织形式。这是因为，市场经济活动往往处于这两者之间的模糊状态。因此，就需要一种介于市场与企业之间的另一种资源配置机制，其组织载体是介于市场与企业之间的双边、多边准市场组织、中间组织、混合组织。应该有一种网络，这种网络不是严格的基于市场价格机制或科层制权威机制，它是企业组织间相互适应的协调（Johnson & Mattson，1987）。Larsson（1993）建议用市场、中间性组织和科层制企业的三级制度框架替代传统的市场与科层制企业的两级制度框架，并形象地把中间性组织比作亚当·斯密的"看不见的手"。Williamson（1985）也承认，交易成本模型从未声称过它能够解释所有的组织现象。Coase（1988）认为，在资源配置的实际情况中，只存在着企业组织的内部交易与市场交易的划分是不对的。企业组织的内部交易发生在契约的范围内，同时契约之外也不可避免地受到市场交易的深刻影响，企业所用资源往往变成计划分配和市场交易的混合体。网络组织是介于市场组织与科层组织的中间组织，其实质是利用网络配置资源的一种机制，随着网络应用的深化，生产组织的所有活动都依赖于网络提高信息交互水平，但生产组织的活动具有二重性，即在完成基本实体商品生产的过程中，在虚拟网络沉淀了行为数据与关系数据，这些行为数据与关系数据构成了大量、多维、完备的数据，是配置生产组织要素的核心。由于网络打破了时空限制，在一定程度上适应了企业边界无限扩大的趋势，同时网络组织为科层组织、市场组织提供了更多信息来源，改变了科层组织、市场组织信息不完全的程度，在模块结构阶段，科层组织、市场组织与网络组织共同配置资源，资源配置逐渐趋向帕累托最优。

2.4.4 自组织

自组织是自主配置资源的组织方式，未来智能制造会依赖网络节点处理能力完成生产组织的自组织，借助泛在网络不仅可实现终端之间的实时互动、自动信息交换、自动触发行动，而且可实施独立控制，对生产进行个性化管理，所有系统具有自适应性和局部的自主权以及合作与分布式控制系统。智能制造是具有信息深度自感知、智慧优化自决策、精准控制自执行等功能的先进制造过程、系统与模式的总称。具体而言，泛在网络将产生覆盖全社会的协同网络，协同网络将沉淀所有生产活动的全部数据，在未来这种数据不仅包括历史数据，还将覆盖实时数据与想法数据。想法数据是指依赖算法迭代与深度学习由人工智能产生的未来数据，这种未来数据的准确性依赖于数据间的相互验证。在历史数据、实时数据和想法数据的基础上，生产组织将在一定程度上知晓消费者需求，在未来，消费者需求具有实时性，即生产组织将感知消费者实时所处的时间、空间，根据所在时间、空间的实时需求进行生产，精准满足消费者的需求。同时在知晓消费者画像后，智能工厂利用实时大数据，借助高效的算法进行数据挖掘和处理，利用云计算与人工智能，形成"智能产品"决策，智能工厂生产出可实时生成数据的"智能产品"。大数据经过实时分析与归总后，形成"智能数据"，经过可视化和互动式加工，向智能工厂反馈产品和工艺流程的实时优化方案，从而形成"智能工厂—智能产品—智能数据—智能工厂"闭环，驱动生产系统走向智能化。未来生产组织的形式趋向智能制造。以智能机器人为例，智能机器人能够执行人类给出的任务，它们具有传感器，检测到来自现实世界的光、热、温度、运动、声音、碰撞和压力等数据。它们拥有高效的处理器，多个传感器和巨大的内存，以展示它们的智能，并且能够从错误中吸取教训来适应新的环境。未来以智能机器人为核心的智能制造过程其实质是机器人替代人执行生产流程，通过大数据、云计算、算法、人工智能完成所有生产流程的自组织。更为关键的是产出的产品具有智能特征，如智能音响、智能冰箱、无人驾驶汽车，在其未来使用过程中，也将通过传感器进行数据采集，通过处理器进行自我决策，智能音响会自动感知环境进行音乐播放和消费者交互，智能冰箱会自动感知冰箱物品存量，进行采购、支付，无人驾驶汽车会自动驾驶并根据汽车数据进行自动保养。

2.5 生产组织的演化特征

特征是高度抽象的结果，是认识事物的显著标志，在对生产组织结构、方式进行分析过程中能抽象出生产组织演化的基本特征。

2.5.1 报酬递增由特殊性向普遍性转变

生产组织报酬递增特征的研究沿袭着技术外部性与金钱外部性的视角展开，从马克思、亚当·斯密、马歇尔到阿林·杨格，他们对报酬递增的关注都是围绕技术外部性展开的，即随着分工的深化，在生产组织内部与外部出现由于生产协作带来的技术外溢与知识外溢，技术外溢与知识外溢进一步深化了分工合作，从而分工累计因果关系开始产生，即著名的杨格定理"分工一般取决于分工"。在深入探究技术外部性时发现，生产组织技术外部性的实质是技术、知识的内生化。技术、知识内生化成为基本的生产要素，而不是仅改变劳动、资本要素产出的系数，由于技术、知识等无形要素在总要素比例中的逐步提高（无形要素具有典型的非稀缺性、非排他性、正外部性、高增值性等特点）直接导致依赖无形要素的生产组织报酬递增由特殊性向普遍性转化，这也解释了为什么典型生产企业利用无形要素进行制造服务化转型的路径。关于金钱外部性的研究主要围绕生产组织参与数量的增加带来的外部性。进入互联网时代，网络外部性成为研究的主要方向，网络外部性的获取主要来源于直接网络外部性与间接网络外部性，但网络外部性只是基于需求规模经济的产物，没有涉及生产组织外部性的获取。金钱外部性在生产组织中的来源是基于网络组织的优化配置，网络组织的优化配置可以实现生产组织节点的更合理优化，即基于竞争优势与比较优势的要素再整合过程。

2.5.2 虚拟整合程度不断提高

传统虚拟整合的研究都立足于价值链的分工与协作（迈克尔·哈默，2007[①]；颜安、周思伟，2011[②]）认为虚拟整合是核心企业与合作伙伴以及与顾客之间在互联网或跨组织信息系统支持下所进行的信息共享、流程协作、知识整合与协同创新等活动，以支持合作各方在新的价值创造分工体系下的协同价值创造活动，提升供应链协作的整体绩效，并最终为顾客创造价值。传统虚拟整合理论的实质是利用网络信息技术，提高生产组织各环节的信息水平，进而将更多知识整合纳入价值创造的过程。传统虚拟整合理论对价值创造活动由实体空间向虚拟空间的延伸，以及具体的价值创造过程的细化不足。在具体阐述生产组织虚拟整合的特征前，有必要阐述信息二重性。由于信息具有二重性，任何信息都代表着相应实体活动的要素、资源和事物，反映实体主体的存在、活动与关系，信息是物质存在的反映。同时信息是实际存在和变化的资源、活动和行为，信息是报酬递增的核心要素，信息二重性是虚拟整合的基础。虚拟整合是在数据信息的基础上，完成整个价值创造过程的重构。具体生产组织价值创造过程可以细分为包括基于商流、物流、资金流、人员流的实体价值创造，包括信息共享的价值创造、跨组织流程再造的价值创造、基于顾客价值的商业模式创新、基于价值星系的价值创新（见图 2-5）。

实体价值创造来源于新的价值观，"即极大减少财富的沉淀和静止、资源的闲置和浪费"，提高所有时点中实际发挥作用的社会产品所占比重，最大限度消灭闲置、损失和浪费（宋则，2007）[③]。生产组织的配置问题的核心是时间—空间配置，空间最终也可以归结为时间问题，时间的稀缺是永恒的，而时间问题的实质是信息。通过协同网络产生的数据，可以优化实

[①] 迈克尔·哈默. 企业再造 [M]. 上海：上海译文出版社；2007.
[②] 颜安，周思伟. 虚拟整合的概念模型与价值创造 [J]. 中国工业经济，2011 (7)：97-106.
[③] 宋则. 市场变异是破坏社会和谐的总根源——兼论一种"改革悖论" [J]. 经济体制改革，2007 (6)：25-29.

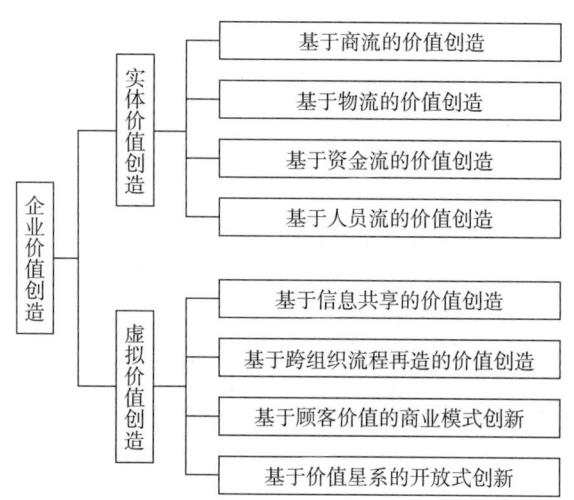

图 2-5　生产组织的实体价值创造与虚拟价值创造

体价值创造过程中商流、物流、资金流、人员的时间—空间配置。"商品是完全由其物质性、时间性和空间性刻画的货物或服务。"（Gerard Debreu，1988）微观经济学普遍关注时间性与空间性。商流创造价值的活动是实现了实体商品时空属性，并通过其模式创新，节约了实体商品时空属性实现的消耗。商流的价值可以引申为制度安排在商品所有权实现过程中时空属性消耗的节约，当然也包含技术创新对制度安排的保障。传统的物流价值创造体现在物的属性，即物流在商流的引导下，实现物的时间属性与空间属性的变化，时间属性主要体现在储存，空间属性主要体现在运输。在系统网络的影响下，智能物流将实现 5R，即以最小的成本，在正确的时间（Right Time）、正确的地点（Right Location）、正确的条件（Right Condition）下，将正确的商品（Right Goods）送到正确的顾客（Right Customers）手中。而资金流最终将转化为信息流，一旦生产组织的资金流转摆脱了货币的束缚，将实现资金流的精确管理与资金的全部时间价值。

虚拟价值创造过程的主导是数据成为内生要素，以数据为基础实现跨组织流程再造，实现基于客户价值的商业模式创新与价值星系的开放式创新。跨组织流程再造不同于传统的实体价值创造，实体价值创造是在既定资源下价值最大化的过程，而跨组织流程再造是打破既定资源下价值创造的过程，剔除流程中的非增值环节（X 非效），增加价值增值环节，重构价值网络。基于顾客价值的商业模式创新是通过数据驱动，实现C2B商业模式的形成，根据消费者个性化需求生产，不仅能实现消费者效用最大化，更为关键的是减少了因供需错配带来的资源配置低效。价值星系是一个企业间的中间组织，是一个企业引力集合的价值创造系统，这个系统的各成员，包括作为恒星企业经纪人公司、模块生产企业、供应商、经销商、合伙人、顾客等，共同创造价值，通过成员组合方式进行角色与关系的重塑，经由新的角色，以新的协同关系再创价值。

2.5.3　由非合作零和博弈向合作正和博弈转化

在单一结构阶段，企业间竞争与供应链竞争都呈现零和博弈的特征。由于市场的不完全竞争性质与对规模经济的极端追求，市场份额成为企业竞争的动力，对市场份额的追求变成了少数企业的"博弈"行为，长期竞争的结果是零和博弈，即一方对市场份额和利润的获得即另一方的失去。由于供应链的利润水平是既定的，占据供应链主导的生产组织必然以损害他人利益为前提，增加自身的利润水平，所以从总体看，供应链内部的竞争属于零和博弈。在分工结构阶段，由于市场竞争水平的加剧，依赖自身力量已无法实现生产组织的全过程，在此阶段，竞争转向供应链与供应链之间的竞争，只有供应链成员间相互信任、彼此合作，不断提高信息共享的程度，才能保证各自利益的实现。但在现实合作过程中，在信息共享过程中，信息不对称的问题依然存在，信息不对称的核心在于供应链上下游企业缺乏信息共享的激励机制，限制了供应链成员信息共享的积极行为。在上下游企业共享私有信息的过程中，由于下游企业的信息在供应链中的价值远大于上游企业的信息，而信息共享对整个供应链绩效的改善更多地体现在上游企业，下游企业收益的增加较小，再加上共享信息将增大各自的经营风险等原因，下游企业一般不会主动公开其私有信息。供应链成员由于信息共享获得的利益是不均衡的，导致供应链信息共享无法实现最大化，存在信息不对称现象，即供应链成员不可能同时拥有所有有用的信息，从而降低供应链整体运作效率。总体而言在分工结构阶段，非合作零和博弈和合作非零和博弈同时存在。其实在信息共享的过程中，长期以来都忽略了信息内生的特征，即信息的供给是需要成本的，需要在需求的过程中定价，形成有效的供给与需求。下游企业通过消费者行为数据的搜集与整理,可以形成单个消费者行为画像,在单个消费者行为汇集整理的基础上形成群体消费特征,为消费个性化定制提供数据来源,同时数据的市场(价值)制度健全,使得供应链上下游企业的信息权利与收益均衡化,实现了合作局面的形成。

进入模块结构阶段,由于基于标准界面的"锦标赛"竞争性质的存在,导致无限制重复博弈的建立。大量重复博弈及其充分信息交流的处境结构,使得供应链管理的合作博弈机制得以实现(刘刚,2003)①。供应链与供应链之间的竞争使得供应链节点企业之间的竞争具有了正和博弈的基础,为供应链管理的帕累托改进创造了条件。随着合作博弈过程的逐步深化,供应链节点企业之间的信任关系呈现出循环往复、螺旋上升的发展进程。供应链管理之所以能够显著提高企业的运行效率、形成新的竞争优势,原因就在于供应链节点企业之间合作博弈机制的实现。在网络结构阶段,由于信息内生化以及信息完成程度提升,逐步实现完全信息动态博弈。在分布式网络中,信息节点的地位均等,中小企业与大企业在信息获取、处理上处于同等地位。以前我们是"人在做、天在看",通过敬畏心理来约束不法不端行为,有了大数据,实现了"人在做、网在看、云在算",此时真的能看得见、看得透。网络中的数据是扁平结构,决策者可以快速有效地获取数据,大数据技术能够对数据进行整合,通过交叉复现,展现事态真相。所谓交叉复现,就是当一件事情发生时,会产生不同维度的信息,这些信息之间存在显著关联,如果这些高度相关的指标发生冲突,就可以怀疑其中某些数据的真实性。交叉复现利用多维度的海量数据保证了信息的真实性,解决了传统信息来源可信度偏弱的问题,提高了数据信息的决策价值。完全信息是指博弈中的每个参与者对所有其他参与者的偏好函数有完全的了解。纳什均衡表明至少有这样一个稳定状态,即当所有博弈方对其他各博弈方的策略有一个正确预期时,没有一个博弈方可以通过选择其他策略来改善自己的结果,由此产生了供应链成员间的合作博弈。

2.5.4 动态能力显著提升

动态能力指生产组织系统性地解决问题的潜能,由感知机会和威胁、

---

① 刘刚. 企业成长之谜——一个演化经济学的解释[J]. 南开经济研究,2003(5):9-14.

及时制定市场导向的决策和改变资源基础的能力构成（Barreto，2010）。具体而言，动态能力较高的生产组织首先应具有快速感知竞争环境，识别潜在机会和威胁的能力；其次要具有高质量的决策能力，决策的质量包含决策的速度和内容两个维度；最后是生产组织能快速重新配置、创造和拓展资源，满足新的动态环境的变化。在生产组织结构演化过程中，价值链与价值网络是由一组价值模块按照一种界面规则构成的基因组。这里的基因指的是具有动态性、创新能力的基本系统，其裂变、分解、繁殖、融合，其在新的界面上进行重新整合，能够构成新的模块价值链，进而演变成包括供应商、渠道伙伴、服务提供商以及竞争者的企业价值网络。企业价值网络将各种要素能力协同在一个无形的网络平台上，包括不同组织模块之间的协作、创新和竞争，全面满足用户差异化需求，从而更好地适应环境的变化。在生产组织演化过程中，生产组织决策速度与内容依据的核心是生产网络的资产专用性风险，单一结构与分工结构下由于较高的固定资产投入以及供应链企业的资产专用性投资的存在，使得无论生产组织还是供应链企业，在面对外部机遇与威胁而退出市场时所面临的各种限制和成本较高的问题，直接影响决策速度与内容方向。而在模块结构与网络结构下，产品系统是由半自律的功能模块构成，它们之间通过标准的界面接口连接起来，但每个模块相对于其他模块而言又是独立的，这样就能有效避免彼此间的衔接和相互依赖关系所产生的资产上的锁定效应。同时，由于各成员企业的资本、知识、技术和人力资源等生产要素可以根据实际需要以网络为平台进行各种灵活的虚拟组合，因而单个企业的投资对外界具有充分适应的弹性。上述两方面都大大化解了模块化生产网络的资产专用性风险，使企业在退出市场时所面临的各种限制和成本大大减少。在生产组织能快速重新配置、创造和拓展资源能力方面，在由单一结构向网络结构演化的动态过程中，最突出的特点是生产组织可以运用更为灵活的组织方式，不仅能提高有形要素的配置效率，更为关键的是能将无形要素嵌入生产组织内部，无形要素的利用广度与深度的提高，是生产组织动态能力获得的最直接来源。

2.6 生产组织与消费者决策的动态适应

纵观生产组织演化的过程，生产组织结构与方式演化的主要动力来源于消费者行为变化。从消费者行为看，其对商品服务的需求更加多样化、个性化，导致生产组织结构动态适应，进而影响其生产组织方式变化。在第一次工业革命、第二次工业革命期间，消费者的基本行为特征是满足其生存需求，产品与服务短缺，为了满足消费者的生存需求，必然通过规模经济与纵向一体化提高生产效率、降低成本，解决消费者关于日常生存产品的需求。随着单一结构、分工结构的普及，社会产品极其丰富，消费者逐渐向多样化、个性化的发展型需求转变，原有的单一结构、分工结构显然无法满足消费者需要，因此，必然向模块结构转化，模块结构的横向分工与纵向分工，保证了商品与服务的组合式创新，在一定程度上满足了消费者个性化、差异化需求。面向未来，消费者主权时代来临，消费者被赋予无限选择权，必然导致更加个性化的市场出现，同时消费者购物渠道的极端分散化、颗粒化，必然导致生产组织向网络结构演化，通过网络组织与自组织动态匹配消费者行为。从生产组织演化过程看，其动态匹配消费者行为的程度逐步提高，本节只是从外在表现探讨生产组织与消费者行为的关系，在下一章将深入分析生产组织与消费者行为的内在机理。

从微观生产组织看，其组织结构由单一结构—分工结构—模块结构—网络结构演化，相应的组织方式由科层组织—市场组织—网络组织—自组织转变，组织结构是要素与资源的总体架构，组织方式是具体配置要素与资源的形式，相应的价值创造水平由 V_1—V_2—V_3—V_4 跃升。环境复杂性与制度创新性是微观生产组织演变的外生因素，技术创新与要素层次是其内生因素，共同决定其演化方向。在演化的过程中体现出动态能力、合作博弈、虚拟整合与报酬递增特征，其中动态能力是环境复杂程度提高的要求，和谐生态是交易效率提升的本质表现，技术可行性提高是虚拟整合的直接来源，报酬递增是要素升级与内生化的结果，微观生产组织演化的具体关系如图2-6所示。

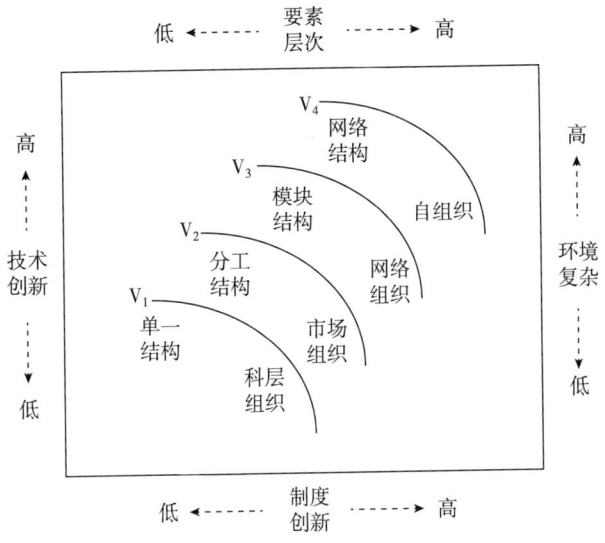

图 2-6 微观生产组织的演进

2.7 本章小结

从总体看，微观生产组织从单一结构—分工结构—模块结构—网络结构演化的过程中始终关注效率效应与协同效应，效率效应的获取主要依赖单一结构阶段的规模经济效应、学习效应，在分工结构阶段效率的提升是因为人力资源、信息、技术的内生化，即技术外部性在产业组织间的外溢，在分工结构阶段开始出现金钱外部性即系统效应，并且协同效应由特殊性向普遍性转换。在模块结构阶段，协同效应称为普遍性，"模块化操作"促进了企业价值网络的不断创新，使其不断获得新的竞争优势和经济价值，网络边界得到拓展，网络经济效应更加显著，网络规模逐步扩大。由于企业价值网络的正反馈机制作用，网络规模越大，经济价值越高，市场能力就越强，产品的市场份额就越大，处于网络中的成员企业都趋向于扩大生产规模。未来网络结构下，分布式节点使创新要素更加去中心化，产品消费者将成为主导产品组织的因素。

3

消费者决策的前提、过程与信息约束

第 2 章基于时间序列,对生产组织演化的历史进行了系统分析,重点说明了生产组织结构、方式的变化,在最后部分简述了生产组织演化的决定因素是消费者决策行为的变化,但消费者决策行为决定生产组织演化的内在机理与外在形式并没有充分说明,本章通过对消费者决策行为过程进行系统分析,充分剖析消费者决策行为的演化,并结合实证分析验证在此过程中得出的基本结论,最终深入阐述消费者决策行为决定生产组织演化的内在机理。

3.1 消费者认知理性

长期以来,由于自然科学的基础不同,经济学分为两种传统,在牛顿力学基础上,产生了均衡分析,在达尔文生物学基础上,产生了演化分析。两种分析传统各自的自然科学基础、基本假设、方法论、核心逻辑都存在本质差异,是两种不可调和的范式。新古典经济学是均衡分析的代表,其消费行为理论建立在偏好—效用的基础之上,基本前提是建构理性,即在信息完全的假设下,个体经过推理演绎直接知晓效用水平,基于效用对比,做出消费决策,新古典经济学将人视为神,并不是对现实消费者的真实描述。而演化经济学是建立在演化理性的基础上,认为人类的理性不是先验存在的,而是在漫长的生物和文化演化中演进出来的,它不是孤立或超越所有历史文化背景的,而是内嵌于各种习俗、惯例、法律、制度、语言、历史等文化制度中的(哈耶克,1979)[①]。演化理性将人视为完全无意识,个体不具备认知能力,实际是赋予环境无限的力量与理性,即环境(自然选择)是"神"。建构理性与演化理性是理性选择理论的两个极端,对人与环境的极端化使得其脱离对现实消费者行为的正确描述。本章希望通过对消费者行为的研究,抽象消费者决策的现实过程,按照新古典经济学的建构理性,消费者知晓选择的效用结果,因此,消费者决策过程可以被抽象掉,失去了研究的必要性。按照演化理性的研究范式,自然选择决定消费者决策过程,消费者被视为完全无意识的遵循,因此,消费者决策过程也失去了研究的意义。现实情况是,消费者决策的现实过程既受到环境的影响,又受到个体有限理性的制约,所以基于建构理性与演化理性的调和是本章研究的逻辑起点。

3.1.1 建构理性

建构理性认为人类理性推理是人类一切知识的来源,建构主义者只相信被理性推理证明的东西,未被理性推理证明的东西的存在都不具有合法性(哈耶克,1967),人类的一切文明都来源于人的理性设计。建构主义的先进意义在于其极大地提高了人的能动性,决定人类命运的不是"神",而是人类自身。新古典经济学的传统均衡理论,其实质是将所有经济问题抽象为函数关系,由建构主义者来计算,经过计算得出最优解,由此来看,新古典经济学的实质是将人定义为"神",很显然,新古典经济学对人的抽象不是对现实社会人的描述。建构理性认为,消费者个体是超越依托环境的独立存在,所有消费者决策必须从个体自身进行阐释,而不需要附加依托的社会自然环境。在建构理性方法论下,消费者个体可以独立做出消费决策,而不受其他消费者个体的影响与制约,其他个体不会改变个人偏好,个体间的差异都是一些可以度量和显示的外在特征,例如策略集、信息集和支付集的差异。建构理性下,消费者个体不存在本质差异,每个消费者

[①] 弗里德里希·奥古斯特·冯·哈耶克. 哈耶克作品集[M]. 北京:中国社会科学出版社,2015.

个体都具有无限的认知能力，采用相同的计算方法，追求个人效用最大化。个体间的互动关系仅是外在的经济利益关系，而且每个个体都知晓这些关系（例如，博弈结构和博弈规则）。通过理性的推理，每个个体都能够知晓个体间的互动结果。因此，只要定义好个体的策略集、信息集和支付集，所有的经济现象就能够由个体的理性行动来解释。

3.1.2 演化理性

马歇尔曾指出"经济学的麦加不在于经济力学，而在于经济生物学"，与建构理性不同，演化理性建立的自然科学理论是达尔文的进化论，达尔文进化论相信自然发展、物竞天择、适者生存，适应的是外在环境与交互关系。基于此，演化理性认为人不是独立存在的，而是在漫长的生物选择和环境依赖中演化出来的，人类必须依赖于外部环境与交互关系，对人的研究要将人内嵌于制度、自然环境、文化等系统（哈耶克，1979）。演化理性认为人不具有设计一切的能力，人只是制度、自然环境、文化演化的结果，在一定程度上否定了人类改造世界的能动性，同时未被理性推理证明的东西的存在都相应地具有其合法性。演化理性的实质是将人视为同其他动物一样的基因，而决定世界演化方向的是自然选择，其将关注重心放到了个体间相互关系的研究，自然选择被视为"神"，人只是自然选择的结果。演化理性的方法论将人内嵌于环境与交互关系中，人不是原子式的存在，必须通过人与人、人与环境的互动研究，来解释个体的行为。演化理性是在生物学理论影响下形成的研究演化过程的经济理论，其突出作用补充了新古典经济学对于人原子式的假设，将人内嵌于交互关系与自然环境。

3.1.3 建构理性与演化理性的比较

传统经济学关于建构理性与演化理性的研究都坚持完全建构和完全演化，个体要么具有完全意识，要么完全无意识，两种理性假设的对立根本在于其自然科学基础与方法论的差异。在自然科学基础方面，牛顿力学为完全建构提供了理论基础，牛顿力学的机械论为建构理论提供了自然科学支撑，正如拉格朗日所言，机械论将一切解决问题的方式归结为公式，只要经过精确的计算，它就能够解决所有问题。完全建构正是基于机械论的前提，将人的决策过程设定为从偏好到效用最大化的公式，经过精确推导，最终都能实现效用最大化。而演化理论的基础是达尔文的自然选择理论，其理论的内核是一切都是自然选择的结果，人也是在长期生物进化过程中，受环境影响的结果，所以人的选择过程必然受到环境的长期影响。在方法论方面，建构理性坚持个体主义方法论，个人能够从个体出发，推导出所有个体互动形成的整体现象。而演化理性坚持集体主义方法论，个人只是集体环境型构的结果，集体环境的互动形成了个体的演化路径，显然在方法论方面两者是完全对立的。实际上，任何极端的假设在解释客观世界的过程中，其解释能力都是有限的，在对客观世界的解释过程中，建构理性与演化理性出现了相互调和的迹象。新古典经济学与其后发展的新制度经济学、信息经济学与博弈论也开始关注市场、法律、制度对其基本理论的影响，其在一定程度上承认个人决策受环境、交互关系的影响（Simon，1991）[1]。演化理性在研究过程中也承认，虽然自然演化不受个体意识的支配，但社会系统的演化在一定程度上受到认知主体主观能动性的影响（Foster，1997；Witt，1997）[2][3]。其后行为经济学、神经元经济学等依托自然科学发展的新兴经济学流派其基本假设都是建立在建构理性与演化理性调和的基础上。

3.1.4 认知理性

回归消费者行为研究，传统新古典经济的建构理性假设其实质是建立在信息完全的基础上，信息完全即在一定程度上个体可以根据完全信息做出效用最大化决策。而现实是，消费者决策在一定程度上是信息不完全的，需要通过消费者在决策过程中依靠认知进行因果分析，这里的因果分析必须借助环境与交互关系进行判断，最终得出效用比较后的决策。将认知纳入偏好、效用的新古典分析框架，其实质是在调和建构理性与演化理性。随着经济学研究的深入，认知逐步成为内生变量进入理性选择理论，认为认知介于偏好与效用之间，在理论研究尚处于不可逾越的位置。

---

[1] Simon, Herbert A. Bounded Rationality and Organizational Learning [J]. Organization Science, 1991, 2 (1): 125-134.

[2] Foster J. The Analytical Foundations of Evolutionary Economics: From Biological Analogy to Economic Self-organization [J]. Structural Changeand Economic Dynamics, 1997 (8): 427-451.

[3] Witt U. Self-organization and Economics-what is New [J]. Structural Changeand Economic Dynamics, 1997 (8): 489-507.

(1) 认知理性的概念。本章将认知理性的内涵描述为拥有完整生物神经结构的个体通过生物调节过程、个体学习过程和社会学习过程等各种层次的认知过程，建立应对外界环境刺激的稳定认知模式。这种认知模式能够促使个体有效地处理各种有关内部机能和外部环境的能量、信息和知识，提高个体在各种演化环境中的适应性，这种认知模式就是认知理性，而由此认知模式形成的行为模式是认知理性行为。认知理性的个体界定为：一是个体必须是生理正常，不存在生物神经结构缺陷；二是个体行为一定具备稳定性；三是个体存在节约认知资源的倾向；四是个体具有演化适应性，但不是绝对的演化理性。人类在认知过程中受到认知约束与信息约束，认知约束的存在使得个体普遍存在节约认知资源倾向，即有效地将能量、知识最终转化为信息，认知模式的核心就是处理信息的效率。所以各种解决认知约束的行为，我们都可以看作认知理性，比如决策过程中的群体决策和遵循社会规范的"价值理性"。

(2) 认知理性的特征。认知理性的场景依赖性。不同的场景会影响个体的认知模式，不同场景的变化在一定程度上会影响偏好的改变，在同一场景中偏好一般是稳定的，在不同场景中偏好会发展变化，但这并不是说环境对个人认知有绝对作用，偏好不具有独立性，只是在环境的激发下会进入一种认知模式，恰恰是建构理性与环境理性的统一。认知理性在一定程度上受到个体约束，这里的个体认知约束包括感知能力、计算能力、记忆能力、注意力、自控能力等（Simon，1991），认知理性受到个体约束，说明认知也是一种稀缺资源，所以普遍存在节约认知资源的偏好。同时在判断个体行为效率和是否实现效用最大化时，我们要考虑个体约束的存在，往往可能个体的效用水平恰恰是在个体认知约束下的效用最大化。认知理性是动态变化的，个体理性可能是无意识的遵照，也有可能是精确算计的结果，既可能是演化理性，也可能是建构理性，随着时间的推移发生动态变化。当人们面对认知环境，可以不需要消耗太多认知资源就可以计算出效用最大化结果，人们偏向建构理性，但无论多努力，对效用最大化结果无能为力时，只能被动地遵照。比如个人进入陌生环境时，往往对新生环境无能为力，只能被迫遵照生理规则和社会规范，但随着时间的演化慢慢熟悉环境后，认知模式将逐渐切换到建构理性。

认知理性的螺旋式上升。根据认知理性动态变化的过程，不难发现，其既受到个体主观能动性的制约，同时也内嵌于外界环境，在与外界环境交互过程中，认知理性是不断螺旋式上升的，即个人认知水平与外界环境是累积因果关系，持续提升的过程。认知理性坚持个体主义方法论，须明确的是认知理性与建构理性一样都是以个体的偏好、效用水平为基础，所以方法论是个体的，但其明确地表示个体认知模式是内嵌于各种结构中，既包括社会结构也包括神经元与基因结构，但这些结构不具有决定性作用。个体认知模式主要强调各种由生物演化而来的脑神经结构和个体心理发展形成的心理认知结构在解释社会经济现象中的作用（黄凯南、程臻宇，2007）[①]。

3.1.5 认知约束与信息约束

认知理性受到认知约束与信息约束的制约，那么我们有必要对认知约束与信息约束进行分析，在探讨认知约束与信息约束时，我们可以关注认知的概念，认知是指获得信息和应用信息的过程，这个过程包括信息搜集、整理和处理的过程，这是人类最基本的信息过程，所以其在一定程度上受到个体脑神经结构和个体心理结构的影响。认知包括感觉、知觉、记忆、思维、想象与语言等，人脑接受外界输入的信息，经过头脑的加工处理，转换为内存的心理活动，进而支配人的行为，这个过程就是信息加工的过程，也是认知的过程，人们认识客观世界，获得各种各样的知识，主要依赖于人的认知能力。从上述概念我们可以看出，认知约束的核心主要归结为信息约束。在整个经济学演化的历史过程中，认知有限性与信息有限性是一个反复迭代的过程，其螺旋式上升决定了经济学的研究路径。在认知有限的情况下，决策所需要的信息提取不足，需要外部环境进行信息补充，在完成相关决策的过程中认知水平在信息积累的作用下得以提升，认知约束与信息约束的实质体现在信息约束，对于信息约束的逐渐回归也体现了经济学不断调整的假设，适应实际经济演化的过程。新古典经济学的基本前提是信息完全，由于信息完全使得其在投资消费决策过程中直接抽象掉认知，直接导致建构理性与偏好——消费者的效用行为分析框架。在经济理论演化的过程中，逐步认识到信息完全脱离现实，基于信息不完全，信息经济学与博弈论、新制度经济学派开始尝试将认知逐渐内生化，而认知内

---

① 黄凯南，程臻宇.认知理性与个体主义方法论的发展[J].经济研究，2008（7）：142-155.

生化与信息约束的研究是相伴的,认知约束与信息约束是决定偏好、效用理性选择的中间变量。随着行为经济学、神经元经济学的研究逐渐体系化,真正将认知约束纳入个体行为分析中,偏好—认知—效用的分析框架逐渐确立。

3.2 消费者决策行为

3.2.1 消费者决策行为研究的基本范式

现阶段关于消费者行为模式的研究,在宏观层面主要利用描述性统计,研究消费者的总体特征与统计特征,而微观层面,主要是对消费者行为决策过程进行抽象,从消费者购买意愿、消费者认知、消费者信息搜集、消费者决策过程等对消费者行为进行解释性研究,主要的研究架构包括 S-O-R Theory、Nicosia Model、Schiffman & Kanuk Model、Kolter & Armstong Model、Howard-Sheth Model、Engel、Kollat & Blackwell Model。表 3-1 详细阐述了以上六个研究架构的主要模式与观点,从表中可以看出,现有主要研究架构的突出特点是对消费者行为决策过程进行抽象的本质,对具体解释消费者行为过程具有简单明了的作用,但其缺乏基础理论支撑,尤其是新古典经济学消费者行为理论的支撑。

表 3-1 消费者行为构成要素的理论基础

理论	研究内容
S-O-R Theory	消费者刺激(Stimulus); 消费者(Organism); 消费者反应(Respnese)
Nicosia Model	消费者购买行为模式的四个部分: 信息流程、信息搜集与方案评估、购买行为、信息反馈
Schiffman & Kanuk Model	消费者决策的三个阶段: 投入阶段:企业营销活动(产品、推广、价格、公关); 社会文化现象(家庭、非正式组织、文化、社会阶层); 处理阶段:心理因素(动机、直觉、学习、人格、态度)、经济因素

续表

理论	研究内容
Kolter & Armstong Model	S-O-R 模型的拓展： 消费者刺激：营销、产品、价格、促销、公关、其他； 消费者黑箱：消费者特征、消费者决策程序； 消费者反应：产品选择、品牌选择、供应商选择、购买时机和数量
Howard-Sheth Model	消费者购买行为的三个层次： 投入因素：产品实体刺激、产品符号刺激、社会环境； 内在变量：知觉变量、学习变量； 产出结果：购买行为、意愿、态度、了解、注意
Engel, Kollat & Blackwell Model	消费者购买决策五个阶段： 认知需求、搜集信息、方案评估、购买决策、购后行为 影响消费者行为的三大因素： 个人因素：年龄、性别、家庭生命周期、民族、职业、收入、教育程度、社会阶层、居住地点； 内在心理因素：直觉、动机、学习、态度、人格等； 外部环境因素：社会价值观念、经济因素、参考群体等

3.2.2 消费者决策过程模型

认知水平在一定程度上受到认知约束与信息约束制约，而主流经济学主要通过信息约束来融合替代认知约束，认为信息约束是主要方面，在此我们也坚持信息约束是决定认知约束的主要方面，但我们并不否认脑神经结构和个体心理对认知约束的制约，只是研究领域限定我们将研究的主要重点放在信息约束，也是信息内生的一个典型尝试。认知约束最终取决于信息约束，长期以来消费者行为构成要素的理论基础也都是基于对信息搜集、整理、加工、处理的过程，做出相应的消费者决策，最具代表性的 Engle, Kollat & Blackwell Model 将消费者购买决策划分为五部分，包括认知需求、搜集信息、方案评估、购买决策、购后行为，也是目前消费者行为研究最主流的框架。接下来我们将系统研究消费者行为理论的基础消费者决策。

我们认为认知过程主要受信息约束，对信息搜集、整理、处理的过程就等价于认知过程，所以在认知理性的模式下，个体内在认知对应着内部信息搜索过程，当认知完全时，直接可以对备选方案进行评估，做出购买决策。但根据认知理性理论，认知有限性，即内部信息通常情况下存在信息不足的情况，都需要借助外部信息进行互动，在认知有限性与信息有限性的双重约束下，形成最终的方案评估与购买决策。

根据 Engle, Kollat & Blackwell Model 我们将消费者决策形成消费者决策过程模型，具体过程如图3-1所示。在消费者决策过程中，需求、问题认知主要是偏好的形成，基于偏好进行信息搜集，在信息搜集渠道方面存在内部信息搜集与外部信息搜集（Schmidt & Spreng, 1996），内部信息主要来源于长期经验的积累与记忆，假设内部信息搜集能满足消费者对信息搜集的要求，那么消费者直接进入信息处理环节，对各备选方案进行评估。但事实是由于产品生命周期的缩短，产品与服务多样化，以及更迭速度加快，内部信息存在更新时差，不能有效满足消费者信息处理要求，在此阶段消费者将信息搜集渠道转向外部信息搜集，通过计算机网路、社交网络、市场、家庭成员搜集信息，尤其是随着网络应用深化，计算机网络、社交网络成为信息获取的主要来源。但必须要说明的是，内部信息搜集渠道与外部信息搜集渠道是不断迭代的过程，消费者内部信息搜集不足会切换到外部进行信息搜集，外部信息搜集获得的信息直接使消费者记忆沉淀，形成经验和认知，同时内部经验和认知的形成也会直接影响下一次外部信息的搜集效率。

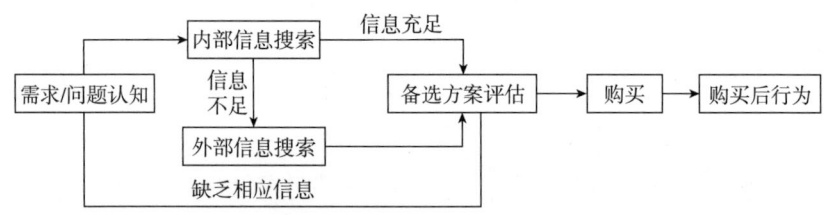

图3-1 消费者决策过程模型

在消费者内部信息搜集与外部信息搜集后，将进入备选方案评估阶段，备选方案评估的实质是信息处理的过程。信息处理对应着信息输入、信息处理、有效信息输出三个环节，传统消费者信息处理主要依赖于人脑，所以消费者信息处理被认为是黑箱，其具体流程与运行机制不为人知，消费者购买行为的"霍华德—谢思模式"（Howoard-Sheth）和"科特勒模式"（Kotler Model）对消费者信息处理黑箱进行了系统论述。在互联网时代，随着外部信息冗余，人脑在信息处理方面出现局限性，在此阶段开始出现了计算机辅助与数据智能辅助，节约消费者认知资源，这将在下一节进一步讨论。借鉴认知的界定，消费者信息搜集、处理的过程其实就是认知过程，认知正式进入偏好—效用的经典分析框架。

3.3 消费者信息搜索行为

无论是在信息稀缺时代，还是在信息爆炸时代，消费者信息搜索行为都是消费者决策的基础，接下来我们基于消费者信息来源渠道的演化，系统分析消费者信息搜索行为。

3.3.1 消费者信息搜索与来源

如图3-1所示，消费者信息搜索开始于对问题的认知，是消费者通过内部记忆、经验与外部环境获得消费决策所需信息的过程。消费者内部信息搜索是消费者在决策过程中依赖已经形成的记忆、经验的搜索行为，在商品差异化水平较低、信息匮乏的时代，消费者决策过程中主要依赖自身的内部信息搜索渠道。消费者外部信息搜索是指消费者从周围环境、交互关系中获取信息的过程，随着商品多样化、个性化的发展，以及商品更新换代速度加快，单凭记忆与经验来进行消费决策信息搜集已经难以满足消费者对信息的需求，尤其是随着消费者服务消费的增加，服务具有典型的异质性、生产与消费同时进行、无形性等特征，如果没有服务体验过程，则不可能借助内部信息完成对服务商品的客观认识。由于商品与服务自身的性质，势必要求消费者信息搜索更多地依赖外部信息搜索。随着网络信息技术的普及与应用，外部信息搜索的介质与渠道极大地提高了信息搜索效率，针对商品与服务可以进行在线咨询，可以发起在线群组讨论，可以客观地查询其他消费者的消费体验，消费者信息搜索逐渐由内部信息搜索转向依赖外部信息搜索。因此，本章所指的消费者信息搜索具体指消费者在消费过程中，为满足与消费决策有关的信息需求所进行的外部信息搜索，特别是主动地使用"网络"资源获取信息的搜索行为。

在消费者外部信息搜索的过程中，早期外部信息搜索主要依赖于媒体的广告，但在信息相对匮乏的时代，广告作为厂商展示商品质量、功能等的主要手段，是消费者外部信息的主要来源，但广告的产生目的是影响消费者偏好，其客观性难以得到保证，不可能要求厂商如实客观地描述自身商品。为了克服广告客观性差的特点，消费者开始依赖于线下口碑传播和社会关系网络，消费者开始逐渐向朋友咨询相关商品与服务的评价。随着网络信息技术的普及与应用，消费者不仅可以高效借助社会关系网络获取信息，而且可以高效地基于互联网查看陌生人的购物评价与感受，并且与陌生人进行基于商品与服务的一对一的讨论和群组讨论，从一定程度上看，陌生人与商品与服务没有直接利益关联，提供的关于商品与服务的信息客观性较强，消费者越来越依赖外部信息渠道，尤其是使用"网络"资源获取信息。

3.3.2 消费者复杂决策网络

上已述及，在消费者外部信息搜索的过程中，与来自厂商的信息相比，来自朋友、其他消费者的信息排除了利益诉求，具有较高的客观性、可信度（Schmitt & Skiera, 2011; Trusov, 2009）。在信息搜索之外，消费者的主观态度与行为也会直接影响消费者的决策行为（Baber, 2016; Chen, 2016）。消费者的满意程度会进一步传递给其他消费者，消费者之间的满意程度的连锁反应，使得消费者之间的关联关系成为消费者决策过程中的决定性力量（Harris & Baron, 2004）。消费者在信息搜索过程中相互影响、相互制约的关联关系与信息交互，逐渐构成了基于特定商品与服务的节点与链路，节点与链路构成网络，网络贯穿于整个消费者信息搜索过程。消费者成为内嵌于消费者复杂网络的一个节点，节点与节点之间呈现出关联性与网络外部性。

从网络的视角出发，把消费者视为节点，将消费者在特定产品或服务决策过程中与能够影响其决策的个体所产生的、所有能对其决策产生影响的关联关系视为连边，消费者决策问题就可以抽象为一个"围绕特定消费品即产品与服务"，由决策者即消费者，决策对象即特定产品或服务以及在消费决策过程中产生的所有相互依赖、相互影响的关联关系所构成的复杂图，本书将其定义为消费者复杂决策网络。在网络的表示上，借用图论的语言,消费者复杂决策网络是一个有序的三元组(V(n),E(m),ψ(g)),其中 V(n)是一个有限非空的顶点集,即特定活动中的消费者,E(m)是不与 V(n)相交的边集,即围绕特定决策目标形成的消费者决策关联关系,ψ(g)是使 G 中每条边对应于 G 中无序顶点的关联函数,表示消费者之间是否关联以及关联关系的特征。从连边的权重和方向上看,在数学中网络可细分为加权有向网络、加权无向网络、无权有向网络和无权无向网络四种形式,本章将消费者复杂决策网络定义为无权无向网络。

借助邻接矩阵,消费者复杂网络可以表示为:

$$A = (a_{ij})_{N \times N}, \quad a_{ij} = \begin{cases} 1 & \text{如果节点 } v_i \text{ 到节点 } v_j \text{ 有连边} \\ 0 & \text{如果节点 } v_i \text{ 到节点 } v_j \text{ 没有连边} \end{cases}$$

其中,v_i、v_j 是网络中的节点,即消费者;N 是网络中节点的数目;a_{ij} 是由节点 v_i 到节点 v_j 的连边,表示消费者 i 与消费者 j 之间是否存在围绕某一特定决策问题的相互依赖与相互影响的关联关系。

从承载内容看,消费者复杂决策网络的承载物既可以是商品,也可以是服务,而且由于服务的客观性质,消费者的服务消费过程更加依赖于消费者复杂决策网络。从影响途径看,可以产生直接影响和间接影响,而且间接影响成为主要的影响途径,直接影响主要产生于社会关系中朋友之间的全息交流、即时通信交流等。间接影响主要产生于对陌生人在网络中客观数据的留存,即消费者对在线评价、在线互动的主动观察(Wood & Hayes,2012)。从时间维度看,可以是长期持续的交流,比如社会关系网络中朋友潜移默化的影响,也可以是瞬间的、临时的影响,比如在线下实体商店某一时刻的交流与模仿,对一次评论的注意与采纳(Ailawadi et al.,2009)。

3.3.3 消费者复杂决策网络的特征

(1)嵌入性。消费者的嵌入性是消费者复杂决策网络的最主要特征,嵌入性指消费者的行为嵌入和情境嵌入。行为嵌入是指消费者信息搜索行为受到复杂决策网络的关联关系影响,即消费者既不是建构理性,独立于关联关系之外,也不是演化理性,不会只毫无意识的遵照(Granovetter,1985),而是消费者具有主体意识,嵌入一个真实存在与实时运行的社会关系系统。消费者情境嵌入指由于复杂决策网络关联关系与决策背景的变化,消费者的信息搜索行为将发生改变。在不同的决策背景、不同的决策空间、不同的决策阶段，消费者会依赖不同的关联关系，其复杂决策网络会呈现出不同的结构特征（Wasserman & Faust，1994），消费者复杂决策网络是对消费者具体决策过程的客观适应、整体拓扑。

（2）复杂性。消费者复杂决策网络的复杂性主要体现在节点的复杂性、连边的复杂性、网络的复杂性上。消费者的嵌入性是构成复杂决策网络的基础，由于消费者偏好的复杂性以及形成偏好制约因素的复杂性，导致复杂决策网络构成节点的复杂性。节点的复杂性必然要求消费者信息搜索行为具有较大的差异，直接影响消费者的交互对象、交互方式、交互行为，基于交互的差异必然带来连边的复杂性。在节点复杂性与连边复杂性的基础上，所构成的消费者复杂网络的复杂水平会进一步被放大，同时消费者的交互行为差异导致其依赖的网络可以是社会网络、社交网络和计算机网络等，网络载体的差异也是消费者复杂决策网络复杂性的一个主要方面。

（3）商品与服务的差异性。由于大部分最终需求型服务具有高收入弹性（Foger，2007）的特征，随着收入水平的提高，服务需求在总需求中的比重将逐渐提高，商品与服务的属性差异，决定了消费者复杂决策网络的差异。尽管商品与服务的界限不是十分清晰，但与商品相比，服务作为一种经济活动还是表现出了一些显著的特征。服务具有如下特征：无形性（Intangibility）、不可分离性（Inseperablity）、异质性（Heterogeneity）和不可存储性（Perishabilty），简称服务的 Iihp 特征。服务的无形性是在和商品对比过程中产生的，服务的空间形态基本上是不固定和不直接可视的，因而往往是无形的。一方面，服务提供者通常无法向顾客介绍空间形态明确的服务样品；另一方面，服务消费者在购买之前，往往不能感知服务，在购买之后也只能觉察到服务的结果而不是服务本身。同一种服务的消费效果和品质往往存在显著差别，这种差别来自于供求双方。一方面，服务提供者的技术水平和服务难度常常因人、因时、因地而异，于是服务业也随之发生变化；另一方面，服务的消费者对服务也可能会提出特殊要求。因此，同一种服务的一般与特殊的差异是常见的。正因为服务的异质性，服务质量标准也不能确定。服务的异质性使得服务质量具有很大弹性，既为服务行业创造优质服务开辟了广阔的空间，又为劣质服务提供了可乘之机。基于上述商品与服务属性的差异，在服务信息搜集过程中，要求消费者更多依赖于其他消费者的服务体验、服务评级等，消费者的嵌入性与复杂性更强。同时在服务消费过程中，需要消费者搜集更多的服务信息。

（4）结构效应。消费者复杂决策网络的结构效应是调节消费者复杂决策网络与消费者信息搜索行为的中间调节变量。消费者复杂决策网络的结构效应主要体现在网络规模、网络密度、网络中心性、网络结构洞、网络凝聚子群、关系强度六个方面，网络结构效应直接调节着消费者信息搜索行为的效率（见表3-2）。

表3-2 消费者复杂决策网络的结构特征

结构特征	描述
网络规模	反映消费者所拥有的、能够获取有效信息的关系资源数量
网络密度	反映消费者在信息搜索过程中有用的直接连接的比例或者信息传递的效率
网络中心性	衡量消费者距离网络中心位置的程度，反映信息流动的速度以及信息传播渠道的重要性
网络结构洞	衡量消费者与不同子网络连接的能力，反映个体获取信息的能力或对信息的控制能力
网络凝聚子群	反映消费者所在小群体紧密的程度、凝聚力以及信息流通的速度
关系强度	衡量消费者彼此之间关系的亲疏、互动的频率以及对对方行为的影响

1）网络规模。网络规模主要反映了消费者复杂网络构成节点的数量以及有效的交互关系数量，即节点与连边数量。一方面，网络规模大小直接决定信息来源渠道的多少，网络规模越大，意味着消费者之间拥有更多的交互资源，沉淀数据、信息的数据越大，使得嵌入消费者决策网络的消费者获得更多信息与数据资源（Freeman，1997）；另一方面，由于消费者信息生成与需求的差异性较大，只有较大的网络规模，才能保障消费者复杂决策网络实现信息供给与需求的匹配，这是规模较小的网络不具备的能力。

2）网络密度。网络密度刻画网络节点与连边的密集程度，网络密度越高说明与网络节点相关联的连边越多，消费者完成信息搜集、传递的效率越高，网络密度直接刻画了网络中信息传递的数量和速度。在高密度的网络中，成员之间交流密切、互动频繁，有更多的机会交流信息。

3）网络中心性。网络中心性是指能够与更多网络节点建立联系的个体者，我们将其定义为中心（Lee，Cotte & Noseworthy，2010）。相对于技术网络而言，以计算机网络为例，其核心网络节点具有分布式特点，即节点间的平等性与去中心性。但由于消费者复杂决策网络的复杂性,其是社会网络、社交网络与计算机网络的统一,其网络节点在地位上存在中心性特征,网络中心具有和更多节点交互的能力,其成为信息传播的主要渠道,乐于分享高质量信息。比如明星、社交网络大V与网红具有典型的网络中心性特征,其在消费者复杂网络中具有更强的交互能力与影响范围。

4) 网络结构洞。虽然网络是广泛连接的,在理论上网络可以与所有网络节点建立连边,但现实是网络中普遍存在脆弱和断裂的关系,消费者之间并不是相互认识的,缺乏直接的联系,出现断点。为了弥补脆弱、断裂关系,网络中出现类网络中介与代理人,这种中介与代理人就是消费者复杂决策网络中的结构洞,排除网络结构洞,消费者的直接联系将断裂(Burt,1992)。比如电子商务平台、社交网站在消费者复杂网络中具有结构洞特征,剔除电子商务平台、社交网站,我们无法获得大部分口碑评价与社交信息。

5) 网络凝聚子群。凝聚子群是社会网络或消费者复杂决策网络中的子网络。在凝聚子群内部,成员之间遵守共同的道德规范、拥有共同的社会目标,在兴趣、价值观上具有相似性。与子群外部的个体相比,成员之间往往保持相对较强的、直接的、紧密的、经常的或积极的关系。在消费者复杂决策网络中,我们可以与所有消费者进行沟通,但现实生活中我们的网络仅仅与子网络中的消费者发生主要的信息交互,例如微信群、通信录、兴趣小组等,在子网络中由于更密切关系的存在,网络成为信息最直接的来源,在交互频率上更为频繁,在交互关系上更值得信赖。

6) 关系强度。关系强度是消费者复杂决策网络中消费者之间关系的亲疏远近与决策行为的相互影响程度。根据投入的时间、情感强度、亲密程度和互惠关系可以将关系强度分为强关系与弱关系,陌生消费者之间的关系属于典型的弱关系,社会关系中的亲戚、朋友关系属于典型的强关系,但关系强度对消费者信息搜集的调整视具体情境而定,比如在价值较低的商品消费过程中,弱关系的口碑评价完全可以满足消费者决策需要,而在保险服务消费的过程中,强关系对信息搜集的作用比较显著。

3.3.4 消费者复杂决策网络与消费者信息搜集行为关系分析

消费者信息搜集是消费者决策的首要环节,在网络深化的背景下,消费者信息搜集行为越来越依赖于网络以及在网络基础上产生的交互关系与关联关系，网络限定了消费者信息搜集的"可能性边界"（Gazer，1991；Hoffinan & Novak，1996），对于消费者来说，消费者复杂决策网络是其重要的信息获取渠道，网络中的其他消费者是其值得信赖的信息来源，消费者的信息搜索行为嵌入网络当中，网络结构成为影响消费者信息搜索行为的关键变量。

（1）消费者复杂决策网络是其最重要的外部信息搜集渠道。消费者信息搜集渠道的核心是消费者对于渠道的信任和采纳程度（Groflaten，2010）。与信息贫乏时代相比，互联网时代的显著特征是信息冲突与信息冗余，与传统由商品与服务生产、流通主体提供的信息相比，消费者更加信赖其他个体的真实消费体验与评价，此过程排除了利益驱动与盈利目的，更加可靠、值得信赖，这使得消费者在进行决策时更多地依靠自己网络中的成员（比如，朋友和同伴），而不是权威人物、专家、主流媒体和广告（Centola，2010；Luo et al.，2013），来自"网络"成员的信息在消费者信息搜索时占据很大比例。

（2）消费者信息搜集效率受消费者复杂网络结构特征的调节。消费者在信息搜集环节，其信息搜集效率的高低直接依赖于消费者复杂决策网络的结构特征，上述已提及消费者复杂决策网络具有网络规模、网络密度、网络中心性、网络结构洞、网络凝聚子群、关系强度等结构特征，如果将消费者复杂决策网络与消费者信息搜集效率作为相关关系分析，消费者复杂决策网络的结构特征将作为调节变量，调节着二者相关关系的强度。以淘宝平台为例，其网络规模大小、网络密度的强弱，决定沉淀在其平台上交易行为的多少，交易行为将形成交易数据与关系数据，最直接的体现就是口碑评论，口碑评论的存在以及在此基础上形成的可视化数据，直接影响绝大部分消费者的信息搜集行为。

（3）消费者信息搜索行为内嵌于消费者复杂决策网络中，并形成有效的数据闭环。消费者依赖复杂决策网络获得客观决策信息，经过消费者信息处理过程，产生消费决策，在此过程中不仅将更新消费者内部信息渠道，更为关键的是会进一步为消费者信息复杂决策网络沉淀数据，由此消费者复杂决策数据闭环形成（Blodgett & Hill，2011），在消费者复杂决策闭环形成过程中，新的数据的更新与沉淀来源于消费者信息处理环节。

3.4 消费者信息处理行为

消费者信息处理是依托消费者复杂信息网络获得行为数据，依据行为数据对相关关系与因果关系进行分析，当然在信息处理的过程中消费者的信息处理仍然占据主导，但信息中介与个人信息助手的普遍应用，其重要功能就是节约认知资源，提高了个体处理各种能量、信息和知识的效率（能量、知识最终将转化为信息，认知模式的核心就是处理信息的效率）。在对消费者信息处理历史演化过程之前，有必要对消费者信息处理的计算单元——大脑进行分析。

3.4.1 智慧大脑与非智慧大脑"二元结构"

根据消费者信息处理水平的高低，将消费者分为智慧大脑与非智慧大脑（何大安，2018）①。在现实中，普通消费者只能依据有限信息处理能力进行有限或不准确的因果分析与相关分析得出认知，我们将不能运用大数据思维与云计算辅助的行为主体（普通消费者）定义为非智慧大脑。按照上述定义标准，人们几乎都是非智慧大脑。人类社会长期处于信息贫乏时代，所以非智慧大脑通过有限信息，通过因果关系的演绎推理，或者依赖主观判断，在一定程度上能满足认知的需要。但随着计算机网络的深化应用，信息冲突与信息冗余的特征逐渐明显，依靠非智慧大脑得到正确认知的难度逐渐提高，智慧大脑开始出现。在本书中，笔者将智慧大脑定义为能够有效利用大数据辅助和替代人脑进行决策的科技人士，在现阶段，已经形成了非智慧大脑与智慧大脑共存的二元结构。智慧大脑的特点是能借助多源异构、多维度、完备的大数据获取决策所需的完全信息，通过云计算技术的辅助获得认知。智慧大脑是从大数据多维度的相关性中获得正确信息，并通过机器学习或其他人工智能技术形成认知，这个过程决定智慧大脑高效用函数的形成过程。

---

① 何大安. 互联网应用扩张与微观经济学基础——基于未来"数据与数据对话"的理论解说[J]. 经济研究，2018（8）：177-192.

从智慧大脑的定义特征看，其具备的条件包括：一是信息完全，智慧大脑可以借助历史、现期和未来消费投资数据进行信息搜集、整理、处理，其信息是完备的；二是客观分析，智慧大脑可以借助云计算集约式的计算能力，通过分析大数据背后的相关关系，准确地得出决策所需要的精准信息，而不需要进行主观判断与臆测；三是认知的内生，基于智慧大脑的信息完全与客观分析的基本条件，我们开始认为智慧大脑消费者行为将回归新古典经济学的基本范式，即消费者基于信息完全的基本假设，通过均衡分析与边际分析的客观过程，得出效用最大化的结果，表面上看的确如此，但此分析范式明显抽象掉了认知过程，智慧大脑的核心特征是将认知内生化，即认为认知是处于偏好—效用的中介位置，智慧大脑改变的不是信息完全的基本假设与客观的效用最大化的分析，而是将认知内生化，通过对认知形成过程的影响，调节偏好实现效用最大化的程度。

智慧大脑与非智慧大脑二元结构的存在，使得我们普遍关注非智慧大脑，虽然其不具备大数据与云计算的计算应用条件，但非智慧大脑是理性的，非智慧大脑的理性决定其在一定程度上会效仿智慧大脑进行决策，即在非智慧大脑决策过程中，智慧大脑的决策会进入消费者复杂决策网络，作为其主要信息来源，非智慧大脑的效用函数是智慧大脑效用函数的复合函数，我们可将智慧大脑的选择偏好、认知和效用期望等理解为是非智慧大脑相应变量的解释性变量，即 $U_{ui}=kU_i$，其中，U_{ui} 代表非智慧大脑的效用水平，U_i 代表智慧大脑的效用水平，k 代表非智慧大脑效仿智慧大脑的程度，$0 \leq k \leq 1$，当 $k=1$ 时代表智慧大脑完全替代非智慧大脑进行消费者决策，即非智慧大脑的完全效仿。

3.4.2 消费者信息处理的阶段划分

作为人类进行消费者信息处理的核心单元，人类大脑可以划分为智慧大脑与非智慧大脑，基于此，消费者信息处理可以细分为非智慧大脑阶段、非智慧大脑与智慧大脑交互阶段和智慧大脑阶段。

（1）非智慧大脑阶段（见图3-2）。如前所述，非智慧大脑阶段的典型特征是消费者信息处理完全依赖于人脑决策，可能适当进行网络信息技术辅助。但最终备选方案的评估是非智慧大脑的因果关系完成，即在非完全信息基础上依赖非智慧大脑因果关系理性选择的结果。非智慧大脑阶段对应的是消费者通过市场竞争信息、价格信息等获取消费者决策信息,在有限信息处理工具的基础上,主要利用非智慧大脑做出判断、形成认知,最终形成购买方案的评估(见图3-2)。从信息角度看,客观信息难以获取,主要的信息来源是厂商的利润诱导信息等,难以利用网络信息技术获得信息,信息获取效率较低,获得的信息主要是历史信息。在此部分信息的基础上,消费者依赖于不完全的样本数据,进行因果分析,得出消费决策。在非智慧大脑阶段,经济学的理性选择理论受到了极大的限制和质疑。这种质疑不是新古典经济学追求效用最大化的问题,也不是现代经济学把信息内生作为实现效用最大化的路径的错,而是经济学没有关注非智慧大脑受到信息约束与认知约束的错。自20世纪50年代赫伯特·西蒙的有限理性学说问世以来,理性选择理论对偏好、认知和效用等的分析有了很大的完善。例如针对如何降低认知约束,经济学家通过并轨经济学与心理学,运用心理预期分析来探索认知约束形成及降低认知约束的方法(Kahneman & Tversky,1973,1974,1979;Lucas & Prescott,1971;Lucas & Stokey,1983;Smith,1994)[1][2][3][4]。

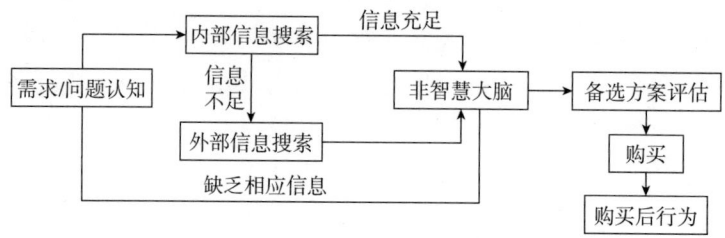

图3-2 非智慧大脑阶段

(2)非智慧大脑与智慧大脑交互阶段(见图3-3)。随着网络信息技术

---

[1] Kahneman, D., A. Tversky. Prospect Theory: An Analysis of Decision under Risk [J]. Econometrica, 1979, 47 (2): 263-291.

[2] Lucas R. E. Jr., E. C. Prescott. Investment under Uncertainty [J]. Econometrica, 1971, 39 (5): 659-681.

[3] Lucas R. E. Jr., N. Stokey. Optimal Fiscal and Monetary Policy in an Economy without Capital [J]. Journal of Monetary Economics, 1983, 12 (1): 55-93.

[4] Smith, V. L. Economics in the Laboratory [J]. Journal of Economic Perspectives, 1994, 8 (1): 113-131.

的深化与应用，在消费者信息处理环节突出的变化体现在数据来源、数据储存、数据计算能力的提升。数据来源不仅仅是原有的结构化数据，一切能够被电子化的都可以被纳入数据范围（王汉生，2018）[①]。在消费者决策环节图片、视频、位置、语音等非结构化数据被大量采集与应用，与此同时，数据的存储介质容量提高、价格下降。由于消费者可利用的终端介质（电脑、手机）通信能力与计算能力普遍提升。当人类获取信息的途径主要是通过大数据、云计算和机器学习时，人类选择行为及其过程便进入了智慧大脑与非智慧大脑交互阶段。在此阶段出现了部分可以利用大数据与云计算技术进行消费者决策的少数智慧大脑。它们能通过对大数据进行多维度相关分析而获取精准信息，能借助互联网、大数据和运用云计算来设置模型，并运用机器学习处理参数而做出选择（这可看成是对智慧大脑者的定义），而那些不具备以上能力的芸芸众生，则可看成是非智慧大脑者。智慧大脑与非智慧大脑交互阶段，消费者决策过程中信息冲突与信息冗余的特征逐渐明显，为了节约消费者认知资源，信息中介开始出现。信息中介在组织和推进信息劳动分工时，不仅起到集聚信息的作用，还在很大程度上解决了"如何让充满噪声和矛盾的大量数据成为有价值有意义的信息"这一难题（张翼成，2018）[②]，我们将能匹配信息需求双方的平台界定为信息中介。搜索引擎、点评网站、购物平台都属于典型的信息中介，信息中介的实质是双边市场。搜索引擎、点评网站、购物平台为了顺应节约消费者认知资源，提升消费者信息处理效率的要求，例如大众点评网与淘宝网基于大量的商品与服务消费，形成了数以万计的评分与客观评价，通过大众点评网与淘宝网可视化数据分析，极大地提高了消费者信息处理的效率。信息中介可以利用这些评论，对商家的质量和信誉进行评价，从而用一个或几个综合的得分替代无数评论，帮助消费者进行快速选择。如果消费者想了解得更多，信息中介还可以按照差评、中评、好评进行分类，按照时间先后顺序，按照其消费者对于某评论是否有用的反馈进行排序，并将评论中的要点以关键词云、统计饼图等方式清晰地展示给消费者，帮助消费者快速处理这些信息。

（3）智慧大脑阶段（见图3-4）。智慧大脑阶段的显著特征是覆盖全社

[①] 王汉生. 数据思维：从数据分析到商业价值[M]. 北京：中国人民大学出版社，2018.
[②] 张翼成，吕琳媛，周涛. 重塑：信息经济的结构[M]. 成都：四川人民出版社，2018.

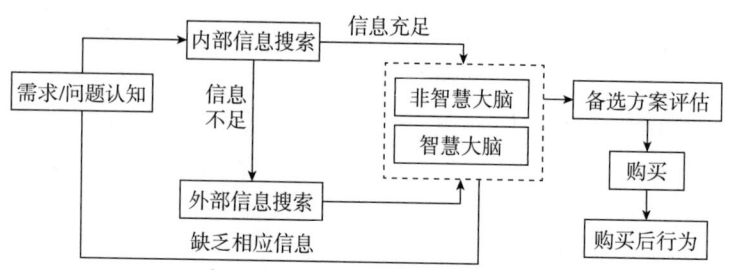

图 3-3 非智慧大脑与智慧大脑交互阶段

会的泛在网络的实现,随着计算机网络、移动通信网络、物联网的深入普及与应用,现阶段已经开始实现覆盖全社会的协同网络,如智慧城市的建设。覆盖全社会的协同网络的基础作用在于沉淀社会活动的所有数据,这些数据包括历史数据、实时数据、未来数据,其中未来数据是基于历史数据与实时数据形成的对未来的预判数据,预判数据的客观性来源于多源异构数据的相互验证。在历史数据、实时数据、未来数据的基础上,信息完全成为可能。大数据时代的来临,在一定程度上提高了消费者信息处理的难度,在此阶段为了适应消费者节约认知资源的本质,基于算法与深度的人工智能开始进入消费者信息处理环节。基于深度学习算法,通过大数据的持续输入,算法不断迭代优化,辅助、替代消费者的趋势开始。人工智能辅助、替代人脑进行消费者信息处理是智慧大脑的来源与本质,其仍没有脱离偏好—认知—效用的分析框架,只是节约认知资源,摆脱信息约束的方式与手段,其实质仍然是调节偏好、实现效用最大化的过程。

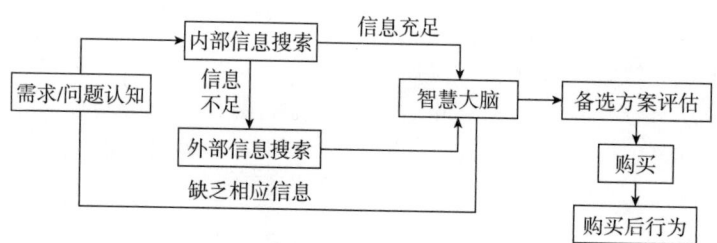

图 3-4 智慧大脑阶段

现阶段智慧大脑在消费者信息处理领域的应用已经开始出现,如智能推荐系统与个人信息助手的应用。智能推荐系统来源于亚马逊对图书的推荐,在其初期,其依赖于历史数据,根据相关关系的判断来节约消费者信息处理的时间。智能推荐系统发展到今天,智能推荐系统开始采集消费者实时数据,由于智能穿戴设备与智能手机的应用,对消费者实时位置、实时状态、实时浏览数据的采集成为可能。淘宝基于对历史数据与实时数据的采集,已经可以做到"千人千面",其推荐的准确性进一步提高。智能推荐系统对于消费者信息处理能力的提升只是在原有信息中介的基础上的提升,其实质仍然是厂商在分工中处于主导地位,在信息分工中消费者长期以来处于弱势的地位的状况仍然没有改变,提高消费者的信息处理能力是长期以来的趋势。

个人信息助手是指经过消费者的全部访问授权,通过智能终端对消费者所有行为数据进行采集,挖掘消费者显性需求与隐性需求,辅助、替代消费者进行信息处理的个人应用。由于数据采集技术的普及与应用,智能终端、智能穿戴设备开始覆盖消费者的所有活动,通过传感器,它授权搜集消费者的行为、语言、社会与环境数据,可以预见在不久的将来,来自语言、手势、心跳、肌肤湿度等各方面的数据可以添加到包含我们日常生活与外界交流的数据中,构成一个前所未有的巨大数据库。每个人都有许多特殊的、偶尔的欲望与需求,这些需求一直在我们的头脑中,但是很多时候处于休眠状态,因为人脑无法让它们时时刻刻在我们今天的任务列表上处于亢奋状态,与此同时,个人信息助手拥有近乎无穷的记忆能力,或称为存储空间,它可以保存许多东西,例如所有相关地图、兴趣点、个人喜好、联系人和过去的经历,个人信息助手还可以使海量数据保持亢奋状态,一旦环境匹配,相关数据就可以立刻被激活,例如,路过某个地点时会激起你的特别兴趣,但是如果不是在你的待办事项列表里的话,这种稀有的偶发的事件便会被忽略。个人信息助手会自动匹配场景,提醒主人可能的兴趣点,并且从它所管理的冗长的待办事项列表中,选出一些长尾中的低频事件满足我们眼下场景的最适合需求。作为个人信息助手的主人,我们显然不能同时做所有潜在的有兴趣的事情,也不能记录下所有发生的事情,但是个人信息助手可以帮助我们记录和筛选,不论我们何时在网上搜索、浏览或者社交,个人信息助手都能滴水不漏地观察我们并完善我们的需求肖像,它能获取我们的健康数据、监控我们的饮食和运动,从而提醒和推荐一种更加适合我们的生活方式。具有强大人工智能的个人信息助手有两个作用:向内与向外。向内指它注意主人的所有需求,并根据优先级别、场景、实施代价等，主动寻觅这些需求满足；向外指它就如同一个守门人，帮助主人把那些来自外部的无用与有害的海量信息过滤掉。人工智能关注我们显性知识和隐性知识之间的互动，未来专一的个人信息助手将会为人类服务并绝对服从，一个新的交叉科学将会专注于人与无处不在的设备之间的交互，并在隐性知识和显性知识之间的灰色地带中获得进展。

3.4.3 消费者信息处理的数据智能依赖

纵观消费者信息处理的三个阶段，消费者信息处理过程中存在显著的认知节约与数据智能依赖。在经济学演化历史中，认知内生是消费者行为研究的核心，偏好—认知—效用的基本研究范式是不变的。由于认知约束的存在，在消费和信息处理过程中，由于信息输入的复杂性指数级增加，消费者普遍存在节约认知资源的趋势，从非智慧大脑阶段的利用机械式的基本原理，通过因果关系节约认知资源，到非智慧大脑与智慧大脑的交互阶段，利用信息中介节约认知资源，再到智慧大脑阶段，利用个人信息助手节约认知资源。认知资源的节约伴随着整个消费者信息处理演化过程，而认知资源节约过程的典型趋势是充分利用社会协同网络覆盖范围的扩大，沉淀大数据，利用深度学习算法，以数据智能辅助替代消费者信息处理，节约消费者认知资源。

3.5 消费者信息能力

我们将消费者信息搜集、处理能力界定为消费者信息能力，消费者信息能力是消费者的基本特征之一。在传统经济学下，由于信息来源渠道的限制以及非智慧大脑信息处理能力的局限，消费者普遍存在有限信息能力，伴随着进入智慧大脑阶段，依赖于消费者复杂决策网络沉淀数据，通过消费者数据智能辅助、替代进行数据处理，消费者信息能力普遍提升。有限信息能力来源于 Herbert Simon 的有限认知与认知局限，基于本节以上的分析，可以发现有限认知主要来源于信息约束，在 Herbert Simon 的基础上进一步深化提出有限信息能力，具体而言，消费者信息能力是指消费者在具

3 消费者决策的前提、过程与信息约束

体决策过程中信息搜集、处理能力的高低，有限信息能力更好地适用于本书关于消费者信息约束的研究。

一般而言，当消费者完全无信息能力时，其对商品与服务完全无知，而当消费者的信息能力完全时，其可以知晓商品与服务的完全信息，知晓产品与服务的质量与适用程度。一般而言，消费者的信息能力在完全能力与完全无能力之间徘徊。在非智慧大脑阶段，决定消费者信息能力包括消费者自身属性与外部制约因素，自身属性包括搜集处理信息的技术水平与努力程度等，外部制约因素包括时间与厂商的产品与服务特征等，一般而言随着时间的推移，消费者对特定产品与服务的了解将显著增加，信息能力将提升，而厂商出于利润最大化的要求，进一步进行产品创新，使得产品更新换代速度加快，从而提高厂商差异化程度，而厂商差异化程度的提高将进一步稀释消费者信息能力。同时产品与服务的差异化与多样化，在横向和纵向两个方向稀释消费者的信息能力，在横向上，随着产品与服务差异化、多样化程度不断提高，消费者需要将信息能力在不同产品与服务之间进行横向分类。在纵向上，由于特定产品的复杂程度不断提高，消费者需要仔细进行产品与服务质量的深化研究，经过横向与纵向的对比，消费者最终做出消费决策，但原本有限的信息能力，经过横向与纵向的稀释，已经难以满足决策的需要。

随着进入智慧大脑阶段，消费者复杂决策网络为消费者信息搜集提供了信息来源，并且消费者复杂决策网络的结构特征调节着消费者信息搜集能力的强弱，消费者复杂决策网络对消费者信息搜集能力提升的主要作用在于搜集效率的提升与客观可信赖的信息来源。信息中介、信息助手等消费者决策数据智能的出现，辅助、替代消费者进行信息处理，在很大程度上提高了信息处理的效率。随着消费者信息搜集、处理能力提高，商品与服务的提供商存在稀释消费者信息能力的激励，只不过在消费者复杂决策网络与消费者数据智能的辅助、替代下，消费者会快速实现对厂商商品与服务的信息的搜集、处理，逐步实现信息完全，这时厂商将进入商品与服务新的创新周期。

3.6 实证研究

本书基于消费者决策过程建立了完整的理论脉络,为了进一步说明消费者信息搜索、处理过程中对消费者复杂决策网络与消费者决策数据智能的依赖,本书进行了描述消费者决策过程特征的量表开发与设计。

3.6.1 研究模型与基本假设

(1) 研究模型。基于本书核心概念的提炼,将消费者决策过程细分为四个维度,分别包括消费者复杂决策网络、消费者决策数据智能、消费者信息搜集能力、消费者信息处理能力,具体如图 3-5 所示。消费者决策过程的核心是信息搜集、信息处理过程,上述分析已经清晰,与以往消费者信息搜集来源于厂商的主动营销不同,随着网络信息技术的普及与应用,消费者信息来源越来越依赖于客观性信息渠道,社会网络、社交网络、计算机网络在消费者信息来源方面扮演着重要角色,我们将其定义为消费者复杂决策网络,消费者信息搜集依赖于消费者复杂决策网络。在信息搜集的基础上,传统消费者决策过程中主要依赖于人脑进行备选方案的评估,最终实现效用最大化的选择,由于信息不对称的长期存在,消费者在备选方案评估时存在节约认知资源的情况,比如从众心理,而且未来随着信息贫乏向冗余转变,人脑在一定程度上难以应对复杂决策网络的海量信息来源,节约认知资源的激励会进一步增强。在现实生活中信息中介、个人信息助手正在辅助消费者决策,在节约认知资源的同时,提高消费者决策的效率,消费者信息处理依赖于消费者决策数据智能。至此,本书的消费者决策过程模型基本形成,消费者复杂决策网络是消费者决策信息的主要来源,其有助于消费者信息搜集能力的提升,消费者决策数据智能将辅助、替代消费者进行信息处理,提升消费者信息处理能力。为了方便研究,我们将消费者信息搜集、处理细分为两个阶段,在消费者信息搜集的基础上,将搜集的信息输入消费者人脑与数据智能辅助,之后输出消费者最终评估方案,但现实中,很多场景消费者信息搜集、处理是统一的,即信息搜集与处理是同时的，因此，我们将消费者信息搜集能力与消费者信息处理能力定义为消费者信息能力。

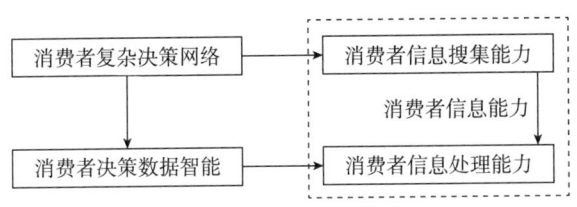

图 3-5　消费者决策过程模型

（2）基本假设。在不同的发展阶段，消费者普遍倾向于信息搜索渠道的依赖（Blodgett J & Donna Hill，1998），在生产厂商占主导的阶段，厂商的基于利润刺激的广告宣传成为消费者获取信息的主要来源，但由于其在一定程度上对销量与利润的追求缺乏客观性。随着网络信息技术的应用，消费者信息来源依赖于消费者相互关系、消费者互动形成的消费者复杂决策网络，消费者复杂决策网络的规模、交互速度、关系强度等特征直接影响消费者信息搜集能力，消费者复杂决策网络的完备程度有助于消费者信息搜集能力的提升，从统计变量看，消费者复杂决策网络与消费者信息搜集能力呈正相关。由此，本章提出第一个假设。

H1：消费者复杂决策网络有助于消费者信息搜集能力提升。

在消费者搜集信息的基础上，消费者对备选方案进行评估，其实质是经过信息处理输出结果的过程。在此过程中，长期以来消费者存在解决认知资源的激励，尤其在信息冲突与信息冗余的社会，消费者普遍存在借助信息中介、信息助手辅助信息处理的激励，信息中介与信息助手是典型借助大数据、算法、云计算形成的数据智能应用，在发展初期，消费者决策数据智能将辅助消费者进行信息处理，经过消费者的全面授权，消费者决策数据智能将实时采集消费者数据，替代消费者进行信息处理，做出备选方案的评估，实现效用最大化。因此，消费者决策数据智能有助于提升消费者信息处理的能力，从统计变量看消费者决策数据智能与消费者信息处理能力呈正相关。由此，本章提出第二个假设。

H2：消费者决策数据智能有助于消费者信息处理能力提升。

消费者复杂决策网络主要体现消费者之间的关联关系与交互行为，由于网络信息技术的全面普及与应用，消费者之间的关联关系与交互行为将沉淀于移动网络、社交网络与计算机网络，消费者复杂决策网络将形成基于消费者决策的关系数据与行为数据，全面的关系数据与行为数据的获取，直接为消费者决策数据智能提供数据来源。更为关键的是，随着覆盖全社会的协同网络的搭建，消费者决策全过程将实现全面在线化，消费者复杂决策网络将逐渐为消费者决策提供全面数据，消费者决策数据智能在全面数据的基础上，将在更大范围内应用，进一步节省消费者认知资源。因此，消费者复杂决策网络有助于消费者决策数据智能应用，从统计变量看消费者复杂决策网络与消费者决策数据智能呈正相关。由此，本章提出第三个假设。

H3：消费者复杂决策网络有助于消费者决策数据智能应用。

消费者信息搜集能力主要体现消费者信息搜集过程中获取完备信息的效率，主要体现在信息搜集过程中能否确定信息搜集的可能范围、明确所需的信息要点、知晓信息的主要来源、合理运用信息搜集手段、理解复杂信息、快速高效地完成信息搜集任务。消费者信息搜集能力的强弱直接关系到经过输入、处理，得出评估方案的有效程度以及消费者效用最大化水平的实现，信息搜集能力是信息处理能力的基础。因此，消费者信息搜集能力有助于消费者信息处理能力提升，从统计变量看消费者信息搜集能力与信息处理能力呈正相关。由此，本章提出第四个假设。

H4：消费者信息搜集能力有助于消费者信息处理能力提升。

3.6.2 预调研分析

在正式调研分析之前，笔者进行了预调研分析，具体包括以下几个方面。

（1）问卷设计。现有文献是成熟量表的直接来源，本章系统地梳理了国内外关于消费者决策网络依赖与消费者数据智能的相关文献，由于消费者复杂决策网络与消费者数据智能在国内研究领域刚刚起步，可供使用的量表较少，本书在阅读、梳理现有文献的基础上确定消费者复杂决策网络、消费者数据智能、消费者信息搜集能力、消费者信息处理能力等概念与基本内涵。

在此基础上，召集两次专家意见讨论会，专家主要是本研究领域具有博士学位的教师，对测量指标的科学性、变量之间的逻辑关系、题项的准确性进行了两轮六人次的讨论，对前期44个基本题项进行专家打分，最后确定22个题项。在此基础上，邀请10位本研究领域硕士研究生进行题项阅读，对题项是否表述准确、是否存在重复、是否能准确体现测度变量进行了讨论，对22个题项进行了最终修正。

消费者复杂决策网络。对于消费者复杂决策网络的研究，前期主要的研究集中在社会网络（周彦莉，2014；王丽丽，2017），缺乏对社交网络与计算机网络的考察，在前期研究成果的基础上，关于消费者复杂决策网络的初始题项由六项构成，具体内容如表3-3所示。

表3-3　消费者复杂决策网络维度

题项	题项编号	量表文献
我喜欢与朋友分享商品或者服务的消费信息	B1	Tichy（1979）； Antia和Fraizer（2001）； 周彦莉（2014）； 王丽丽（2017）
我经常在微信朋友圈分享体验过的商品与服务	B2	
我与朋友经常对共同感兴趣的商品或服务进行讨论	B3	
我的微信朋友圈能提供给我很多消费信息	B4	
我在消费决策过程中经常浏览购物评价，如淘宝、京东	B5	
我的微信群能给我提供很多消费信息来源	B6	

消费者决策数据智能。消费者决策数据智能是全新的研究领域，主要是基于消费者复杂决策网络沉淀消费者行为数据后，通过云计算与算法支撑形成智能决策，节约消费者认知资源，辅助替代消费者进行决策。关于消费者决策数据智能的初始题项由六项构成，具体内容如表3-4所示。

表3-4　消费者决策数据智能维度

题项	题项编号	量表文献
我在生活中经常关注手机情景智能与智能推荐	C1	Petroezi（2006）； 张翼成（2018）； 吕琳媛（2017）
我在消费者决策过程中依赖可视化数量，如淘宝、京东、大众点评的评价统计	C2	
我在消费者决策过程中依赖智能推荐系统，如京东、淘宝个性化商品推荐	C3	
我经常体验线下智能应用，如皮肤检测、健康检测、智能试衣镜等	C4	
我在消费者决策过程中依赖智能评分排名，如亚马逊图书排行榜、手机跑分软件等	C5	
我在购买电影票过程中经常购买推荐的最佳观影区域座位	C6	

消费者信息搜集能力。消费者信息搜集能力主要体现消费者信息搜集过程中获取完备信息的效率情况，主要体现在信息搜集过程中能否确定信息搜集的可能范围、明确所需的信息要点、知晓信息的主要来源、合理运用信息搜集手段、理解复杂信息、快速高效地完成信息搜集任务。关于消费者信息搜集能力的初始题项由五项构成，具体内容如表3-5所示。

表3-5 消费者信息搜集能力维度

题项	题项编号	量表文献
我愿意主动地搜寻信息支撑消费决策	D1	Wasserman（2004）；张永林（2014）；张翼成（2018）
我在信息搜集过程中能够明确所需的信息要点	D2	
我在信息搜集过程中能确定信息搜寻的可能范围	D3	
我在信息搜集过程能运用合理的信息搜集手段	D4	
我在信息搜集过程中能判断信息的真伪	D5	

消费者信息处理能力。消费者信息处理对应着信息输入、信息处理、有效信息输出三个环节，传统消费者信息处理主要依赖于人脑，所以消费者信息处理被认为是黑箱，其具体流程与运行机制不为人所知。关于消费者信息处理能力的初始题项由五项构成，具体内容如表3-6所示。

表3-6 消费者信息处理能力维度

题项	题项编号	量表文献
我能快速进行信息整理、筛选	E1	Freeman（2011）；陈徹（2008）；周葆华（2008）
我能对线上线下商品的价格进行对比	E2	
我能够对不同购物平台的价格进行比较	E3	
我在"双十一"购物过程中能较好地运用各种满减、跨店优惠活动	E4	
我能快速处理固定金额包邮商品的筛选和组合	E5	

（2）信度分析与结构确定。在初始题项确定后，为了保证预测试对象与正式测试对象的一致性，选择在校学生作为主要调研对象，共发放问卷115份，其中研究者全程参与问卷填写搜集过程，回收有效问卷113份，问卷回收率达98.26%，构成了有效的问卷来源。问卷初始题项的信度信息结果如表3-7所示。

表 3-7 信度信息结果

编号	初始题项	均值	标准差
B1	我喜欢与朋友分享商品或者服务的消费信息	3.72	1.271
B2	我经常在微信朋友圈分享体验过的商品与服务	3.53	1.127
B3	我与朋友经常对共同感兴趣的商品或服务进行讨论	4.37	0.997
B4	我的微信朋友圈能提供给我很多消费信息	3.85	0.935
B5	我在消费决策过程中经常浏览购物评价,如淘宝、京东	3.68	0.872
B6	我的微信群能给我提供很多消费信息来源	3.50	0.946
C1	我在生活中经常关注手机情景智能与智能推荐	3.93	0.878
C2	我在消费者决策过程中依赖可视化数量,如淘宝、京东、大众点评的评价统计	3.77	1.027
C3	我在消费者决策过程中依赖智能推荐系统,如京东、淘宝个性化商品推荐	3.31	0.967
C4	我经常体验线下智能应用,如皮肤检测、健康检测、智能试衣镜等	3.50	1.150
C5	我在消费者决策过程中依赖智能评分排名,如亚马逊图书排行榜、手机跑分软件等	3.25	0.897
C6	我在购买电影票过程中经常购买推荐的最佳观影区域座位	3.96	0.930
D1	我愿意主动地搜寻信息支撑消费决策	3.22	0.953
D2	我在信息搜集过程中能够明确所需的信息要点	4.13	0.901
D3	我在信息搜集过程中能确定信息搜寻的可能范围	3.34	0.963
D4	我在信息搜集过程能运用合理的信息搜集手段	3.98	0.955
D5	我在信息搜集过程中能判断信息的真伪	3.91	1.048
E1	我能快速进行信息整理、筛选	3.31	1.203
E2	我能对线上线下商品的价格进行对比	3.35	1.026
E3	我能够对不同购物平台的价格进行比较	3.45	0.996
E4	我在"双十一"购物过程中能较好地运用各种满减、跨店优惠活动	3.35	1.216
E5	我能快速处理固定金额包邮商品的筛选和组合	2.87	0.991

通过探索性因子分析和信度分析删除题项,删除因子载荷小于 0.5 的题项——总体相关系数小于 0.3 的题项。最终的题项如表 3-8 所示。

表 3-8 最终题项情况

变量	题项	Corrected Item-Total Correlation	Cronbach's Alpha
消费者复杂决策网络	我喜欢与朋友分享商品或者服务的消费信息	0.610	0.727
	我与朋友经常对共同感兴趣的商品或服务进行讨论	0.598	
	我在消费决策过程中经常浏览购物评价，如淘宝、京东	0.452	
消费者决策数据智能	我在消费者决策过程中依赖可视化数量，如淘宝、京东、大众点评的评价统计	0.328	0.529
	我在消费者决策过程中依赖智能推荐系统，如京东、淘宝个性化商品推荐	0.342	
	我经常体验线下智能应用，如皮肤检测、健康检测、智能试衣镜等	0.379	
消费者信息搜集能力	我在信息搜集过程中能够明确所需的信息要点	0.363	0.614
	我在信息搜集过程中能确定信息搜寻的可能范围	0.477	
	我在信息搜集过程能运用合理的信息搜集手段	0.431	
消费者信息处理能力	我能够对不同购物平台的价格进行比较	0.411	0.654
	我在"双十一"购物过程中能较好地运用各种满减、跨店优惠活动	0.484	
	我能快速处理固定金额包邮商品的筛选和组合	0.527	

3.6.3 正式调研分析

通过预调研分析，最终形成的问卷由四部分构成，分别是消费者复杂决策网络、消费者决策数据智能、消费者信息搜集能力、消费者信息处理能力四个维度。

（1）问卷设计。在探索性因子分析和信度分析删除题项的基础上，对每个测度变量保留3个题项，重新设计问卷，进行正式问卷发放。问卷全部采取纸质问卷形式发放，并且在问卷发放过程中，研究者全程参与并现场监督，使得问卷客观性较强，在正式调研环节发放纸质问卷345份，回收有效问卷343份，超过问卷题项10以上，理论上满足分析的要求。

（2）样本分析。在样本的描述性统计方面，主要考察性别与频率情况。

在性别方面，男性占 31.0%，女性占 68.4%。从购物频次看，网络购物频次主要集中于 1~2 次，占 35.4%，3~4 次占 36.5%。从线下购物频次看，线下购物频次主要集中在 1~2 次，占 29.9%，而且主要集中于男性，7 次以上占 29.9%，而且主要集中于女性（见表 3-9）。

表 3-9 样本分析情况

变量	频次	占比（%）
➤性别		
男	107	31.0
女	236	68.4
缺失值	0	0.6
➤每月网络购物次数		
0 次	6	1.7
1~2 次	122	35.4
3~4 次	126	36.5
5~6 次	50	14.5
7 次及以上	41	11.9
➤平均每月线下购物次数		
0 次	13	3.8
1~2 次	103	29.9
3~4 次	72	20.9
5~6 次	54	15.7
7 次及以上	103	29.9

（3）信度效度检验。为了检验关键变量消费者复杂决策网络、消费者决策数据智能、消费者信息搜集能力、消费者信息处理能力之间的信度效度，本章利用 SPSS 19.0 对关键变量进行了验证性因素分析，表 3-10 表明，各概念的 Cronbach's Alpha 系数均大于 0.6，信度基本得到数据支持。

表 3-10 有效样本的信度分析

	编号	题项	Cronbach's Alpha
消费者复杂决策网络	B1	我喜欢与朋友分享商品或者服务的消费信息	0.630
	B3	我与朋友经常对共同感兴趣的商品或服务进行讨论	
	B5	我在消费决策过程中经常浏览购物评价，如淘宝、京东	

续表

	编号	题项	Cronbach's Alpha
消费者决策数据智能	C2	我在生活中经常关注手机情景智能与智能推荐	0.627
	C3	我在消费者决策过程中依赖可视化数量，如淘宝、京东、大众点评的评价统计	
	C5	我在消费者决策过程中依赖智能评分排名，如亚马逊图书排行榜、手机跑分软件等	
消费者信息搜集能力	D2	我在信息搜集过程中能够明确所需的信息要点	0.711
	D3	我在信息搜集过程中能确定信息搜寻的可能范围	
	D4	我在信息搜集过程能运用合理的信息搜集手段	
消费者信息处理能力	E4	我能够对不同购物平台的价格进行比较	0.645
	E5	我在"双十一"购物过程中能较好地运用各种满减、跨店优惠活动	
	E6	我能快速处理固定金额包邮商品的筛选和组合	

在效度方面，各变量的方差提取度（AVE 值）均达到 0.4 以上，各变量的收敛程度达到要求，各潜在变量 AVE 的平均根（CR 值）在 0.668~0.722，各潜在变量的相关系数具有显著性（见表 3-11）。

表 3-11 有效样本的效度分析

		Estimate	T 值	AVE 值	CR 值
B1	消费者复杂决策网络	0.620		0.436	0.671
B3	消费者复杂决策网络	0.900	5.552		
B5	消费者复杂决策网络	0.338	5.474		
C2	消费者决策数据智能	0.704		0.408	0.672
C3	消费者决策数据智能	0.583	4.041		
C5	消费者决策数据智能	0.622	4.011		
D2	消费者信息搜集能力	0.667		0.470	0.722
D3	消费者信息搜集能力	0.809	8.518		
D4	消费者信息搜集能力	0.558	8.172		

续表

		Estimate	T值	AVE值	CR值
E4	消费者信息处理能力	0.433			
E5	消费者信息处理能力	0.589	6.384	0.420	0.668
E6	消费者信息处理能力	0.851	5.717		

如果变量自身的 AVE 值大于相关系数平均值，那么我们认为有效样本具有较好的区别效度（Fornell & larcker, 1981），从表 3-12 的数值看，消费者复杂决策网络、消费者决策数据智能、消费者信息搜集能力、消费者信息处理能力自身的 AVE 值分别是 0.660、0.521、0.686、0.648，均大于其他变量间的相关关系平均值，进一步表明潜在变量之间存在较高的区分度。

表 3-12 有效样本的区别效度

	消费者复杂决策网络	消费者决策数据智能	消费者信息搜集能力	消费者信息处理能力
消费者复杂决策网络	**0.660**			
消费者决策数据智能	0.213	**0.521**		
消费者信息搜集能力	0.195	0.126	**0.686**	
消费者信息处理能力	0.201	0.191	0.350	**0.648**

（4）假设检验。利用结构方程模型检验假设，模型拟合度：$\chi^2/df = 1.909$，$df = 50$，$\chi^2/df = 1.909$，GFI = 0.956，CFI = 0.932，IFI = 0.933，NFI = 0.869，RMSEA = 0.051。模型拟合良好。表 3-13 结果显示，本章提出的假设均成立，消费者复杂决策网络对信息搜集能力、消费者决策数据智能具有显著的正向影响作用，消费者决策数据智能有助于提升消费者信息处理能力，消费者信息搜集能力有助于消费者信息处理能力提升。

表 3-13 假设检验情况

假设检验	Estimate	S.E.	C.R.	P值	结果
H1：消费者信息搜集能力<---消费者复杂决策网络	0.200	0.051	2.848	0.004	通过

续表

假设检验	Estimate	S.E.	C.R.	P值	结果
H2：消费者信息处理能力<---消费者决策数据智能	0.172	0.080	1.952	0.051	通过
H3：消费者决策数据智能<---消费者复杂决策网络	0.222	0.058	2.664	0.008	通过
H4：消费者信息处理能力<---消费者信息搜集能力	0.335	0.075	3.820	***	通过

注：***代表P值小于0.001。

3.7 本章小结

本章在立足于建构理性与演化理性比较的基础上，重点说明建构理性、演化理性与现实消费者行为偏离越来越大，基于建构理性、演化理性的调和与经济学研究的深化，提出更适应现实的认知理性，认知理性是将认知约束与信息约束不断内生于消费者行为分析的主要前提，形成偏好—认知—效用的研究范式。认知约束的核心是信息约束，信息约束依赖于信息搜集（整理）、处理的过程，消费者信息搜集来源于复杂决策网络，复杂决策网络具有典型的网络经济特征，消费者复杂决策网络为消费者信息处理提供了直接的信息来源。通过对智慧大脑与非智慧大脑的划分，系统分析了消费者信息处理的演化过程，消费者信息处理存在数据智能依赖的特征。消费者信息搜集能力与消费者信息处理能力相互作用，形成消费者信息能力，消费者信息能力决定生产组织利润水平与消费者隐性需求匹配。通过量表开发，对消费者复杂决策网络、消费者决策数据智能、消费者信息搜集能力、消费者信息处理能力进行题项设计，通过预调研分析与正式调研分析，其基本假设全部通过假设检验。

4

生产组织、消费者决策协同对零售业态演化的作用机理

4.1 消费者决策与生产组织协同的内在关联机理

第3章的规范分析与实证分析,说明消费者决策主要取决于消费者信息搜集、处理能力的高低,我们将其定义为信息能力,信息能力高低直接决定生产组织差异化创新与消费者效用最大化水平。

4.1.1 消费者信息能力与生产组织差异化创新

如第3章第5节"消费者信息能力"所述,一般而言,消费者的信息能力在完全能力与完全无能力之间徘徊。在非智慧大脑阶段,决定消费者信息能力的因素包括消费者自身属性与外部制约因素。随着进入智慧大脑阶段,消费者复杂决策网络为消费者信息搜集提供了信息来源,并且消费者复杂决策网络的结构特征调节着消费者信息搜集能力的强弱,消费者复杂决策网络对消费者信息搜集能力提升的主要作用在于搜集效率的提升与客观可信赖的信息来源。

随着消费者复杂决策网络与消费者数据智能的引入,消费者信息能力不断提高。上述分析说明,在商品与服务进入市场初期,生产组织愿意通

过主动的信息交互（如广告、社交网络）提升消费者信息能力，而在后期，生产组织普遍具有稀释消费者信息能力的趋势。图4-1为生产组织利润水平与消费者信息能力之间的关系，C区域属于商品与服务进入市场的初期，生产组织会主动进行信息交互，提升消费者信息能力，我们也将此区域定义为合作区域，在合作区域生产组织的利润水平不断提升。当进入后期，即D区域时，由于消费者信息能力普遍提升，生产组织的利润水平不断下降。其实，消费者信息能力提升对于生产组织的影响主要体现在销量的提升与利润率的下降，在C区域由于生产组织的商品与服务刚刚进入市场，利润率较高，生产组织主动进行信息交互的作用在于提升销量，销量提升使得生产组织的利润水平始终保持在高位。随着消费者信息能力的不断提高，当进入D区域时，面对更多横向产品的竞争，生产组织不断调整产品产量与价格，结果导致利润率逐渐下降，直至零利润率，销量的增长难以弥补利润率下降的损失，生产组织利润水平不断下降。

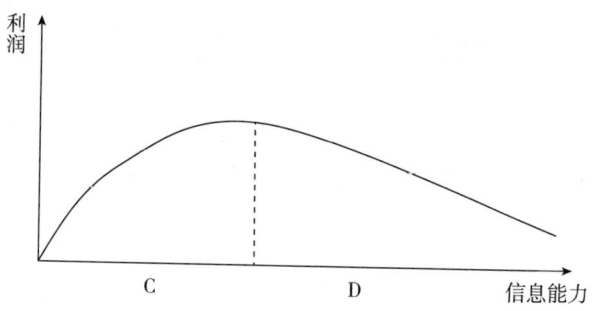

图4-1　生产组织利润水平与消费者信息能力之间的关系

生产组织面对利润率持续下降的趋势，必然进行产品与服务的技术升级与创新，更加新颖、更加能满足消费者需求的产品与服务进入市场，消费者的信息能力被稀释，生产组织差异化与消费者信息能力又开始进入更高水平的C-D区域动态调整。而且随着进入智慧大脑阶段，消费者复杂决策网络与消费者决策数据智能将进一步提升消费者信息能力，C-D区域的动态调整的过程将进一步缩短，这也在一定程度上从微观经济学角度说明为什么产品生命周期会逐渐缩短，其核心在于消费者信息能力的提升，消费者信息能力提升—生产组织差异化创新—产品生命周期缩短。消费者日益提升的总信息能力和因人而异的广泛需求，将驱动商家生产新产品，从而提升产品的多样性,实际上,在一个多世纪之前,新古典学派创始人马歇尔就说过,产品的多样化趋势是经济增长的一个主要原因。

4.1.2 消费者信息能力与隐性需求匹配

上述我们分析了消费者信息能力与生产组织水平的关系,接下来我们分析一下消费者信息能力与社会总福利以及在生产组织与消费者之间的分配。消费者信息能力提升其实是一把放大镜,不仅能放大生产组织的商品与服务,同时也能放大消费者自身的显性需求与隐性需求。生产组织在D区域利润水平下降,迫使生产组织加速商品与服务的差异化,而产品与服务差异化的需求主要来源于消费者潜在的、未被挖掘的隐性需求,小众特色的长尾商品往往代表了消费者低频和隐性的需求。厂商基于消费者画像进行差异化创新,开发小众特色的长尾商品,而消费者信息能力的提升,尤其是消费者复杂决策网络与消费者决策数据智能将挖掘、匹配隐性需求,例如,个人助理能够帮助我们管理这些隐性需求,因为个人信息助手能够将很多低频的需求保持在随时可以唤醒的状态,有时其中的一部分会匹配到真实的需求。消费者的需求一般可以分为显性需求与隐性需求,除了显性需求,消费者大量的需求是隐性需求,隐性需求往往不会活跃于消费者的认知或内部信息来源,甚至消费者从不知道有隐性需求的存在,需要特殊消费情境的激发和匹配。本节借助冰山模型来说明隐性需求与显性需求,正如冰山上下两部分,显性需求是消费者日常看得见的需求,但隐藏在冰山之下的隐性需求却在总需求中占主要部分。

由于隐性需求的挖掘、满足,以及隐性需求匹配能力的提高,使得社会总福利水平不断提高,一般而言,消费者信息能力越强,社会总福利水平越高,图4-2描述了社会总福利水平的提高趋势。社会总福利如何在消费者剩余与生产者剩余之间分配,主要取决于消费者信息能力与企业信息能力的强弱,以消费者信息能力不断提升为例,在消费者信息能力较低阶段,隐性需求不能得到有效满足,社会总福利水平较低,生产者剩余高于消费者剩余,随着消费者信息能力的不断提升,社会总福利水平提升,社会总福利水平在生产者与消费者之间呈现均衡态势。随着消费者复杂决策网络与消费者决策数据智能的应用,消费者信息能力显著提升,社会总福利水平进一步提升,消费者剩余超过生产者剩余,消费者效用水平不断提升。随着下一阶段厂商差异化创新，隐性需求得到有效满足，社会总福利水平开始更高水平的三阶段循环，这是一个无止境的循环往复的动态过程，经济进入持续增长的区间。

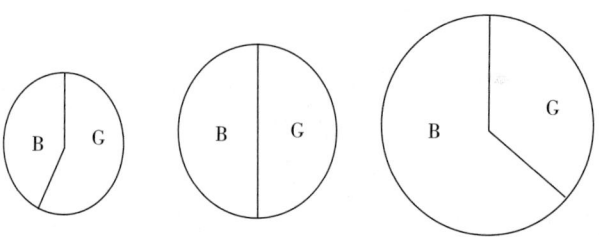

图 4-2　三种不同消费者信息能力水平下的利益分配（厂商 G 与消费者 B）

4.1.3　生产组织与消费者决策协同作用的结果

关于生产组织与消费者决策的关联关系与内在机理，我们普遍认为消费者的需求特征，尤其是个性化、多样化的需求特征决定了生产组织必须加速差异化创新，促使其实施更加灵活的组织结构与方式来适应其需求特征。通过上述分析，本章改变了传统表面化的生产组织与消费者决策的内在机理，通过对消费者认知理性的假设，基于消费者决策模型，清晰地发现决定消费者决策的核心因素是消费者信息能力，通过消费者信息能力调节变量的改变，建立了生产组织与消费者决策的微观内在机理。在消费者信息能力平均水平较弱的阶段，消费者主要的产品与服务需求是显性需求，显性需求具有典型的趋同性，所以带来的直接结果是生产组织采取单一结构、分工结构与之适应，同时厂商通过广告提高消费者信息能力，提高其总利润水平。随着消费者信息能力的提升，尤其是在信息中介与个性信息助手的辅助下，消费者隐藏在冰山之下的隐性需求得到更好的挖掘与匹配。为了满足消费者个性化、多样化的长尾需求，生产组织必须加速产品更新换代，要求生产组织的结构、方式更加灵活，由此生产组织必须向模块结构、网络结构转型。从微观经济学看，消费者信息能力的引入，建立了生产组织与消费者决策的内在机理。同时微观经济学是宏观经济学的基础，消费者信息能力提升、厂商差异化创新的循环演化路径是经济增长的主要来源，也是探寻信息作为经济增长内生动力与要素的一种尝试。

4.2 生产组织与消费者决策协同的外在表现形式

从生产组织演化过程看,商品与服务厂商趋向于基于网络提供生产要素,最终借助人工智能完成生产活动的自组织。从消费者行为演化过程看,消费者通过复杂决策网络搜集信息,借助复杂决策网络,通过信息中介与信息助手实现高效决策。在生产组织与消费者行为协同演化的过程中,生产组织网络将与消费者复杂决策网络形成覆盖全社会的协同网络,协同网络将沉淀大量、多维度的完备数据,在云计算、算法的迭代下,数据智能将辅助、替代人类劳动,进而驱动经济社会转型升级。

4.2.1 协同网络构建

从微观生产组织演化过程看,厂商从单一结构、分工结构、模块结构向网络结构演化,生产活动的各环节参与主体成为生产网络中的一个节点,这个节点可以是传统的自然人,也可以是智能机器、机器人等,共同完成生产的全部流程。而消费者在进行选择的过程中,也内嵌于复杂决策网络,成为复杂决策网络中交互的节点。微观生产组织与消费者决策协同演化的结果是:生产网络与消费者网络有机链接、融合,形成覆盖全社会的协同网络。协同网络是配置资源的基础。

机器与消费者的全面在线化,使相互交互、连接成为了可能,也为覆盖全社会的协同网络产生提供了直接可能,协同网络一旦形成,就形成了稳定的数据闭环,为商业模式创新、产品创新提供了各种可能。网络协同是一种合作机制,它产生的就是协同网络,随着移动互联网与IOT(物联网)的普及与应用,可以预见在未来机器、消费者等节点实现了实时在线,商品与服务的生产与消费颗粒度都将越来越精细,全社会互动的广度、深度和密度将达到空前的水平,其产生的结果是覆盖全社会的协同网络的形成。必须清醒地认识到此时社会已形成底层的协同网络,附着在协同网络之上的是所有生产、流通、消费行为。

传统网络经济理论认为协同网络的产生将创造巨大的协同效应,这个协同效应也可以称为网络效应,即网络外部性,传统网络经济理论认为网络外部性是网络经济最基础、最核心的概念,主流的观点倾向于从市场主体中的消费者层面来认识,这种观点给出了明确的定义,当一种产品对用户的价值随着采用相同产品或可兼容产品的用户增加而增大时,就出现了网络外部性。网络外部性包括直接网络外部性和间接网络外部性,直接网络外部性因为需求方规模经济带来消费者效用增加,间接网络外部性是由于使用人数的增加、互补产品增加、价格降低带来的间接效应。网络外部性的产生来源于网络的系统性与网络的交互性,网络的系统性指无论节点的加入和退出,网络仍然能自成系统,继续运行,网络的交互性是指网络节点之间的信息交互。传统网络外部性只是笼统地阐述了网络节点增加的外在效应,没能深层次说明网络节点增加和网络节点实时在线的经济学效应。

网络节点的增加与实时在线使得更高层次的资源配置成为可能,以智能物流网络为例,所有物流参与主体的实时在线,保证了精准物流的产生。物流精准管理的大致思路是以距离最近的配送人员,在最优的线路上,以最小的消耗,将商品以最快的时间配送到消费者手中。当然在配送的过程中,由于共同订单的存在,算法的优化可以实现订单的共同配送,实现平均消耗的最小化。在此有必要阐释新的价值观,从经济学上,我们主要关心的是怎样用科学合理的最少投入,获取到最大的经济效益和社会利益。5R 即以最小的成本,在正确的时间(Right Time)、正确的地点(Right Location)、正确的条件(Right Condition)下将正确的商品(Right Goods)送到正确的顾客(Right Customers)手中。

4.2.2 数据智能应用

生产组织、消费者决策节点的全面在线化形成了覆盖全社会的协同网络。协同网络的产生不仅可以产生网络效应,更为关键的是依托于协同网络,全部活动数据、关系数据、行为数据将沉淀于协同网络,为网络配置机制提供完整数据来源。完整数据包括历史数据、实时数据与未来数据。传统经济学分析依据的是历史数据,通过对历史数据的搜集、处理,为决策提供依据。在技术层面上,传统企业也基于历史数据,形成数据库,我们现阶段对大数据的理解也停留在历史数据层面,但从完整数据的角度看,协同网络不仅能沉淀历史数据,更为关键的是通过对实时在线交易数据的收集,掌据社会协同网络之上参与者即时的空间、时间状态。实时数据体现了时间、空间状态数据与传统历史数据相结合，在一定程度上实现了完整数据。

在协同网络形成后，行为数据、关系数据与活动数据将沉淀于协同网络，但数据的进一步处理成为了难题，传统服务器模式难以满足大数据计算的需要。协同网络不仅产生了大数据，同时也基于协同网络产生了计算资源的初步配置，云计算的经济学实质是基于协同网络形成计算、存储能力的高效配置。云计算是一种按需所取、按需付费的模式，其内核是通过互联网把网络上的所有资源集成为一个叫"云"的可配置的计算资源共享池（资源包括网络、服务器、存储、应用软件、服务），然后对这个资源池进行统一管理和调度，向用户提供虚拟的、动态的、按需的、弹性的服务，逐渐发展成基于计算机技术、通信技术、存储技术、数据库技术的综合性技术服务。

大数据为要素配置提供了数据来源，云计算为要素配置提供了计算、存储能力，算法的普遍使用使资源配置实现了闭环。算法（Algorithm）就是定义良好的计算过程，它取一个或一组的值作为输入，并产生出一个或一组值作为输出。简单来说，算法就是一系列的计算步骤，用来将输入数据转化成输出结果。算法的实质就是将一系列步骤输入电脑，让其解决问题完成任务（见图4-3）。算法用代码写出来，并编译为计算机语言，我们称为程序，程序包括算法，算法是程序的灵魂，程序是算法的载体。协同网络产生行为数据、关系数据、活动数据后，结合各种问题，经过算法数据处理后，输入数据转化成输出结果，解决我们想要解决的各种问题。但我们知道，问题不会千篇一律，针对不同场景，相同的问题也会发生改变，那么算法如何迭代适应呢？

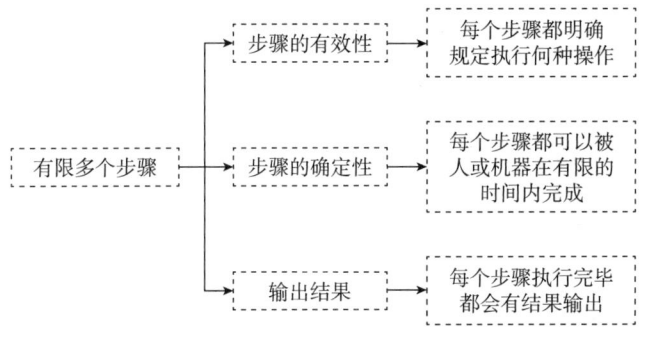

图4-3 算法的实现过程

数据智能的出现实现了大数据、云计算与算法的有效闭环。数据智能有三个支撑基础：算法、大数据和云计算。算法是解决具体问题的手段，但由于简单算法难以满足不断变化的问题需要，我们需要将大数据不断输入算法，使得算法进行深度学习与算法迭代，不断满足变化的问题解决需要。算法的迭代，从技术层面的创新到思维方式的转变，意味着人工智能乃至社会生态的无限可能。云计算的储存、计算能力在一定程度上保证了数据存储、处理与算法迭代。

以上我们梳理了动态数据、云计算、算法、人工智能的经济学实质。数据是基本投入，是驱动算法与人工智能的要素，没有数据来源，算法迭代与数据智能无法实现。云计算是基本的算力，类似传统生产过程中的机器。而算法是生产流程，经过该生产流程，利用云计算的机器，数据投入后产生相应的产出。那么人工智能是算法、算力、大数据的综合应用，人工智能的产生使得大数据、云计算、算法的数据闭环得以循环往复。具体来说，持续不断的数据投入，会使算法不断迭代，适应事物变化的要求，经过云计算产生新的数据，从而开始了新的数据循环。数据闭环一旦形成后，算法迭代将能更好地解决实际问题，人工智能可以代替一定的工作岗位，人类必须学会新的求生手段、培养新的能力，尤其是创造力。

4.2.3 网络配置机制形成

现阶段是网络协同实现全局动态优化配置机制的初级阶段，未来随着完全在线化的实现，覆盖全社会的协同网络形成后，海量企业、人群实时互动，大数据将覆盖全部社会环节，在算法迭代与人工智能加持下，在一定范围上将实现自组织。生产、流通、消费过程中大部分非创造性环节将实现自动运行，这是互联网配置机制的高级阶段，而部分创造环节，也将借助网络协同实现全局动态优化，这种机制类似于配置机制的初级阶段，网络对资源的配置作用将凸显。

资源在不同用途或不同使用者之间进行分配。某种资源由于存在稀缺性，它被用于甲种用途就不能用于乙种用途，因此，各种用途在使用资源上具有排斥性。资源配置的任务就是在资源的多种用途中选择最有效的用途。配置资源的机制有两种基本形式，即市场机制和计划机制。市场机制是通过价格信号来配置资源，在价格信号的指导下，通过供求调节和利益

4 生产组织、消费者决策协同对零售业态演化的作用机理

诱导，来决定资源的流向和流量。计划机制是通过行政指令来分配资源。通过对现有资源的最优配置而取得的最大效益就是资源最优配置效率。对合理使用资源的忽视或者滥用资源，就是浪费资源或资源配置的低效率或无效率。资源最优配置效率要求以一定量资源的投入获得最大的效益。测定资源最优配置效率的方法是资源不论投于哪种用途，其边际产量都相等。资源的基本特征表现为它们具有参与生产和消费的潜力，其有限性或稀缺性决定了经济活动的主要任务是合理利用资源。对于同一经济系统，不同资源配置反映着资源的不同利用程度，产生不同效益，因此，资源配置的最优原则：一是满足社会需要；二是资源得到有效的、合理的利用。

　　资源配置的前提是资源的稀缺性，如果资源能充分满足人类的需要，就不需要配置资源。以数据为例，数据是典型的非稀缺性资源，从表面看不存在配置性问题，但是存在一个突出的问题是数据需要经过加工处理才能转变成可用信息，所以数据加工处理的过程需要支付成本，因此，当数据转变成信息后必然需要获得收益，这是数据—信息内生的观点，在数据—信息的过程中，同样涉及传统经济学资源配置的问题，即数据资源最优配置效率要求以一定量资源的投入获得最大的效益，数据如何有效地、合理地利用也是数据配置问题，即数据由谁搜集、整理、加工、处理效率最高，由此满足社会对信息的需求。非稀缺性资源的配置问题，体现了非稀缺性资源内生的观点，非稀缺性资源能满足社会的需求，必须经过投入—产出过程，这个过程就涉及传统经济学资源配置问题。

　　稀缺性资源、非稀缺性资源都存在配置过程，传统经济学认为存在市场机制与计划机制，市场配置机制与计划配置机制的根本差异是配置主体与配置手段的不同，计划机制的配置主体是中心式的，而市场机制的配置核心是去中心化的，在配置手段方面计划配置机制依赖指令性计划手段，而市场配置机制的主要手段是价格与竞争手段。但无论是市场配置机制还是计划配置机制都不是万能的，都存在缺陷，存在缺陷的根本原因是信息不完全，而网络配置机制是实施计划经济与市场经济的具体手段，与指令性计划、价格不同，网络配置机制是更底层的配置机制，是指令性计划与价格机制的更底层机制，在网络配置机制的发展初期，其为指令性计划与价格机制提供信息来源，在社会协同网络形成的基础上，所有社会活动节点全部在线化，网络配置机制发展到高级阶段，资源配置机制的去层级化

必然使得指令性计划和价格机制作用逐步弱化,而此时无论实施计划经济还是市场经济,必然是信息完全的网络配置机制起作用,这时的经济我们可以叫作网络经济。网络配置机制是网络经济社会对资源配置的基本机制,现阶段很多人讨论网络配置机制能否实现高度的计划经济,上述已经提及计划经济的指令性计划手段最终会消失,更多的动态实时数据将彻底取代指令性计划的信息不对称,基础消失了,计划经济也就不复存在了(见图4-4)。

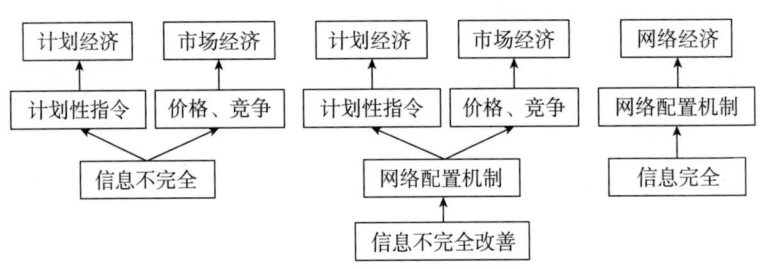

图4-4 网络配置机制的动态演化

具体而言,网络经济条件下,网络配置机制(见图4-4)是指所有社会活动将行为数据沉淀于协同网络,协同网络根据历史数据、实时数据、想法数据,对资源进行深度配置的机制,其根本作用是解决信息不完全问题,配置效率进一步提高。在一定时期内,网络配置机制只是作为计划性指令和价格手段的底层配置手段存在,在一定程度上改变信息不完全的程度。

4.3 生产组织演化对零售业态的客观要求

纵观生产组织演化的过程,生产组织要求零售业态在满足其信息、场景、服务等基本要求的同时,自身完成由单一结构—分工结构—模块结构—网络结构的组织结构变革,与生产组织动态相适应。现阶段零售业态进入模块结构阶段,线上零售组织提供多样化的商业基础设施,零售业态与商业基础设施互联互通将实现零售信息的多样性与信息要素利用的报酬递增,这也说明了为什么在零售业态经营过程中信息流主导商流、物流、资金流。

4.3.1 单一结构阶段

第一次、第二次工业革命期间，机械化、电气化大生产使得社会产品前所未有的丰富，依托稀缺资源与专有技术，制造商生产同质化产品，借助内置化物流和销售部门将商品推向零售商，使制造业与商业分离，商业成为独立的社会部门。由于工业化水平的提高，大城市涌现，在此阶段消费者主要为了满足生理性需求，用于食品、衣着的消费是主要家庭支出，消费层次处于生存型消费阶段。在此阶段，业种店仍然普遍存在，但为了适应生产与消费的变革，先出现百货商店、超级市场等业态，并在连锁经营的组织形式下，进一步形成连锁百货商店、连锁超市（见图4-5）。在此阶段，由于生产组织的单一结构，使大批量生产与消费者零星、多样的需求之间的矛盾愈加明显，商业通过统一采购、集中经营解决了供需矛盾，尤其是百货商店、超市的出现，其通过连锁经营的组织形式，大批量采购生产组织商品，通过在百货商店、超市内集中陈列，满足了消费者多样化、零星的需求特征。为了适应生产组织单一结构的要求，百货商店、超市产生了，同时在此阶段百货商店、超市同样采取单一结构与科层组织方式。从百货商店、超市的内部看，其在既定空间内集中陈列大量商品，超市的SKU（Stock Keeping Unit）超过1万个，体现了其规模经济与范围经济。从外在组织形式看，其通过引入连锁经营（连锁经营是零售领域采购规模经济、配送规模经济、经营规模经济的集中体现），通过连锁百货商店、连锁超市的业态演化，零售业态的规模经济进一步强化，并与生产组织进行议价博弈，商品与服务价格水平下降。从组织方式看，在此阶段零售业态的组织以自营为主，通过零售商的科层组织，实行自上而下的行政管理，在一定程度上保障了规模经济的实现以及与生产组织地位的匹配。在单一结构阶段，在整个价值创造过程中制造商是价值创造主体，零售商处于附属地位，在整个价值链中处于中介位置，零售商主要依赖进销差价赚取部分利润。消费者是商品与价值的被动接受者，不参与价值创造的过程。在制造商主导的零售价值链阶段价值流向是单向的价值交互，制造商采取"推"式策略，价值创造来源于规模经济与范围经济，制造商的机械化、电气化生产方式与零售商的连锁经营使得规模经济效应显著提升，同时社会产品的不断丰富，使百货商店与超级市场产品种类几乎涵盖了家庭的主要需求，范围经济在零售业态中开始显现。

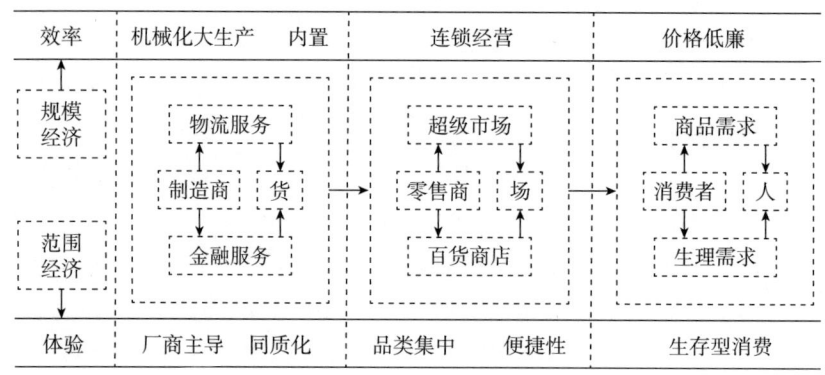

图 4-5 单一结构阶段

4.3.2 分工结构阶段

"二战"结束后的第一次信息革命期间，跨国公司主导全球价值链重构与产业内、产品内分工。制造商依据价值分解，逐步从内置化生产方式向外包、外化转型，设计、研发、流通、物流、营销、金融、信息等生产性服务业获得比较优势效应、规模经济效应和学习效应，逐步发展成独立的社会部分，社会分工进入外包—效率提升—再外包的良性循环。由于城市化水平的提高，消费者生活节奏加快，对生活品质要求更高，商品需求向个性化、多样化发展，同时教育、医疗、通信、娱乐服务需求逐步增强，需求层次逐步由生存型需求向发展型需求转变。在此阶段，生产组织与消费者的矛盾开始向批量生产与个性化、多样化需求转变，生产组织迫切要求按照消费者的需求特征进行生产，但由于技术的局限，生产组织无法直接获得消费者信息，此时零售业态的出现，在一定程度上满足了生产组织对信息的需求，百货商店、超级市场开始搜集消费者信息，与供应链上游生产组织进行合作，使生产组织可以加速产品更新换代，满足消费者的个性化、多样化需求。同时百货商店、超级市场开始出现自有商品，通过与供应链上游生产组织合作，生产自有品牌商品，提升其盈利能力。在此阶段，为了适应生产的外包化与消费的服务化趋势，零售商逐步在价值链中处于主导地位，进行横向一体化与纵向一体化。由于销售即时管理（POS）、电子收银（ECR）、物流技术、网络信息技术的应用，零售商处于产业链的主导地位，零售商根据消费者行为变化，挖掘、利用消费者信息，向价值链前端控制设计研发，发展自有品牌和商品。为了进一步满足生产组织与消费者的直接沟通。购物中心、专业店、电子商务开始成为主导的零售业态，其显著特征是平台结构，零售组织通过搭建购物中心、专业店、电子商务平台，为生产组织与消费者搭建了直接交互的平台。从购物中心看，购物中心的出现不仅满足了消费者对服务的需求，更为关键的是通过为生产组织提供最终渠道，使生产组织可以与消费者直接交互，获得更为直接的信息来源。在此期间出现的家电专业店、家具专业店等，其实质也是为生产组织提供直接的交互平台，在销售商品的同时获取消费者需求信息。尤其是电子商务的出现，C2C、B2C 模式进一步使生产组织与消费者可以直接交互，摆脱了时间与空间的限制，实现"时空错开、同步并联"。由于购物中心、专业店、电子商务等零售业态的出现，生产组织与消费者信息交互程度加深，价值链更加清晰，同时由于全社会普遍外包、外化的存在，设计、研发、流通、物流、营销、金融、信息初步形成了交互网络，价值链与价值网络并存，价值主要来源于制造外包、服务外包以及基于外包的协同价值效应，网络外部性、报酬递增逐步由特殊性向普遍性转变（见图4-6）。

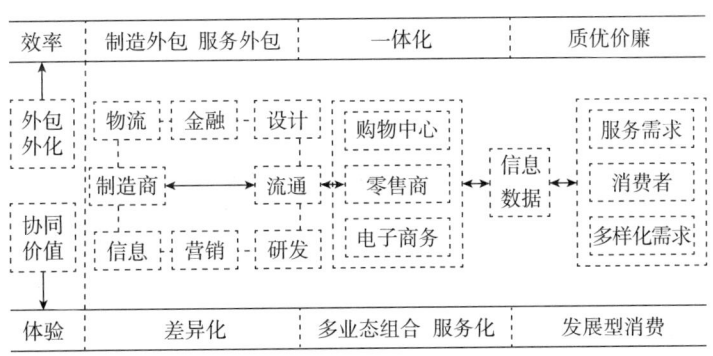

图 4-6　分工结构阶段

同时，由于全社会范围内分工的深化，零售组织开始向分工结构演化，百货商店、超市、购物中心、专业店、电子商务的经营开始借助社会分工体系，零售业态的运营主要支撑来源于对零售活动进行价值链分解，将物流、金融、信息、采购等活动进行外包，零售活动全过程的外包极大地提升了零售业态的经营绩效。在此阶段零售业态的经营方式也开始从自营向联营转变，零售商开始向场地提供与物业租赁为主。从组织方式看，零售组织开始由科层组织向市场组织演化，依靠市场竞争满足零售活动资源配置。

4.3.3 模块结构阶段

随着网络信息技术的深化与应用，人类将进入第二次信息革命阶段。在生产领域，物联网、工业大数据、计算机网络技术的普及与应用，生产组织进入模块结构阶段，在规则设计商、系统集成商、模块制造商层级划分下，完成柔性制造。生产组织的模块结构要求在分工结构下设计、研发、流通、物流、营销、金融、信息等环节逐渐发展，并成为独立价值平台，成为社会化大生产下的系统集成商与模块制造商。设计、研发、流通、物流、营销、金融、信息等生产性服务将在互联网、物联网作用下物联互联，生产性服务社会化、专业化、网络化水平的提高将独立价值平台，独立价值平台的兼容与端口开放，将形成覆盖全社会的价值平台体系，即商业基础设施。在此背景下，生产组织的模块结构势必要求零售业态完成模块化升级，嵌入社会化生产系统，因此，零售业态将向模块结构演化。

生产组织模块结构的实现要求了解更多消费者需求特征，掌握清晰的消费者行为画像，因此，更大规模的定制生产成为可能。由于生产组织在此阶段已经开始利用网络信息技术与消费者直接建立交互渠道，但由于生产组织与消费者触点少，难以全面获取消费者信息，生产组织必然借助零售业态消费者触点的优势，获得更加全面的消费者信息，建立消费者画像。更为关键的是，生产组织进入模块结构阶段，由于产品的差异性创新，迫切需要零售业态提供线下体验，满足消费者对差异化产品的感知与体验。更为关键的是，进入模块化阶段，生产组织逐渐从提供商品为主转向提供商品与服务一体化解决方案，服务的提供具有生产与消费同时进行的特征，势必要求生产组织更加依赖于零售业态。

由于零售业态在信息获取、消费体验与服务提供方面的优势，使其开始在商业基础设施构建中发挥主导作用，向第三方支付、智慧物流、大数据平台、云计算等领域拓展。在整个零售业态演化过程中，典型零售商普

4 生产组织、消费者决策协同对零售业态演化的作用机理

遍尝试构建覆盖全社会的商业基础设施，逐步由零售业态经营向商业基础设施提供转型，由商流经营向物流、信息流、资金流整合转型。沃尔玛在20世纪90年代，基于信息流的整合，建立了 Retail Link 开放系统，将系统开放给供应商，并为供应商提供成熟的、多角度的商品分析方法和工具，共享商品管理、定价、促销、毛利等零售信息，信息共享、共同利用成了发展趋势。在物流方面，第三方物流的出现，进一步促进了物流的专业化，提升了物流效率。2016年京东商城正式宣布京东物流正式向第三方开放，将过去十年积累的经验与价值，服务中国商业社会，为外部企业降低供应链成本，提升流通效率。阿里巴巴作为中国领先的商业基础设施供应商，其提供资金流（支付宝、蚂蚁金服）、大数据（阿里云）、物流（菜鸟物流）等基础服务，阿里巴巴通过商业基础设施赋能，正在重构中国商业体系。

生产组织模块结构要求网络组织进行资源配置，覆盖全社会的协同网络正在形成，网络组织要求零售业态进行线上线下一体化，实现前、中、后台全面在线化。同时，为了获取更多消费者行为数据，建立消费者画像，势必要求其在线上线下一体化的基础上进行全渠道融合，通过消费者数据的全面搜集与兼容，零售业态在信息获取方面的优势愈加明显（见图4-7）。

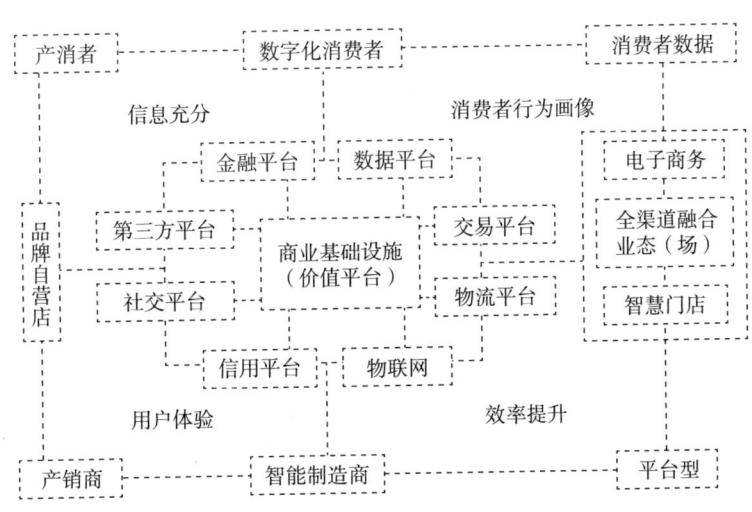

图4-7 模块结构阶段

4.3.4 零售业态模块结构与商业基础设施

图4-8是商业基础设施的构成,商业基础设施由交易平台、物流平台、数据平台、金融平台、物联网平台、社交平台、其他第三方平台组成。交易平台包括B2B、B2C、C2C、O2O、C2B模式,C2B即消费者到企业模式,消费者提出价值主张和具体需求,企业按需定制生产。物流平台是以智能骨干网络连接物流企业、仓储企业、第三方物流服务商、供应链服务商实现全社会物流供需的双向匹配。金融平台将面向供应网络资金需求,实现普惠金融和精细化管理,发展的核心是支付、信用、供应链金融等。社交平台是实现双向交互的基础,具体包括即时通信与社交网络等。物联网是实现商业基础设施物物连接与交互的核心,以共同标准形成覆盖零售供应网络的物联网,是零售业智能化的基础与核心。其他第三方平台是商业基础设施的有效补充,是商业基础设施的黏合剂。数据(信息)平台是商业基础设施的先导,信息具有二重性,任何信息都代表着相应的零售活动要素、资源和事物,反应零售主体的存在、活动与关系,信息是零售物质存在的反应,同时信息是实际存在和变化的资源、活动和行为,即具体零售服务。商业基础设施的任何活动都将产生具体信息,实现信息集聚,通过大数据、云计算将集聚信息生成,同时引导零售活动的具体服务和产品,全面服务商业基础设施运行。商业基础设施在演化过程中将具备如下特征。

(1)平台化。平台即双边市场,双边市场的判断标准包括价格结构非中性、平台结构、交叉网络外部性(Rochet & Tirole, 2005)。从商业基础设施演化看,交易平台、物流平台、数据平台、金融平台、物联网平台、社交平台双边市场特征明显,由专业价值平台物联互联形成的服务全社会的商业基础设施双边市场特征也逐步清晰,并且交叉网络外部性更显著。以物流平台为例,成立于2013年的菜鸟物流,其成立初衷是建设一个数据驱动、社会化协同的物流及供应链平台,在全国范围内形成一套开放共享的社会化仓储设施网络,为电子商务企业、物流公司、仓储企业、第三方物流服务商、供应链服务商等各类企业和消费者提供物流服务。从双边市场基本条件看,物流平台存在多类用户通过平台进行交易的情况,物流参与企业与仓储节点的增加都会增加其他参与主体的价值。从价格结构看,通

4 生产组织、消费者决策协同对零售业态演化的作用机理

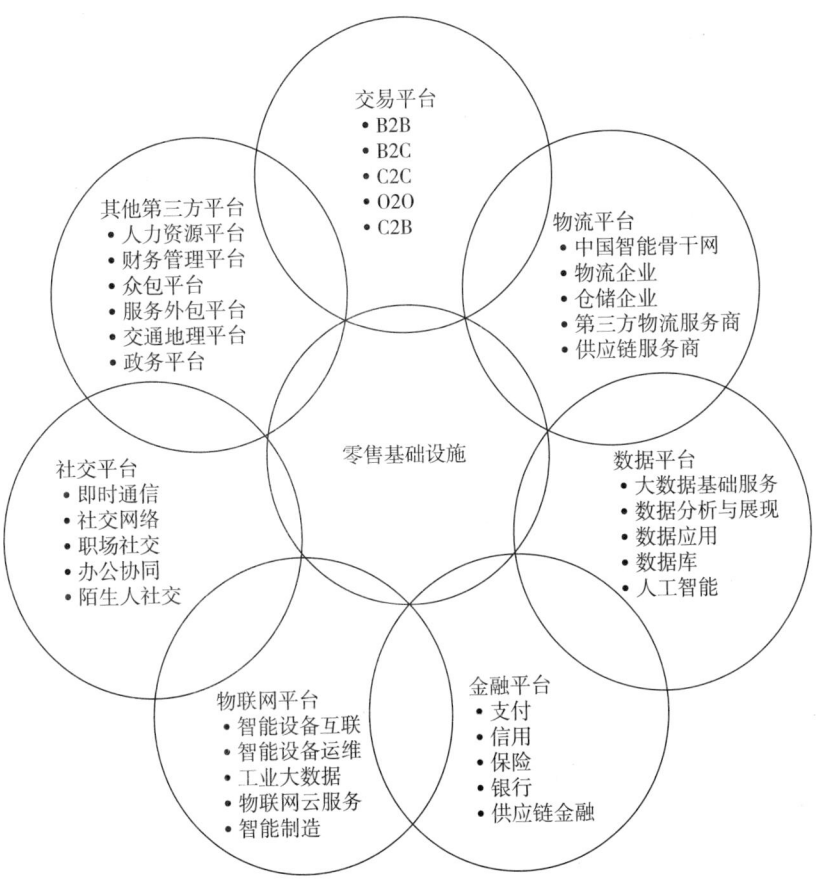

图 4-8 商业基础设施构成

过调节参与主体的价格结构，会增加物流交易量，针对末端代办点、公共自提点不足的问题，菜鸟物流大幅度补贴菜鸟驿站，通过价格结构调整参与主体数量与物流交易量。从商业基础设施看，其双边市场特征更为明显，其服务对象扩展到全社会零售参与主体，任何参与主体的数量、质量都会影响其他参与主体的效用的提高，商业基础设施平台通过价格结构调整参与主体的数量、质量，从而达到商业基础设施高水平均衡与高效匹配。

（2）网络化。从零售业态演化的历史进程看，商业基础设施演化呈现内置化—社会化—网络化的发展趋势。平台化是商业基础设施的基础与承载，而承载的参与主体、节点将实现网络化，平台化是网络化的基础，网

络化是平台化的演化动力。商业基础设施的平台化，承载全社会零售业参与主体与节点，参与主体、节点的信息交互，将构成系统性与交互性，进而形成商业基础设施网络。商业基础设施网络的形成，将进一步吸纳零售参与主体、节点的深度融合，进而使交叉网络外部性进一步增强，同时商业基础设施兼容水平的提高，促使商业基础设施平台向高水平均衡演化，零售业态网络化是其平台化的演化动力。

（3）协同化。网络化使得商业基础设施除拥有自有价值外，更突出的价值体现于协同价值（见图4-9）。商业基础设施自有价值来源于其使用价值，交易平台、物流平台、数据平台、金融平台、物联网平台、社交平台、其他第三方平台产生的目的是解决商品流通过程的商流、物流、信息流、资金流、人员流问题，商业基础设施保障了产品从生产到消费的价值实现。而交易平台、物流平台、数据平台、金融平台、物联网平台、社交平台、其他第三方平台等商业基础设施高度协同带来的商流、物流、信息流、资金流、人员流的高效整合是商业基础设施的根本价值来源，任何平台的交互，都将形成全新的价值创造，比如"数据平台+物流平台=高周转率"、低库存量，"数据平台+金融平台=普惠金融"、精细化管理，"物流平台+金融平台=无缝的供应链金融服务"，"信用平台+交易平台=交易成本"进一步降低。不同的平台组合与平台交互，将产生价值增值，覆盖全社会的商业基础设施的协同，将产生全新的业态与商业模式，解决长期制约零售业发展的低利润率、高费用率问题。

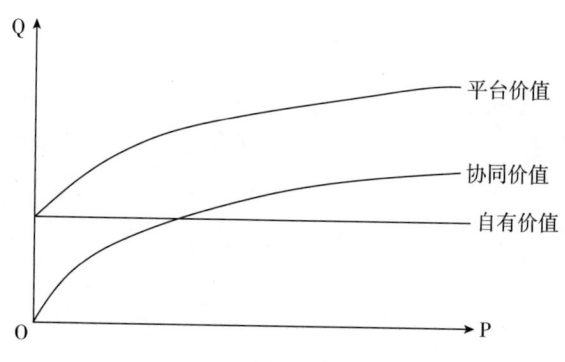

图4-9 商业基础设施价值构成

（4）可塑化。可塑化是指商业基础设施具有很强的适配能力，满足不同参与主体、节点的多元化需要，可塑化是消费者需求个性化、多样化以及技术变革协同演化的结果。可塑化要求商业基础设施既能满足大型零售业态的需要，又能满足微店、便利店等小型零售业态的需要。既能满足传统零售业态如百货商店、超级市场的需要，又能满足无人店、全渠道融合业态的需要。可塑化与协同化的基础是标准的确立，只有企业间端口共享、采取共同标准，才能实现兼容，在兼容的基础上鼓励企业采取组合式创新，满足多样化需求。

（5）智能化。智能化的基础是技术应用与技术革命，物联网技术、大数据技术、机器学习、人工智能等技术在商业基础设施的实践与应用将为人、货、场赋能，重构人、货、场。数字化消费者、智能制造商、全渠道零售商物联互联，将产生信息集聚，通过数据的算法，输出智能化解决方案，不断提升零售系统的协同效率。智能化是全方位的，从采购端、物流端、消费端到服务端都有巨大的提升和服务空间，这意味着一流的商业基础设施服务需要覆盖全链条的数据，具备零售领域的专业知识，从而更有效地对外赋能。

4.3.5 零售业态模块结构与零售信息集聚

在零售业态与商业基础设施互联互通的基础上，信息逐步实现集聚。在深入讨论信息集聚前，有必要对信息进行界定，本章所涉及的信息是指广义的信息，其中包括数据、资料与行为主体需要所得的知识等（卢福财，2005；张永林，2016)[1][2]。在零售业态模块化过程中，围绕零售活动与零售业态形成了覆盖全社会的商业基础设施，商业基础设施通过提供社会分工所需的模块外，在商业基础设施与零售业态协同演化的过程中，沉淀了大量活动数据与交易信息。随着零售活动的开展，零售业态与商业基础设施（物流、金融、社交、大数据、物联网等）信息交互水平显著提升，私人信息与公共信息指数级增长，在零售业态模块化结构阶段形成了大规模的信息集聚。沿袭着宏观经济中偏好的可加性，在信息经济研究领域出现了信

---

[1] 卢福财，胡平波，黄晓红. 交易成本、交易收益与网络组织效率[J]. 财贸经济，2015（9）：19-23.

[2] 张永林. 互联网、信息元与屏幕化市场——现代网络经济理论模型和应用[J]. 经济研究，2016（9）：147-161.

息加总（Aggregation）与集合（Collection）的方法，但由于其外生的分析特点，只考量了信息会提升交易效率降低交易费用，没有将信息纳入交易者的行为与决策过程，将信息作为实质性财富和要素，没有考量信息的供需成本与收益，本章从内生的信息或者内生分析的视角，采用信息集聚的概念对零售业态与商业基础设施协同演化过程中信息汇集、交互、加工、更新、外溢的过程进行研究，重点解决零售业态与商业基础设施协同演化过程中，维持零售生态系统持续演化的动力是什么。零售业态与商业基础设施协同演化过程中信息汇集、交互、加工、更新、外溢将产生怎样的结果。

（1）零售信息的多样性和集聚。

1）零售信息的多样性。在阐述零售信息多样性之前，必须先界定零售活动的私人信息与市场信息。在零售活动中私人信息指零售活动参与者拥有的独占性质的个人自身特征与个人行为的数据，包括消费者收入、身份、偏好等信息，企业的价值主张、成本、商业模式、竞争策略等信息。零售市场信息包括零售活动中公共信息与政府信息，具体包括政府政策动态、规制信息、供给与需求信息等，对市场的零售关系与零售活动的总体客观描述。

零售信息多样性包括多层含义：一是相同的零售活动参与主体的私人信息是多维、异构、动态、差异的。二是不同的零售活动主体产生的信息差异性更加明显。三是在不同的时间维度与空间维度，零售市场信息是动态演变与多维异构的。信息具有物质性与社会性两重属性，即信息是物质性的服务和产品，同时也是社会物质存在、活动的反映（张永林，2018）。由于信息属性的二重性，零售信息多样性产生的原因在于，零售活动主体的多样性以及与零售活动主体关联形成社会关系的多样性，零售活动主体的多样性，将产生私人信息的多样性，因为信息是物质性的服务和产品，零售活动主体关联形成社会关系的多样性，将产生社会信息的多样性，因为信息是社会物质存在、活动的反映。在零售企业实践与零售研究中，普遍关注相同零售活动中产生的私人信息与市场信息，忽略不同零售活动产生的不同零售信息的交互性，以及不同零售信息交互、加工后的价值。

2）多样性零售信息的集聚。由于信息具有外溢性、非排他性、共享性、零边际成本，依托零售业态与商业基础设施，零售活动将产生私人信息与市场信息，加之历史私人信息与市场信息的汇集，零售活动将产生海

4 生产组织、消费者决策协同对零售业态演化的作用机理

量信息，在此基础上进行信息交互与传递，经过人力资源与科学技术的加工，将更新出新的多样化私人信息与市场信息，本章将零售信息汇集、交互、加工、更新、外溢的过程定义为零售信息的集聚。

信息集聚不同于以往信息加总、集合的研究，信息加总、集合的思维来源于经济力学，是信息的简单加总，不过仍然会产生报酬递减的结论。信息集聚的思想产生于经济生物学，信息具有相容性与系统性，信息集聚为信息的繁衍奠定基础，最终将产生报酬递增和正反馈的结果。同时信息集聚以内生分析的视角，将信息认定为无形的产品与服务，服务集聚的结果也必然导致报酬递增。

3）零售信息的多样性和集聚的数学表述。在零售活动中，用 θ 表示零售信息，θ_i（$i=1, 2, 3\cdots$）表示每一个参与主体拥有的私人零售信息。用 Γ 表示共享零售信息或者参与者所掌握的公共信息。零售信息集聚的结果是随着零售活动参与主体的增加，每一个参与主体所获得的零售信息都将增加。具体表示如式（4-1）所示。

$$\Gamma \subset \theta_i(k) \subset \theta_i(k+m), \ \forall m>0, \ \forall i \in N \tag{4-1}$$

零售信息集聚模型的基本性质：

① 零售参与主体增加，私人零售信息增加。

$\theta_i(n)$ 表示当零售活动中有 n 个参与者时，零售参与者 i 掌握的信息总量，则必然有 $\theta_i(n+1) \geq \theta_i(n)$。

② 零售活动参与主体增加，共享零售信息增加。

$\Gamma_i \subseteq \Gamma_{i+m}, \ \forall m>0, \ \forall i \in N$

③ 零售参与主体增加，零售信息密集度增加。

$\{\theta_i \cup \theta_i(m)\} \subset \theta_i(m), \ \forall i \in N$

④ 零售参与主体增加，零售信息维度增加。

$\{\theta_i \cup \theta_i(m)\} \subset \theta_i(m+1), \ \forall i \in N$

为了综合上面四个重要性质和结果，给出式（4-2）的表达式。

$$\{\Gamma_i \cup \theta_i\} \subset \{\Gamma \cup \theta_i(m)\} \subset \theta_i(n), \ \forall m<n, \ \forall i \in N \tag{4-2}$$

(2) 零售信息集聚与交易模型。

在零售活动中，用 G 表示交易的产品或服务，这里 G 也代表着一组产品向量。用 i' 表示在零售活动中参与者 i 进行交易的对方，Q_i 和 $Q_{i'}$ 分别是他们在零售活动中获得的产品或服务。$P(Q_i)$ 和 $P(Q_{i'})$ 是产品的最终成本。

w_i 和 $w_{i'}$ 分别表示他们在交易中持有的货币性财富或其他财富，在现实不确定的环境下，收益是有风险和贴现的。

在零售活动中，一方参与者 i 得到 Q_i 的效用是 $u(Q_i)$、支出是 $P(Q_i)$，那么他在交易中得到 Q_i 的总效用如式（4-3）所示。

$$w_i + u(Q_i) - P(Q_i) \tag{4-3}$$

另一方参与者 i' 得到 $Q_{i'}$ 的总效用如式（4-4）所示。

$$w_{i'} + u(Q_{i'}) - P(Q_{i'}) \tag{4-4}$$

现在我们来确定在零售活动中双方的行为与策略。

因为在信息不完全的交易中，零售活动的交易者不清楚对方的交易策略。因此，我们不能用收入约束下的效用最大化分析来确定交易策略。同时，在信息不完全情况下，双方很难存在占优策略的博弈。因此，这个交易是一个讨价—还价的动态多阶段博弈模型。各自的市场对策只能是在对方的选择（或策略）下尽量实现自己的利益目标，或是在对方能够接受自己的交易方案情况下去达到交易目的。

现在设 $B(P)$ 是交易者 i 提出的一个让对方可以接受的交易方案，那么要使交易进行下去，这个方案就必须让交易者 i' 满足式（4-5）。

$$w_{i'} + u(Q_{i'}) - P(Q_{i'}) > w_{i'} + \sigma_{i'}, \quad \sigma_{i'} > 0 \tag{4-5}$$

如果对方不接受这个方案，那么他就还是只有 $w_{i'} + \sigma_{i'} > 0$。

交易总要让对方获得比交易以前更多的利益。其实这个 $\delta > 0$ 就是交易中的私人保留价格或保留利润。因为交易中各自之间可能信息不对称，所以在交易中 i 和 i' 都存在各自的保留价格或保留利润。

对于交易者 i 来说，实现他的交易目的的决策变量就是交易机会 $\pi \in [0, 1]$ 和交易方案 $B(P)$。综合这些分析就知道，对于交易者 i 来说，他的交易策略如式（4-6）所示。

$$S_i(Q_i, \sigma) = \text{Max} \{ \pi [w_i + u(Q_i) - P(Q_i)] : w_{i'} + u_{i'}(Q_{i'}) - P(Q_{i'}) \geq w_{i'} + \sigma_{i'} \}, \quad \sigma_i \to 0 \tag{4-6}$$

同理交易者 i' 的交易策略如式（4-7）所示。

$$S_{i'}(Q_{i'}, \sigma) = \text{Max} \{ \lambda [w_{i'} + u_{i'}(Q_{i'}) - P(Q_{i'})] : w_i + u_i(Q_{i'}) - P(Q_{i'}) \geq w_i + \sigma_{i'} \}, \quad \sigma_{i'} \to 0 \tag{4-7}$$

其中，$\lambda \in [0, 1]$ 是交易者 i' 的交易机会。

在上述交易中，只要效用函数是连续的，双方的交易必然达成。

由式（4-2）可知，交易者 i 与 i' 存在连通的信息空间，交易者 i 的式(4-6)与 i' 的式(4-7)之间存在结论与条件互换依然成立的现象，即式(4-6)与式(4-7)是互逆的。可表述为：$S'_i = S_{i'}$，$S'_{i'} = S_i$。由于 S_i 和 $S_{i'}$ 都是有界闭凸集上的有界连续映射，根据不动点定理，一定存在 $(\bar{Q}, \bar{\sigma})$ 使得 $S_i(\bar{Q}, \bar{\sigma}) = (\bar{Q}, \bar{\sigma})$ 或 $S_{i'}(\bar{Q}, \bar{\sigma}) = (\bar{Q}, \bar{\sigma})$，其中 $\bar{Q} = (\bar{Q}_i, \bar{Q}_{i'})$，$\bar{\sigma} = (\bar{\sigma}_i, \bar{\sigma}_{i'})$。结果表明，一定存在双方都接受的交易量。

以上讨价—还价交易谈判是个无约束动态规划问题，由动态规划理论可知，在上述交易均衡结果中，交易者 i 与 i' 双方关于交易量 Q 和剩余分配 σ 的贝尔曼方程如式（4-8）所示。

$$W_i(Q_i, \sigma) = e^{-rt} \text{Max} \{ \pi [w_i + u(Q_i) - P(Q_i)] + \lambda \{ [w_{i'} + u_{i'}(Q_{i'}) - P(Q_{i'})] - (w_{i'} + \sigma) \} \}$$

$$= e^{-rt} \text{Max} \{ \pi [w_i + u(Q_i) - P(Q_i)] + \lambda [u_{i'}(Q_{i'}) - P(Q_{i'}) - \sigma] \} \quad (4-8)$$

交易者 i' 的贝尔曼方程为

$$W_{i'}(Q_{i'}, \sigma) = e^{-rt} \text{Max} \{ \lambda [w_{i'} + u(Q_{i'}) - P(Q_{i'})] + \pi \{ [w_i + u_i(Q_i) - P(Q_i)] - (w_i + \sigma) \} \}$$

$$= e^{-rt} \text{Max} \{ \lambda [w_{i'} + u(Q_{i'}) - P(Q_{i'})] + \pi [u_i(Q_i) - P(Q_i) - \sigma] \}$$

其中，$t > 0$ 是交易时间，$e^{-rt}(0 < r < 1, t > 0)$ 是时间贴现率，交易时间越长，贴现率越大。其中，$\pi \in [0, 1]$ 和 $\pi \in [0, 1]$ 是交易机会。

(3) 零售信息的集聚效应。

1) 报酬递增。

定理1 如果在贝尔曼方程式（4-8）中，零售信息集聚效应可以实现交易价格单调下降，那么零售活动参与者的报酬（或收益）就是递增的。

在零售信息集聚效应的影响下，不失一般性，将式（4-8）所有下标去掉，贝尔曼方程表述为式（4-9）。

$$W(Q, \sigma) = e^{-rt} \text{Max} \{ \pi [w + u(Q) - P(Q)] + \lambda [u(Q) - P(Q) - \sigma] \} \quad (4-9)$$

整理后得到式（4-10）。

$$e^{-rt} \text{Max} \left\{ \frac{\pi}{\lambda} [w + 2u(Q) - 2P(Q) - \sigma] \right\} \quad (4-10)$$

其实贝尔曼方程已经初步表明，当 $n \to \infty$ 以及信息充分集聚时，零售信息的密集度和维度都增加，交易成功的机会（或概率）π 和 λ 都提高，即 $\sigma \to 0$，$\pi \to 1$，$\lambda \to 1$，$e^{-rt} \to 1$（$t \to 0$）。所以当零售信息集聚充分时式（4-10）

可以简化为式（4-11）。

$$\underset{Q,\sigma}{\text{Max}}\{w+u(Q)-P(Q)\} \quad (4-11)$$

由于价格 P、交易量 Q 和分配 σ 都是交易集聚信息的函数，所以零售活动参与者最终的福利水平以 n 和 σ 为变量的函数，式（4-11）可以重新描述为式（4-12）。

$$W(n,\theta) \equiv w+u(n,\theta)-P(n,\theta) \quad (4-12)$$

在零售活动中，零售信息集聚的主要作用体现在：第一，直接减少了人的交易时间，降低了交易费用，增加了他们的收入时间和闲暇时间。第二，调高了交易速度和成功的概念，即双向匹配的效率，提高了预期收益率。第三，降低了市场价格。从结果看，这些作用最终归结为零售活动参与者的收入效应。如果用 $e(P,w)$ 表示在零售活动中的货币支出，那么有斯勒茨基方程：

$$\frac{\partial e(P,w)}{\partial P} = \frac{\partial e(P,w)}{\partial P} + \frac{\partial e(P,w)}{\partial w} \cdot \frac{\partial w}{\partial P} \quad (4-13)$$

其中，式（4-13）第一项是替代效应，第二项是收入效应。用 $v_i(\theta)$ 表示收入效应，那么上述描述可表示为式（4-14）。

$$v_i(\theta) \equiv c_i(\theta) + \pi P(\theta) + w_i(t(\theta)) \quad (4-14)$$

其中，$c_i(\theta)$ 表示由于交易费用降低带来的收入效应，$\pi P(\theta)$ 表示价格降低增加的收入效应，$w_i(t(\theta))$ 表示时间增加产生的收入效应。

根据上述分析，将式（4-12）修改为式（4-15）。

$$W(n+k, \theta(n+k)) \equiv w+u(n+k, \theta(n+k)) + v(\theta(n+k)) - P(n+k, \theta(n+k))$$
$$1 \leq k \leq N \quad (4-15)$$

基于式（4-15）得到式（4-16）。

$W(n+1, \theta(n+1)) - W(n, \theta(n))$

$= \{w+u(n+1, \theta(n+1)) + v(\theta(n+1)) - P(n+1, \theta(n+1))\} - \{w+u(n, \theta(n)) - P(n, \theta(n))\}$

$= [u(n+1, \theta(n+1)) - u(n, \theta(n))] + v(\theta(n+1)) + [P(n, \theta(n)) - P(n+1, \theta(n+1))]$

$= u'(\varphi)[\theta(n+1) - \theta(n)] + v(\theta(n+1)) + P'(\tau)[\theta(n+1) - \theta(n)]$

$= [u'(\varphi) + P'(\tau)][\theta(n+1) - \theta(n)] + v(\theta(n+1))$

$= [u'(\varphi) + P'(\tau)][\theta(n+1) - \theta(n)] + v(\theta(n+1)) - v(\theta(n)) + v(\theta(n))$

$$= [u'(\varphi) + P'(\tau) + v'(\varpi)][\theta(n+1) - \theta(n)] + v(\theta(n)) \qquad (4\text{-}16)$$

将式（4-16）进行推广，将得到式（4-17）。

$$W(n+k, \theta(n+k)) - W(n, \theta(n))$$
$$= [u'(\varphi_k) + P'(\tau_k) + v'(\varpi_k)][\theta(n+k) - \theta(n)] + v(\theta(n+k)) \qquad (4\text{-}17)$$

当 n 和 $n+k$ 增加时，由于零售信息集聚后很多市场信息将成为公共品和共享资源，特别是信息的效用非排他性和溢出性，使得它们具有规模性收入效应，$v'(\varpi)$ 和 $v'(\varpi_k)$ 是递增的。另外，明显 $v(\theta(n+k))$ 大于 $v(\theta(n))$，所以式（4-17）右边三项分量都大于式（4-16）右边的三项分量，即式（4-17）左边大于式（4-16）左边。

2）零售信息交互性增强。零售信息交互性即指零售信息的流动速度，信息内生的基本前提是零售活动参与者的信息既有成本，也有收益，每个零售活动的参与者都需要比较获取信息的成本与收益。如果零售参与者获取信息产生的收益与成本的差越大，信息的流动速度越快，零售信息交互性越强。

$c_i(n, \theta)$ 表示有 n 个零售活动参与者的市场上，参与者 i 获取信息的费用，设获取信息的时间为 t，获取信息给零售活动参与者带来的收益就是其效用的贴现值，表示为 $r_i W_i(n, \theta)$，其中 $W_i(n, \theta)$ 即贝尔曼函数，$0 < r_i < 1$ 表示贴现率，交易速度可以用收益率表示，如式（4-18）所示。

$$V_i(n, \theta) \equiv \frac{r_i W_i(n, \theta) - c_i(n, \theta)}{r} \qquad (4\text{-}18)$$

定理 2 在零售活动中，只要定理 1 的条件存在，那么市场交易就会提升交易速度，即零售信息交互性增强。

省略式（4-18）下标，基于式（4-18），得到式（4-19）。

$$V(n+k, \theta(n+k)) - V(n, \theta)$$
$$= \frac{rW(n+K, \theta(n+k)) - c(n+k, \theta(n+k))}{r} - \frac{rW(n, \theta(n)) - c(n, \theta(n))}{r}$$
$$= \frac{rW(n+K, \theta(n+k)) - rW(n, \theta(n))}{r} + \frac{c(n+k, \theta(n+k)) - c(n, \theta(n))}{r}$$
$$= W(n+K, \theta(n+k)) - W(n, \theta(n)) + \frac{c(n, \theta(n)) - c(n+k, \theta(n+k))}{r}$$

$$(4\text{-}19)$$

根据式（4-17）的结果定理 2，式（4-19）中右边第一项大于零，右边第二项也大于零。于是得到式（4-20）。

$$V(n+k,\theta(n+k))-V(n,\theta(n))>0 \qquad (4-20)$$

将定理1和定理2进行总结，就是零售信息集聚—零售信息的密集度和维度增加+共享信息和溢出信息增加—减少交易时间+增加收入时间+减少交易费用+机会成本降低—零售活动报酬递增+零售信息交互性增强。在零售业态模块结构阶段，零售业态与商业基础设施协同演化的结果是零售信息密度与维度增加，共享信息与溢出信息增加，最终为零售活动报酬递增与零售信息交互性增强。零售活动报酬递增与零售信息交互性持续增强，将在主导零售商内部形成正反馈与黑洞效用，报酬递增的结果必然产生正反馈，正反馈与零售信息交互性增强必然使得在零售平台上沉淀更多交易数据与零售信息，这些信息指数级增长的结果必然形成黑洞效应，对其他零售参与主体产生极强的吸引力，接近零售平台的参与主体将无法逃脱。零售业态、商业基础设施协同演化的黑洞效应来源于零售信息集聚，零售信息集聚的过程，本身就是信息再创造的过程，触达的零售主体越多，黑洞效应越强。

4.3.6 网络结构阶段

生产组织的网络结构阶段，基本形成覆盖全社会的协同网络，依靠协同网络的数据沉淀，在云计算、算法等技术支撑下，完成网络配置机制与数据智能对人工的替代。生产组织网络结构对零售业态的要求其必须实现全面在线化与全渠道融合，在此基础上完成覆盖全社会的协同网络。在模块化阶段，绝大部分零售商已经开始在线化尝试，这里指的在线化只是将线下业务在PC端、移动端进行简单的复制，但在内部业务在线化与兼容方面仍没有太多尝试，只有少部分企业尝试统一会员、统一库存、统一价格、统一营销、统一结算。面向未来，零售商将实现全面业务的在线化，不仅将面向消费者的门店、网上商店进行在线化，更为关键的是将所有内部业务在线化，供应链管理、库存管理、营销管理、渠道管理等都应该实现动态在线，在此基础上实现全渠道融合，全渠道融合的核心是所有渠道、业务的数据兼容，零售商面向内部、外部所有活动的在线化，既是连接厂商的需要，也是满足消费者个性化需求的要求。

网络组织在模块结构下的机制与作用已得到充分发挥。在模块结构的基础上，参与价值创造的节点会进一步颗粒化，所有参与企业都将是协同网络的一个节点，生产、流通、消费者成为分散在协同网络上的价值创造主体，协同网络依托沉淀在网络上的数据，进行资源配置，同时产生进一步的关系数据与行为数据。人工智能通过大数据、云计算与算法迭代，将成为生产、流通、消费者的重要替代，人工智能将成为生产、流通、消费者之外最重要的价值创造节点，人工智能将替代大量重复性劳动与思考，生产、流通、消费者将创造劳动。社会将在联网配置的基础上，产生自组织的闭环，即行为与关系产生数据，数据支撑网络协同，网络协同进一步产生数据，人工智能将自动基于互联网配置产生自组织。

在网络结构与自组织背景下，零售业态未来演化的趋势是网络结构与自组织。零售业态的网络结构是指所有零售活动的所有参与要素都将成为依托协同网络的价值节点，要素的配置依托于自组织。如图4-10所示，未来消费者的购物场景将极度分散化，线上线下多场景的组合，将使购物场景极度丰富化。而厂商为了适应消费者个性化、多样化、分散化的要求，将实现个性化定制，长尾产品成为主流。生产组织与消费者行为的极端颗粒化，必然要求零售业态以网络结构高度匹配生产与消费，零售业态的网络结构由此形成。

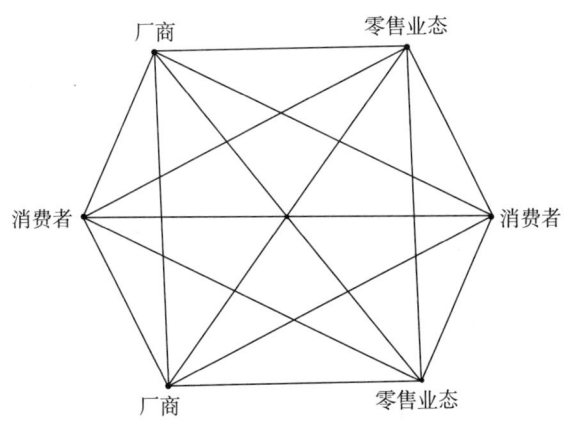

图 4-10 网络结构阶段

从图4-10可知，厂商、零售业态、消费者之间的商品与服务的生产、流通与消费，将产生大量的交互关系，这种交互关系就是连边（链接），同时连边将产生关系数据与活动数据,厂商、零售业态、消费者之间交互行为的指数级增长,将为大数据形成产生基础,在解决具体连边过程产生了算法,简单算法的深度学习与反复迭代,使得人工智能替代劳动力成为节点的具体参与者,在此基础上大数据与算法的闭环将形成自组织。全球领先的零售企业,如阿里巴巴、亚马逊的典型经验也证明了自组织对零售要素配置的高效率。同时在线下零售业态中无人业态将成为未来趋势,不仅是无人货柜、无人便利店的大规模普及,在购物中心、超市等大型零售业态也将逐步完成数据智能对人工的替代,完成智能升级。

4.4 消费者决策对零售业态演化的调节机制

生产组织要求零售业态在信息、体验、服务等方面产生要求的同时,零售组织也沿着生产组织演化路径变革。在此基础上,消费者决策进一步调节生产组织对零售业态的作用结果,使其在渠道选择、商品经营结构、组织形态变化、经营模式、技术变革、基本功能等方面重新组合,推动零售业态向更高水平演化。

4.4.1 消费者决策行为决定零售业态渠道选择

消费者在信息搜索过程中相互影响、相互制约的关联关系与信息交互,逐渐构成了特定商品与服务的节点与链路,节点与链路构成网络,网络贯穿于整个消费者信息搜集过程。从消费者信息搜集看,其存在与日俱增的网络依赖,这里的网络是指消费者复杂决策网络,可具体为互联网、社交网络、社会网络。消费者信息搜集的网络依赖决定其经历了线下渠道、线上渠道、一体化渠道与全渠道。

在传统线下零售业态阶段,比如传统食杂店、便利店、超市、百货商店、专业店等业态阶段,由于零售环节只是生产活动的自然延伸,消费者信息获取的主要渠道是厂商的主动宣传。从生产组织利润与消费者信息能力之间的关系看,在此阶段生产组织基于利润的主动宣传在一定程度上能提高消费者信息搜集能力,使生产组织的利润水平不断提高。在此阶段零售业态信息功能弱化，消费者之间的口碑、使用体验等无法获知。为了改变传统零售业态信息来源功能弱化的现实，随着网络信息技术的普及与深度应用，电子商务的产生使消费者之间的信息联系成为可能。线上C2C、B2C商业模式的出现，使得基于特定产品的口碑、使用体验沉淀成为可能。在亚马逊、淘宝、京东等电子商务平台上，可以高效地获取其他消费者关于商品与服务的消费体验，并且基于其他消费者的分享，消费者可以大致判断购买后的购物体验。在电子商务产生的同时，也产生了社交网络与即时通信，使消费者与现实朋友、陌生消费者基于特定商品与服务的交互成为可能，在此期间基于微信、微博的社交电商开始产生，可以清晰地发现，正是由于消费者搜集信息渠道的改变与依赖使得线上渠道由传统电商向社交电商演化，也为线上线下融合、全渠道融合业态的产生奠定了基础。

在平台电商与社交电商产生的基础上，消费者在信息搜集的过程中开始出现网络依赖的特征，但平台电商与社交电商在信息搜集的过程中，信息搜集、验证的闭环始终没有形成，基于此，线上线下一体化开始产生，线上线下一体化使得消费者在线上搜集信息的同时，在线下可以具体的体验，在体验过程中关于特定商品与服务的新信息开始产生，通过社交网络、平台电商沉淀，直接影响其他消费者的信息搜集过程，信息闭环与信息累积因果关系产生。在线上线下一体化阶段后，消费者信息搜集的渠道进一步零散化、颗粒化，消费者可以基于社群进行关于商品与服务信息的交互，如特定爱好群、微信群，社群的产生进而使社群电商开始产生。消费者可以通过微信、微博、直播、短视频等渠道进行信息交互，微商开始产生。消费者可以通过知乎、B站、小红书等分享网站进行信息交互，分享电商由此产生。消费者信息获取依赖于线下渠道、线上渠道、社交网络渠道、社会网络渠道，在信息获取的过程中，在第三方支付、第三方物流、即时通信的支撑下，商流、物流、信息流、资金流支持商品与服务交易的完成，例如，在微信公众号、小程序、小红书分享网站可以直接在信息搜集的过程中完成交易闭环，消费者信息搜集过程中对复杂决策网络的依赖，直接导致零售业态向全渠道融合演化。

4.4.2 消费者决策行为调节零售业态商品经营结构

信息中介可以大致分为两种主要模式，中间商模式和经纪人模式，前者与传统中间商类似，自己买进商品并持有商品，同时提升了消费者的信息能力。后者只是把买卖双方进行信息匹配而不自持商品，并通过成功匹配而获取收益，一般而言，中间商模式的信息中介更靠近商家，贱买贵卖，赚取中间差价，经纪人模式的信息中介更靠近消费者，一般不直接从消费者手中收费。大型连锁超市是非常典型的中间商模式的信息中介，它不仅是中间商，汇聚了很多供应商的产品，还是这些产品销售到最终消费者的重要渠道，与此同时，它又是重要的信息中介，因为消费者可以看到琳琅满目的经过分类陈列的商品，并且容易比较相似功能商品的价格和质量，而不必下厂一一考察。

从百货商店、超级市场、购物中心的演化过程看，零售业态演化的需求动力来源于消费者，消费者搜集信息水平的提升要求早期的零售业态演化趋向于中间商模式。零售业态的本质是各种零售要素的组合，这种组合所呈现出的现象就是他的外在表现形式——店铺，零售活动要素可以有千变万化的组合，这就产生了各种各样的店铺形态，店铺形态是零售业态的外在表现形式，并不意味着所有零售店铺都是业态店，最传统的形式是业种店，发展之后才形成业态店，业态店是业种店演化而来的。所谓业种店是指按照所经营的商品类型划分或组建的零售店铺，这种店铺自古有之，诸如布店、粮店、肉店、鞋店、杂货店等。百货商店是业种店与业态店的分水岭，百货商店产生于工业革命时代，在此之前，市场上商品不多，自给自足的自然经济广泛存在，人们的交换内容相对简单，一方面表现为需求单一化、偶然化；另一方面表现为供给的稀少性、小规模化。业种店与当时的市场发展状态相适应，那时候，商店规模小，经营品种有限，人们进一家店仅能买一种（类）商品。在工业革命以后，社会上的商品丰富起来，人们的生活方式也发生了很大改变，追求快捷、便利、高效，这样，业种店以商品为中心的销售方式，因没有考虑到消费需求的变化，无法适应社会的新变革，而以消费需求满足为中心的业态店产生并发展起来。

我们考察业种店到百货商店演化过程中信息搜集、处理能力的变化。在工业革命早期，消费者关注的主要商品信息是价格与质量，信息主要来源于消费者内部，外部信息获取渠道有限，由于业种店商品品类有限，不容易比较相似功能商品的价格和质量，为了"货比三家"，消费者必须花费更多时间，增加交易成本。更为关键的是在业种店阶段，其他消费者的购物行为是无法观测的，难以利用外部信息搜索渠道。百货商店的出现，消费者可以看到琳琅满目的经过分类陈列的商品，并且容易比较相似功能商品的价格和质量。百货商店集中相似功能商品，使消费者不必花费时间精力"货比三家"，提高了信息搜索的效率。更为关键的是，百货商店的出现使得消费者在信息搜索过程中，可以有效利用其他消费者的购物行为，并进行有效沟通，消费者信息搜索渠道逐渐从内部搜索转向外部搜索，可以用的信息量逐步提升。超级市场的出现，在信息搜索、处理上的作用与百货商店是一致的，通过集中经营提升消费者信息搜集能力，并将信息搜集渠道扩展到外部。随着消费者对服务需求的逐渐增加，消费者开始将"货比三家"的范围从商品转向服务，购物中心集中大量消费性服务，消费者可以集中对餐饮、娱乐等消费性服务进行集中比较，降低了服务信息搜集的时间与交易成本。购物中心的出现，突出了变化是从商品销售向服务提供转变，购物中心不仅提供商品，更重要的是提供"商品+服务"的一体化解决方案。对于服务产品来说，由于其购买行为与消费行为同时发生，在服务行为发生之前消费者无法知道服务的质量，向其他消费者咨询或者观察其他消费者的行为就变得更加重要，这就增加了消费者之间围绕产品和服务的交流与互动，增加了消费者信息搜索行为之间的关联。而且服务消费的比重越来越大，信息搜索的重要程度越来越高。在业态竞争激烈的背景下，传统百货商店、超级市场、购物中心面临的竞争压力逐步增加，业态内开始了细分，例如，超级市场业态出现了生鲜超市、精品超市等目标定位更准确的业态，从商品经营结构看，SKU 从 20000 个下降到 5000 个左右，针对特定目标人群的特定需求，减少商品种类，使其信息搜集范围下降，更高效地完成信息搜集的过程。

4.4.3 消费者决策行为加速零售业态组织形式变化

消费者决策对零售业态演化的要求是零售业态演化必须满足消费者节约认知资源的要求，无论是信息中介还是个人信息助手，其核心作用都是不断提升消费者的信息能力，不断节约消费者的认知资源，在极端情况下，消费者认知资源将完全被个人信息助手替代。消费者决策过程中对认知资源的节约，直接强化了品牌与连锁经营在零售业态演化中的作用。连锁经营技术的引入是对零售业的又一次重大革命，零售企业凭借连锁经营的方式,掌握强大的零售终端,进而拥有最为直接的客户资源,其基本特征主要体现在经营的一致性、经营上的规模化、更高水平上的资源配置。而连锁经营在消费者信息搜集能力上的突出作用是将信誉、品牌引入消费者行为分析。信誉,或者称为商誉,在消费市场中起着重要的作用,如果一个消费者具有无限的信息能力,就像主流教科书中洞察一切的理想经济人,那么信誉对他来说是多余的,因为商品的一切品质细节和价格水平他都了如指掌。但事实上,大部分消费者都缺乏独立做出正确判断的信息能力,这个时候信誉就变成了节省信息能力的工具替代品。信誉是建立在其他人经历的基础上的,可以直接拿来使用而不必知道所有细节。然而,由于信誉是一个笼统的判断,我们经常需要将它与我们自己的信息能力结合起来,如果我们都不使用自己的信息能力,那么也就没有信誉可言,信誉是建立在他人信息能力之上。以盒马鲜生、超级物种生鲜超市演化为例,在传统生鲜品类的消费过程中,突出的表现是信息不对称,经营者知晓生鲜品类的质量、价格等信息,而消费者对生鲜的质量、价格毫不知情,尤其是海鲜品类,所以造成在生鲜品类的消费过程中消费者利益经常受到损害的现象,进而减少了消费者对生鲜品类的消费。盒马鲜生、超级物种生鲜超市的产生,其在阿里巴巴、永辉超市品牌的背书下,在连锁经营的支撑下,通过原产地直采与明码标价,使得在海鲜品类传统的消费过程中消费者处于弱势地位的情况得到改变,连锁经营与品牌的引入使得消费者节约了处理海鲜消费过程中的认知资源,也使得海鲜品类成为盒马鲜生、超级物种最主要的利润来源。

4.4.4 消费者决策行为改变零售业态经营模式

传统零售业态的经营模式主要以自营为主,在百货商店、超级市场为主导的零售业态时期,主要由零售组织自主采购、自主经营。随着网络信息技术的普及与应用,购物中心与电子商务成为零售业态演化的主要形式,购物中心与电子商务的出现,使零售业态演化进入了联营时代,联营即上文提及的经纪人模式,与中间商模式不同,经纪人模式只是把买卖双方进行信息匹配而不自持商品,并通过成功匹配而获取收益。零售业态联营的作用不仅使零售业态专注于服务职能,经过目标群体分析,可以规划商品、服务品类,更为关键的是联营起到了汇集信息的作用,降低了买卖双方进

4 生产组织、消费者决策协同对零售业态演化的作用机理

行信息匹配过程中的噪声和矛盾。购物中心通过商业地产提供买卖双方双向匹配的场所，在一定的空间范围内聚集了商品与服务的买卖双方。通过O2O深度融合，大量商品与服务的信息汇集起来，在此基础上购物中心可以按照差评、中评、好评进行分类，定期更新推荐优质商家，淘汰劣质商家，提高了消费者信息处理的能力。电子商务的出现，不仅改变了传统零售的时空限制，更为关键的是在电子商务平台上汇集了成千上万的评分和评价。从信息搜索的角度看，在购物中心与电子商务成为零售业态演化的主导力量时，信息搜集渠道已主要依赖于外部信息搜索，在此阶段，一方面，信息中介起到了组合和汇聚信息劳动并且实现劳动价值的作用。事实上，信息分工已经催生了许多在线商业模式，这些模式能够充分利用普罗大众的信息劳动，并且在很多时候，这些劳动贡献是免费的。另一方面，信息中介把普罗大众支离破碎的信息汇集起来，并且用更好的方式进行展示。这时候，每一个消费者的每一条评论，都可以看作是信息大分工后的一个贡献，但是，简单地把这些贡献汇集在一起是远远不够的，例如，一家餐厅可能有几千上万个评论，任何一个消费者都不可能在午餐前通读一遍，更不用说比较同一地区不同的餐厅，就像前文所显示的那样，信息中介可以利用这些评论，给商家的质量和信誉进行评价，从而用一个或几个综合得分替代无数评论，帮助消费者进行快速选择。如果消费者想看的更多，信息中介还可以按照差评、中评、好评进行分类，按照时间先后顺序，按照其消费者对于某评论是否有用的反馈进行排序，并将评论中的要点以关键词云、统计饼图等方式清晰地展示给消费者，帮助消费者快速处理这些信息。所以信息中介在组织和推进信息劳动分工时，不仅起到了汇聚信息的作用，在很大程度上，他们还解决了如何让充满噪声和矛盾的大量数据成为有价值、有意义的信息这一难题。即便信息中介对破碎信息作了完整的汇聚和组织，使消费者获得信息价值的效率大幅度提高，消费者依然会面临信息过载的问题，信息中介提供给消费者的信息量远远超过了消费者接收和处理信息的能力，另外，携带一些小众偏好的信息，对普通大众的作用和对具有同样偏好的人而言是不同的。

4.4.5 消费者决策行为加速零售业态技术变革

在全渠道融合阶段，线上线下的深度融合，产生了"新零售"业态，

全渠道融合业态要求零售企业在线上线下建构复杂多变的场景，其目的是实现消费者行为数据化，满足极大量、多维度和完备性的数据分析要求，与购物中心、电子商务阶段不同，全渠道融合可以保证数据的多维性与完备性，数据的多维性与完备性衍生交叉复现现象。所谓交叉复现，就是当一件事情发生时，会产生不同维度的信息，这些信息之间存在显著关联，如果这些高度相关的指标发生冲突，就可以怀疑其中某些数据的真实性。交叉复现利用多维度的海量数据保证了信息的真实性，克服了传统信息来源可信度偏弱的问题，提高了数据信息的决策价值。此时，全渠道融合阶段产生的主要数据仍然是历史数据，随着传感器在零售业态中的加速使用，零售业态中数据采集逐步从历史数据转向实时数据、想法数据。这里指的想法数据是指在历史数据、即时数据基础上，经人工智能形成的对未来预测的数据。在此阶段消费者复杂决策网络基本形成，基于消费者复杂决策网络形成了消费者决策所需的多维度、完备数据，借助云计算，消费者接近信息完全。未来随着个人信息助手的发展，人工智能将辅助消费者进行信息处理，消费者信息处理效率将显著提升。

一直以来，零售商依赖于数据塑造与顾客之间进行互动，通过信息技术推动商业向顾客深度参与的方向发展。第一个阶段，POS 系统引入店铺，获得基础数据，并在此基础上发展会员制度。第二个阶段，利用互联网的发展，通过移动端和社交媒体获取有效的消费者信息。第三个阶段，随着近场感应终端、应用场景定位、虚拟试衣镜、传感器、大数据、移动端等技术，完善商户线下应用场景，实现设备与人之间的实时互联。第四个阶段，通过远程无线技术（LoRT）搭建物联网，并通过物联网将信息实时传输给有关系统和终端用户，使得无论消费者在何方，都处于智能设备访问范围之中，从而使零售商能够从互联的零售系统和设备之中采集数据，并通过智能系统驱动优化操作。我国目前的零售业发展正在跨过第二个阶段，很多企业进入第三个阶段：通过场景服务运营商提供整套"互联网+"的解决方案，实现 WiFi 覆盖和 i-Beacon 应用场景定位，并通过近场感应终端、传感器等技术，实现对消费者购物轨迹的全流程跟踪。随着物联网技术的成熟以及在零售领域的应用，零售业态对技术的应用将进入第四个阶段，即"物联网+零售"，零售行业的服务边界进一步拓展。以天猫为代表的新零售平台，通过云计算、大数据、人工智能等互联网底层技术能力，链接品牌商、供应商、分销商、服务商等零售业态伙伴，向着自助化、智能化发展，形成全新的商业基础设施，赋能合作伙伴，与消费者产生全新的链接和互动，技术发展为新零售产生提供了土壤，新零售沿着如上轨迹产生、发展、成熟。多样化消费需求的主要特征体现在两个方面：一是不同个体表现出越来越多样的消费需求；二是同一个体在不同生活场景或领域的消费需求可能存在较大差异。总体上，其特点可概括为"广泛性、个体性、情感性、多样性、差异性、易变性和关联性"。

4.4.6 消费者决策行为强化零售业态信息职能

零售业态职能是为了发挥零售业态作用所需要完成的活动与功能。零售业态的职能来源于零售的职能，在传统流通经济学研究过程中，零售主要职能包括供求匹配职能、物流职能、资金融通职能、风险承担职能、信息沟通职能（祝合良，2004；赵德海，2004；徐从才，2012）[1][2][3]。从零售的职能看，传统零售最主要的职能是供求匹配职能，其作为生产与消费的中间环节，调节着生产对消费的满足程度，但在网络应用深化的背景下，网络在一定程度上替代零售环节成为匹配供求的主要来源，去中介化成为主要趋势，网络通过网络配置机制实现生产与消费的直接交互。物流职能是供求匹配职能的衍生职能，是保障供求匹配商流的实现过程。物流主要起着时空调节的职能，由于生产与消费直接交互，相应的物流活动也相应地实现了从生产者到消费者的直接交互，零售的物流职能弱化，而且随着物联网配置机制的深化，零售领域未来将实现零库存，全部库存在途化。零售的资金融通职能主要体现在社会再生产过程中零售的预付行为，提前完成了生产厂商 W-G 的货币价值的实现，保证了社会再生产的正常进行，而随着零售业态演化，零售业态的角色逐渐由商品提供向服务提供转型，零售预付行为带来的资金融通职能也在弱化。在风险承担方面，传统零售业态承担着从生产领域向消费领域转移过程中，由于时间和空间的距离，以及不确定性因素的影响，经常使零售经营者蒙受损失，同时丧失预期的利益。但从现实看，在零售业态演化过程中，由于零售业态在供求匹配职

---

[1] 祝合良. 现代商业经济学 [M]. 北京：首都经济贸易大学出版社，2004.
[2] 赵德海，胡元礼. 现代商品流通运行 [M]. 北京：中国财经出版社，2003.
[3] 徐从才. 流通经济学：过程、组织、政策 [M]. 北京：中国人民大学出版社，2012.

能与物流职能的弱化，传统时间和空间的距离带来的风险已经大大降低，零售业态风险更多地来源于创新与技术升级，传统意义上的分享承担职能也在弱化。

在传统零售业态匹配职能、物流职能、资金融通职能、风险承担职能弱化的过程中，零售业态必然经历去中介化趋势。在传统零售业态职能弱化的同时，零售业态的信息职能在逐步增强，已经演化为零售业态的首要职能。传统零售业态具有信息沟通职能，由于其是生产与消费者的中介环节，其本身是供求信息集聚的枢纽。传统零售业态通过汇集消费者信息，为生产企业产品设计、研发提供直接信息来源，同时通过各种促销手段，将生产企业信息传递给消费者，实现供求双方信息沟通顺畅、及时。随着零售业态演化，尤其是由IT时代进入DT时代，零售业态的信息职能进一步强化。通过线上线下一体化与全渠道融合，消费者的行为数据与关系数据全部沉淀在零售业态之上，消费者可以高效地通过零售业态沉淀的数据与信息，进行高效的信息搜集、处理，同时企业也利用沉淀在零售业态之上的历史数据与实时数据，高效地进行产品差异化创新。由于零售业态由商品主导向服务主导转型，消费者对服务信息搜集、处理有了更高层次的需求，使零售业态基于技术创新沉淀更新服务信息、数据，同时服务提供企业也利用零售业态的信息赋能，进行服务的创新升级。零售业态信息职能的强化，也在一定程度上说明为什么数据、信息成为零售业态演化的最基本动力，信息流为什么是商品、物流、资金流的先导。

从整个零售业态演化的历史进程看，基于消费者信息搜集、处理需求，零售业态逐步从内部信息搜索向外部信息搜索转变，基于内外部信息形成消费者复杂决策网络。消费者信息处理从主要依靠人脑向信誉依赖、云计算辅助与人工智能转变。消费者对信息搜集、处理层次的不断提高，要求零售业态逐渐趋向全渠道融合业态。

4.5 生产组织、消费者决策协同对零售业态的作用机理分析

生产组织与消费者决策协同的内在机理，体现在消费者决策进一步调

节生产组织对零售业态的作用结果上，使零售业态向更加动态、复杂的方向演化。生产组织与消费者决策系统的外在表现是协同网络的构建与数据智能的迭代。内在机制与外在表现共同作用于零售业态，构成了零售业态演化的基本动力。

4.5.1　生产组织、消费者决策协同对零售业态作用的内在机理

零售业态作为零售企业提供产品与服务的组合，在其演化过程中，其在生产组织的影响下，沿着单一结构—分工结构—模块结构—网络结构演化，同时其演化过程也是主动适应生产组织产品与服务提供的要求，提供信息、服务与体验等需求，动态匹配生产组织演化。消费者决策的作用机理体现在其作为主要的调节机制方面，由于消费者决策过程中对于信息搜集、处理的要求，使其进一步调节生产组织对零售业态的作用结果，使零售业态向更为动态、复杂的方向演化，最终更好地满足生产组织与消费者决策的要求。

具体而言，如图4-11所示，生产组织在单一结构阶段，要求零售业态提供与之相适应的经营方式，由于规模经济的需要，零售组织以单一结构为主，提供的主要业态包括百货商店、超级市场，并在连锁经营的组织形式下，使零售组织的规模经济达到了更高水平，以此匹配机械化大生产的需要。生产组织在分工结构阶段，要求零售业态提供差异化创新的信息来源与消费体验，同时零售组织也利用专业化分工体系，向分工结构演化，提供的主要业态包括购物中心、电子商务。生产组织在模块结构阶段，要求零售业态提供消费者画像与服务场所，在此阶段零售组织也向模块结构演化，并且由于其信息优势，使其向商业基础设施服务商演化。面向未来，为了适应生产组织网络结构的要求，零售业态将提供更加复杂的消费场景，为覆盖全社会的协同网络与数据智能提供数据来源，同时零售组织也开始向网络结构与自组织演化，无人业态开始大规模出现。

在生产组织对零售业态作用的结果之上，消费者决策行为对信息搜集、信息处理的要求，使零售业态在生产组织要求的演化结果之上，进一步丰富渠道选择，调整商品结构，变革组织形式，转变经营模式，推动技术变革，改变基本职能。由于消费者决策行为的调节机制的存在，零售业态基本构成要素（组织结构、方式、渠道、商品结构、组织形式、经营模式、

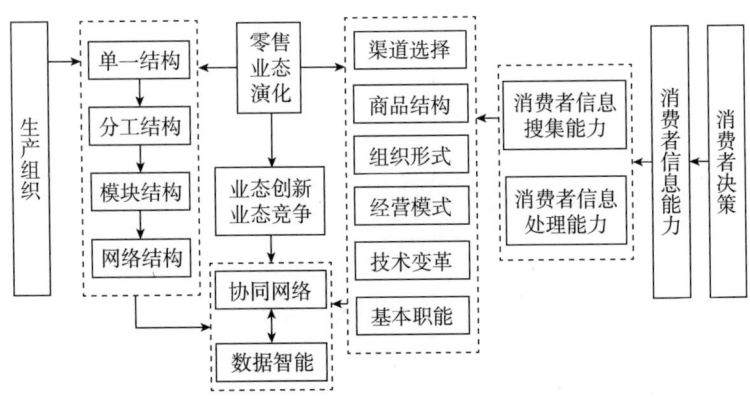

图 4-11　生产组织、消费者决策协同演化对零售业态的内在要求

技术与职能）将重新组合，推动零售业态向更加动态、复杂的方向演化，更好地匹配生产组织与消费者行为的演化。在下一轮生产组织与消费者决策升级的过程中，零售业态演化的速度与创新水平会进一步提高。

4.5.2　生产组织、消费者决策协同对零售业态作用的外在表现

通过第 4 章的分析，我们能清晰发现零售业态演化的基本动力来源于生产组织与消费者决策的协同演化。生产组织的单一结构—分工结构—模块结构—网络结构演化，必然要求零售业态与之相适应，其突出表现为零售业态的组织结构与组织方式与生产组织的动态一致。同时为了满足消费者决策的信息搜集、处理的要求，零售业态开始向全渠道融合演化，满足其消费者复杂决策网络构建的要求。在此基础上零售业态开始对沉淀在其复杂决策网络基础之上的数据进行深度挖掘、处理，经历了信息中介和个人信息助手阶段，在一定程度上满足了消费者节约认知资源的要求。更为关键的是，由于消费者信息能力的提升必然要求生产组织加速产品与服务差异化创新，其结果是在生产组织与消费者决策相互作用下零售业态演化的适应性更强，并且其创新水平、速度、层次更加深入。未来随着生产组织与消费者决策协同演化形成覆盖全社会的协同网络时，零售业态演化的外在动力将来源于协同网络构建与数据智能的应用，零售业态将在协同网络与数据智能双螺旋支撑下在更高水平进行零售价值创造。

4.5.3 零售业态协同网络构建

未来生产、消费都将在协同网络的基础上完成要素配置，作为生产、消费构成的社会协同网络的一部分，零售活动也必然向协同网络演化，协同网络将作为零售业态演化的最基本动力。传统理论普遍认为生产与消费的基本特征是决定零售业态演化的基本动力，但缺乏将生产与消费活动颗粒化的能力，即生产是如何运行的，消费者是如何决策的，生产与消费的变化对零售存在哪些客观要求，本章的创新是以微观视角，考察生产与消费活动，一个恰当的比喻是用放大镜将生产与消费活动放大，考察零售活动作为毛细血管如何连接生产与消费。上述已经分析了随着生产与消费的演化，生产活动与消费活动都将依靠协同网络完成要素的配置，零售活动必然依托协同网络完成零售活动组织。现阶段，零售组织已经开始在线化转型，但在线化仅处于初级阶段，其典型特征是将部分线下业务在线化，而且在线比例（这里的在线比例是指线上业务与线下业务的比例）较低，未来零售组织的主要目的是将在线比例提升至100%，即实现所有业务的在线化，这也是互联网时代开始至今中国所有零售组织尝试的主要活动。但所有业务全部在线化只是前台业务的在线化，未来更为关键的是为了适应所有前台业务在线化需要，中台与后台业务也将实现在线化，即中后台实现基于分布式网络的业务管理与流程优化，现阶段零售组织仍停留在局域网的 ERP 软件阶段，甚至内部各模块之间的数据共享仍有较大难度，例如不同平台之间的库存共享，线下不同门店、天猫旗舰店、App、微信公众号、共同配送中心、供应商之间的数据是不共享的，那么在更大层面的供应链优化就难以实现，更难以将业务数据、关系数据、行为数据进行沉淀，将数据作为战略资源应用于零售组织经营。未来中国零售组织的首要目标是实现前、中、后台的全面在线化，零售业态前、中、后台的具体业务流程如图 4-12 所示，前台可分为消费者、商品选择、门店经营，中台可分为渠道建设、营销沟通、供应链优化与物流组织，后台可以分为组织架构、组织变革和支付体系。在此基础上，与供应商、中介服务商、商业基础设施实现全面兼容，零售组织完成在线化，为网络配置机制提供可能。

网络配置机制具体到零售组织是指网络作为配置零售资源的基本机制

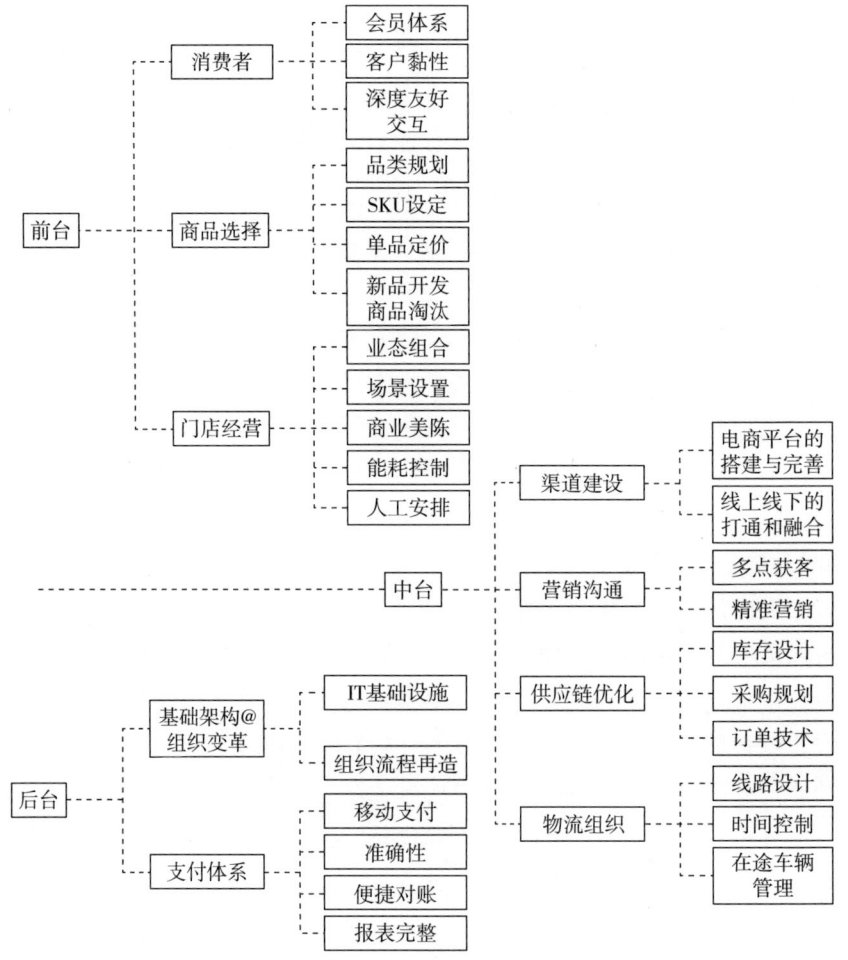

图 4-12　零售业态基本业务流程

和手段，传统新古典经济学认为市场是配置资源的基本机制，价格作为基本信号调整供求。新古典经济学将市场作为配置资源的基本机制与网络配置机制，市场的实质是交换关系的总和，主要体现在实体交换活动中的资源配置，网络的实质也是交换关系的总和，其实质是交换活动的虚拟对应，即交换关系的虚拟沉淀，网络是市场的虚拟对应，只有将市场配置机制与网络配置机制相互协调，才能做到市场配置机制的虚实统一。传统将价格作为基本配置手段是样本数据思维的主要体现，价格是最主要的交易信号，产品与服务生产、质量、流通过程等基本数据是不可得的，或者即使可获得也是不经济的,所以价格作为主要信号是样本数据条件下节约认知资源的体现,所以市场配置机制会存在缺陷。而未来在大数据条件下,市场与网络将沉淀所有交易数据、行为数据,大数据具有极大量、多维度和完备性的基本特征,在配置资源的过程中将不仅考量价格信号,还将综合所有数据进行综合考量,做出交易决策,协同网络的核心作用是沉淀所有交易数据。零售组织作为生产与消费的中间环节,将衔接生产与消费形成覆盖全社会的协同网络,通过构建复杂的交易场景,沉淀生产、消费所需的多维数据,为网络配置提供数据来源。

4.5.4 零售业态数据智能迭代

上述阐述了零售组织协同网络的来源,但一个基本问题是面对大数据,人脑在具体决策过程中不可能处理如此多维度、大量的数据,人脑必然寻求节约认知资源的途径,数据智能是辅助大脑节约认知资源、改变认知约束的必然选择。数据智能将依靠大数据、云计算,不断进行算法迭代升级,成为辅助人脑决策的主要决策要素,在数据智能的辅助下,网络配置资源得以实现。

具体到零售活动中,由于零售活动的全面在线化,仅依靠人脑决策已经很难完成实现。主要原因在于:一是实时性。传统零售活动中主要的数据来源是历史数据,人脑通过计算机辅助可以有效处理历史数据,但零售活动中最为关键的是实时数据,即在零售门店中,通过传感器会实时上传消费者数据、供应链协同数据等,人脑必须根据消费者的实时需求提供消费推荐,例如根据传感器推荐的体感温度数据,可以实时向消费者提供冷饮、热饮推荐并发送优惠信息,显然人脑是无法应对的。对于更高水平的供应链协同与库存规划,人脑更是无能为力,所以必然要求数据智能引入。二是极大量。传统的结构化数据,通过计算机辅助可以做出相应决策,但在未来零售活动中,结构化数据会仅占5%,更多的视频、图像、位置等非结构化数据将成为决策的主要数据来源,显然对于非结构化数据,人脑是无能为力的。现阶段,零售业态普遍尝试在零售活动中应用实时推荐系统,匹配生产与消费,阿里巴巴的"千人千面"系统和亚马逊的协同过滤(Collaborative Filtering)算法最为典型。在线下零售业态中,也基于数据尝试实时推荐,尤其是基于位置(LBS)技术的广泛应用。

数据智能的引入是实现零售活动数据闭环的核心,零售活动数据闭环是指协同网络产生大数据后,数据智能和在线化的人将根据历史数据、实时数据、想法数据进行决策,决策过程会自动完成零售活动的更新迭代,在此更新迭代过程中将产生新的数据丰富下一步决策,形成累积因果的循环过程,这个循环过程是指数据闭环,数据闭环将有效形成零售活动的自组织。近年来,无人业态成为零售业态的演化热点,其突出表现为通过传感器实时采集数据,并通过消费者零售数据沉淀,完成数据闭环与自组织,京东无人便利店、天猫小店都是在数据闭环的基础上完成自组织的,在其基本业务流程中,仅在物流配送环节涉及人工辅助,但不影响数据闭环的形成。

4.6 生产组织、消费者决策协同对零售业态的作用结果

生产组织演化的结果是厂商价值创造能力的不断提升,价值创造能力提升的根本来源是资源配置效率在网络配置机制的作用下不断提升。而消费者决策在消费者复杂网络的作用下,其信息能力不断提升,效用水平逐步提高。生产组织与消费者决策协同作用的结果是生产与消费在更高水平上的均衡。生产与消费在更高水平上的均衡要求零售组织不断按照单一结构—分工结构—模块结构—网络结构演化,零售业态不断满足信息中介与个人信息助手对信息的要求,最终在生产组织与消费者决策协同演化的交点不断演化。具体而言,在生产组织单一结构、分工结构阶段,厂商提供标准化产品,消费者信息能力低下,为了双向匹配生产与消费,零售业态仍以百货商店、超级市场、连锁经营为主导,一方面其满足了厂商规模经济与分工深化的要求;另一方面也满足了信息中介,提高消费者信息能力的要求,此时生产组织与消费者行为在 A 点均衡,零售业态价值创造能力较低(见图4-13)。随着生产组织进入模块阶段,厂商的差异化程度不断提高,消费者信息搜集开始依赖于复杂决策网络,信息处理开始借助消费者决策数据智能,为了匹配生产与需求,零售业态开始向购物中心、电子

商务主导演化,此时生产组织与消费者行为在 B 点均衡,零售业态价值创造水平进一步提高。未来随着生产与消费依托于网络配置机制,实现动态匹配,零售业态将在更高水平上完成价值创造,此时生产组织与消费者行为在 C 点均衡。

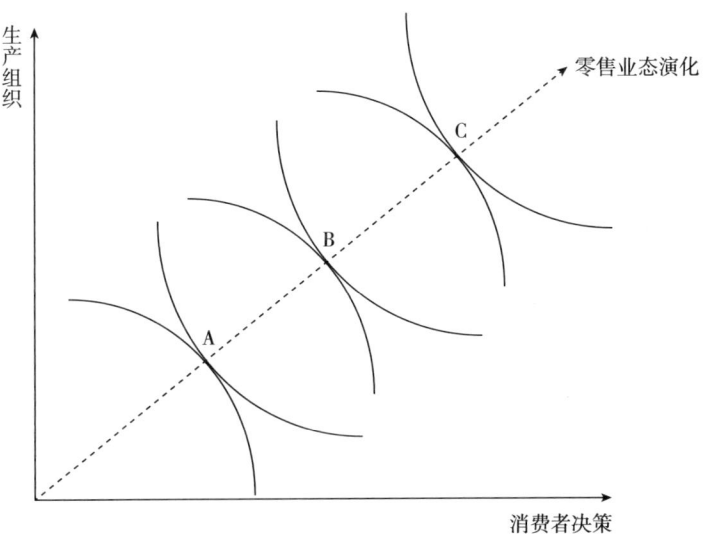

图 4-13　生产组织与消费者决策协同作用下零售业态动态均衡

4.7　零售业态中间环节存在的必要性

流通是生产与消费的中间环节,在大数据时代,生产与消费可以直接建立连接,去流通环节、去中介化成为未来的趋势,作为流通活动的主要承载主体,零售业态还有存在的必要吗?

4.7.1　去中介化趋势

新古典经济学均衡分析的前提是生产者与消费者同时见面,抽象掉了流通环节,但在长期时间内社会的现实是流通环节长期存在,这使得理论与现实相去甚远。随着计算机应用的深化,互联网机制的核心是将厂商与消费者颗粒化成为整个网络中的节点，由此可以预期供求双方在互联网的配置机制下实现了"时空错开、同步并联"（何大安，2018）。计算机网络、无线射频网络、物联网的普及应用正在消除中间环节，即商品与服务的供给、需求不再需要中间商，这种互通互联在提高产品和服务供需合同的签约率以及减少产品库存的同时，充分展现了互联网应用扩张对资源配置的作用过程。现实典型企业的实践也在验证去中介化的趋势，大量以去中介化为显著特征的企业发展势头强劲，如阿里巴巴、京东、亚马逊等。同时厂商全面在线化，依靠智慧物流的支撑，直接将商品从生产转移到消费环节，去中介化成为网络深化下典型企业的转型发展方向。全面的去中介化，在一定程度上验证了新古典经济学中的生产与消费直接见面的均衡分析，同时在全社会制度不断完善的情况下，也进一步验证了新制度经济学派关于交易费用的基本理论。从基本理论出发，网络深化为生产与消费活动提供了技术支撑，传统零售企业供需匹配的基本作用被互联网逐步替代，全面的去中介化成为理论界与企业界普遍赞同的基本做法。

4.7.2 再中介化现实

从理论上看，网络协同通过计算机网络、无线射频网络和物联网，配置有形要素与无形要素，流通作为中介从理论上看必然逐步取消，那么为什么流通企业还需要长期存在呢，在去中介化过程中为什么还要再中介化呢，其原因在于利用复杂的交易场景，形成更多触点与接触机会，采集零售商与消费者之间的交易行为数据，零售商与生产企业之间的商品交易关系数据为互联网配置提供数据来源。

传统零售活动中，零售商与消费者之间是简单的商品交易关系。新零售下，零售商与消费者触点增多、触面增大，建立更加紧密的情感联结，最终带来了消费者获得感提升。零售商延伸触点进入消费者的需求链，通过大数据，新零售平台更精准地还原消费者消费图谱，实现对消费者需求的深度挖掘，走进消费者的生活方式。新零售平台根据消费者的需求提供增值服务，将需求信息反馈给生产厂商，使市场能够及时提供满足消费者需求的产品和服务，由此，零售商成为了消费者的采购服务者和需求代言人，零售商与消费者形成了一体化的紧密联系。新零售依托零售平台商实现了线上、线下、移动端以及各种终端的全面打通和融合，从而为品牌商、

4 生产组织、消费者决策协同对零售业态演化的作用机理

零售商、分销商、服务商在平台上进行全渠道的整合营销传播提供了可能。全渠道融合增加了品牌商、零售商与消费者的接触点和接触机会,打破了时间和空间的约束,使品牌商、零售商与消费者之间的重复接触和持续接触成为了可能。

另外,服务消费比例的提高。由于大部分最终需求型服务具有高收入弹性(Foger,2007)的特征,随着收入水平的提高,服务需求在总需求中的比重将逐渐提高。尽管商品与服务的界限不是十分清晰,但与商品相比,服务作为一种经济活动还是表现出一些显著的特征。服务具有如下特征:无形性(Intangibility)、不可分离性(Inseperablity)、异质性(Heterogeneity)、不可存储性(Perishabilty),简称服务的 IIHP 特征。由于服务消费生产与消费同时进行,无论网络配置机制如何高效,消费者仍然需要在线下接受服务厂商的具体服务提供过程,这是互联网无法解决的基本问题,这也是典型零售企业加速布局线下消费场景的最主要原因,同时零售业态服务主导的基本经营逻辑的转型也验证了网络配置机制不能解决服务不可分离的基本特征,餐饮、娱乐、摄影、诊所、儿童教育等服务业态成为购物中心的主导。同时服务消费对信息搜集处理的特殊要求,也使零售业态长期存在。服务的无形性是在和商品对比中产生的,服务的空间形态基本上是不固定和不直接可视的,因而往往是无形的。一方面,服务提供者通常无法向顾客介绍空间形态明确的服务样品;另一方面,服务消费者在购买之前,往往不能感知服务,在购买之后也只能觉察到服务的结果而不是服务本身。同一种服务的消费效果和品质往往存在显著差别,这种差别来自于供求双方。一方面,服务提供者的技术水平和服务难度常常因人、因时、因地而异,于是服务业也随之发生变化;另一方面,服务的消费者对服务也可能会提出特殊要求。因此,同一种服务的一般与特殊的差异是司空见惯的。正因为服务的异质性,服务质量标准也不确定。服务的异质性使得服务质量具有很大弹性,即为服务行业创造优质服务开辟了广阔的空间,又为劣质服务提供了可乘之机。基于上述服务的特殊属性,在服务消费过程中,需要消费者搜集更多的服务信息,同时也要求零售业态自身沉淀更多数据,满足消费者信息搜集的要求。

4.8 多元零售业态同时存在的格局分析

本书尝试探索微观生产组织、消费者决策在演化过程中个体典型性趋势与特征,重点说明企业决策与消费者决策的相互作用机理,以此探索零售业态演化的过程与趋势。但由于微观生产组织与消费者决策的异质性以及其相互动态作用的多样性,导致在未来多元零售业态同时存在的格局长期存在。现阶段,从生产组织看,单一结构、分工结构、模块结构、网络结构普遍存在,由于生产组织结构的差异性,导致其在配置资源的过程中组织方式的差异,科层组织、市场组织、网络组织普遍存在,必然对零售业态的客观要求存在较大差异。同时,在消费者决策过程中,信息搜集、处理能力的差异也导致对零售业态客观要求不同,零售业态在渠道选择、商品结构、组织形式、经营模式、技术变革、基本职能等组合存在显著差异。其结果是在消费者决策与生产组织动态匹配的过程中,导致多元零售业态同时存在的格局。更为关键的是,由于零售业态组织结构、组织方式、渠道选择、商品结构、组织形式、经营模式、技术变革、基本职能等组合差异,使得零售业态内部竞争加剧,零售业态进行细分,这也在一定程度上说明了中国零售业态将进入深入演化阶段,购物中心细分为超级区域型购物中心(商业综合体)、区域型购物中心、社区型购物中心、邻里型购物中心,超市细分为生鲜超市、精品超市,便利店细分为无人便利店、服务型便利店、生鲜便利店,这些都在一定程度上验证了多元零售业态同时存在并进一步细分的基本格局。

4.9 本章小结

本章在系统阐述微观生产组织、消费者行为演化的基础上,说明微观生产组织与消费者行为协同演化的结果是覆盖生产、消费的全社会协同网络的形成。由于信息具有二重性,任何信息都代表着相应的实体活动的要素、资源和事物,反映实体主体的存在、活动与关系,信息是物质存在的反映,同时信息是实际存在和变化的资源、活动和行为,信息是报酬递增的核心要素。协同网络形成的真正价值在于生产、流通、消费的所有行为数据、活动数据、关系数据都沉淀在协同网络之上,为互联网配置机制的形成提供了数据来源。在协同网络基础之上,重点阐明大数据、云计算、算法、人工智能之间的关系,在协同网络提供极大量、多维度和完备性大数据的基础上,云计算提供了算力支持,算法在解决实际问题的基础上,根据实际问题的动态变化,不断优化迭代,社会进入自组织阶段。

零售业态作为一种提供产品与服务的经营形式,其演化也遵循着微观生产组织的一般规律,由单一结构、分工结构、模块结构向网络结构演化,现阶段零售业态的主要形式是模块结构,支付、物流、社交等商业基础设施逐渐模块化,为零售业态演化赋能。商业基础设施在演化的过程中逐步呈现出网络经济新特征,尤其随着沉淀在零售生态系统上的数据的增加,报酬递增逐渐由特殊性向普遍性转变。为了适应消费者行为的变化,零售业态逐渐由信息中介向信息助手转变,满足消费者信息搜集、处理的需要,尤其是在服务的需求比重逐步提高的过程中,为了解决服务异质性与无形性的要求,零售业态将沉淀更多数据,满足服务消费的信息需求。

5

零售业态演化的趋势、模式与特征

在第 4 章我们重点介绍了在微观生产组织与消费者行为客观要求下零售业态的演化趋势,但没能明确未来的图景,即未来零售业态演化的趋势究竟如何。在微观生产组织与消费者协同作用的背景下,零售业态客体、主体、载体、商业关系等将发生深刻变化。

5.1 零售业态演化的内在本质

零售业态演化的内在本质是社会关系的刻画,在此基础上形成多源异构的网络大数据,依托大数据形成零售业态外在智能零售的升级。在生产智能化与消费者决策智能化的基础上,零售业态作为生产与消费的中间环节将起到什么作用?未来,生产组织与消费者都将成为协同网络的节点,生产与消费者之间的买卖行为会简化为节点间的交互,在大数据、云计算、算法、人工智能的支持下,厂商与消费者之间的双向匹配会通过网络配置机制完成。具体而言,厂商的产品在线下物流体系的支撑下,将直接配送到消费者手中,那么零售业态商品销售的基本功能在一定程度上将丧失,那么零售业态还有存在的必要吗?

马克思对人的经典论述认为"人的本质不是单个人所固有的抽象物,

在其现实性上,它是一切社会关系的总和"。人作为单个固有的抽象物,其需要基本商品满足其生存需要,网络配置机制可以完成其商品购买的过程。但现实是人是社会关系的总和,是社会人,随着人类改造自然、改造社会的实践活动日益深入和扩展,历史地形成了复杂多样的、多种层次的社会关系。马克思主义哲学科学地揭示了各种社会关系之间的从属关系,据此将社会关系分为物质关系和思想关系两种基本类别。

零售业态存在的必要性与基本作用主要体现在人的社会关系的匹配,即零售业态存在的必要性是完成人的社会性,即为人与人、人与社会的关系交互提供联系,这与零售业态的本质是一致的,零售业态存在的首要本质就是联系,双向匹配生产与消费,只是未来匹配的范围将扩大到全社会。消费的现代性赋予零售业态网络经济的特征。零售商成为了创造者,创造出一定的主题来反映特定的想象(石奇、岳中刚,2008),也成为了管理者,管理私人空间并服务于公共目的,进而他们为社区的形成,为人们表达自我搭建了一个平台,而这个平台是人们展示象征性文化资本的舞台。在这种情境中,消费者不是被迫而是以创造性的方式进行消费,随时随地表现出自己是谁(或者说他们希望别人认为自己是谁),并不断地通过商品来进行表达,向外构筑社会象征,向内构筑自我象征。由此可见,现代消费者消费过程的"自我表达性"构成了零售业态作为交易平台的社会需求基础。与产品自身相比,购物的过程变得越来越重要。消费者更加注重生活化、个性化、互动化的现场购物体验,要求零售业态由商品提供向提供社交、体验平台转变,零售业态逐步转型为满足消费者多样化需求的平台(Haslop,1998)。

那么上述所说的零售业态的存在是为了提供多样化服务与复杂交易场景,与本节所提到的零售业态存在的内在本质是为了完成人的社会关系的交互是否存在矛盾。其实零售业态提供多元化服务,由于服务具有生产与消费同时进行的特征,多元化服务不仅是建立服务提供者与消费者之间的关系,更为关键的是提供了多元化的社交关系,如餐饮、娱乐、休闲的本质是提供人与人之间的社交关系。提供复杂的交易场景的实质也是通过场景的创新搭建新的社会关系,如今,部分购物中心不再尝试服装的销售,而将设计师工作室引入购物中心,不仅是为了使消费者与服装设计师的持久关系确立,更为关键的是通过设计师分享沙龙,使其与其他服装设计师、服装制造商建立互动关系成为可能。出版商在购物中心设立书店的初衷也是为了建立与消费者的关系，更为关键的是通过读书分享、作者分享建立多元化的社会关系。便利店成为投资风口的关键也是便利店通过社群（微信群）重塑了社区的关系。

面向未来，零售业态的主要功能是匹配社会关系，但社会关系的互动与大数据、云计算、算法、人工智能存在契合点吗？其实社会关系与大数据是高度契合的，其底层逻辑是一致的，大数据、云计算、算法、人工智能应用的基础和实质就是社会关系，我们知道大数据的信息性质及其对相关关系的凸显，促使人们对相关关系及其与因果关系的关联进行深入反思。大数据的本质是相关关系，其改变了传统依靠样本数据进行因果关系演绎的思维逻辑（Viktor Mayer-Schönberger，2013）[①]。相关关系并不比因果关系重要，人类的本质是因果关系（周涛，2014）。不管是因果关系还是相关关系，以及因果关系与相关关系之间的联系，其核心都是社会关系范畴。大数据应用的核心是处理社会关系，零售业态的内在本质是沉淀社会关系，通过大数据配置社会关系，大数据与零售业态演化的内在本质是高度契合的。

零售业态演化的本质是社会关系的刻画，通过社会关系的建立与刻画，零售业态将长期存在并且多业态并存。零售业态演化本质的存在使得其满足生产组织与消费者决策对信息、体验、服务的需求，尤其满足了对信息的需求。基于社会关系的刻画，零售业态将沉淀海量、多维的关系数据，通过关系数据的沉淀与挖掘，使得零售业态的外在具有智能零售的基本表现形式。

5.2　零售业态演化的外在表现形式

零售业态演化的内在本质是沉淀社会关系，为了沉淀社会关系，零售业态外在表现形式将向智能零售演化。智慧零售是在零售活动的全过程融

[①] 维克托·迈尔-舍恩伯格. 大数据时代：生活、工作和思维大变革［M］. 杭州：浙江人民出版社，2013.

入数字化、智能化技术与应用，通过传感器、计算机视觉等技术完成零售活动全过程的感知与数据采集，完成零售业态"人、货、场"的重构，最终实现消费者、供应链和场景精细化运营实施全链条管理与控制。智能零售的核心是以消费者为中心的零售活动的生态化，生产设计、物流仓储、集中采购、场景售卖、服务活动、经营管理、资金流转等环节都逐渐融入数据化和智能化的平台，最终达到零售商效益优化，消费者体验优化，实现万物互联智能决策的自主商业。

智能零售的基础是技术升级，面向未来智能零售的数据要求，在5G的支持下完成门店的智能化升级与改造，实现"场"的重构。具体而言，通过零售全过程的物联网布局，以计算机视觉技术、传感器等技术采集零售过程的全部消费者行为数据，在此基础上完成商品选择与门店经营，通过消费者选择过程中沉淀的数据，完成品类规划、SKU设定、新品开发与商品淘汰，通过历史数据与实时数据，对业态组合、场景设置与商业美陈进行调整，同时针对门店的数据采集，完成中、后台的优化。在门店的数据采集过程中，未来发展的趋势是数据闭环，即数据采集、更新、决策的全过程都不需要人为介入，无人业态（门店）将大范围普及。同时应对消费者购物渠道无处不在的趋势，智能零售将实现在移动端、PC端、实体渠道的全渠道融合，同时实现全渠道数据共享与供应链协同，保障采集数据与零售要素的优化配置。

对于消费者行为数据的全过程采集，为消费者画像提供可能，消费者画像的基础是零售业态中沉淀的历史数据，以及与零售业态兼容渠道获得的历史数据，基于历史数据库，将实现对消费者的细微观察，同时在消费者进入零售业态时获取实时数据，以历史数据、实时数据为基础，将消费者行为限定在特定的时间与空间，更加精准地了解消费者需求。消费者的决策行为在不同的时间与空间是不同的，例如在每天的不同时段、工作日与周末其需求都存在显著的差异性，在熟悉的生活空间与陌生的生活空间其需求也存在明显差异。对消费者形成数据的全过程采集，将明确消费者的显性需求，同时通过商品推荐与服务优化满足潜在的隐性需求，最终做到"比你更懂你"。

智慧零售对商品的优化主要体现在不同渠道的再配置。例如，对于标准化产品，智慧零售将通过线上渠道，在线下物流的支撑下，直接配送到消费者手中。对于个性化、差异化长尾商品,将依靠线上线下融合方式,在线上借助淘宝、京东等旗舰店的流量优势,在线下通过智能门店的实体展示体验,完成消费者个性化、差异化需求。而线下智能门店提供的主要商品是多样化的服务,便利店、生鲜超市等将面向社区需要,以满足消费者基本服务需求为目标,购物中心、百货商店将以满足消费者休闲、社交需要为目标,布局更多满足目标人群需要的服务。

智能零售通过对"用户、商品、场景"的重构,实现零售活动的全面数据,全面数据将带来精准化,无论是市场细分颗粒度,还是商品和服务的颗粒度都将越来越精细。通过"数据+算法"围绕业务场景,通过全渠道、数字化、场景化的改造,使实体零售实现降本增效,实现从生产端到最终销售端的全面提升改善。

5.3 零售业态演化的商业模式

现阶段,已经有不少学者对零售商业模式进行了研究,但缺乏对零售商业模式的根本认识,基本的概念仍存在误用的状态,商业模式、经营模式、盈利模式等概念混杂,导致了零售商业模式研究的科学性与延续性难以保证。

从现有商业模式研究来看,国外对商业模式的定义分为经济类、运营类和战略类三类(Morris et al., 2005)。事实上,单从经济逻辑、运营结构和战略方向的任何一方面都无法真正说明为什么企业的商业模式有效,并且难以模仿。要想抓住商业模式的本质,必须将这三方面综合起来考虑。正是这三方面的相互配合和相互促进,企业才能获得一种根植于自身的、独一无二的商业逻辑。本章认为商业模式是一种描述企业如何通过对经济逻辑、运营结构和战略方向等具有内部关联性的变量进行定位和整合的概念性工具,说明了企业如何通过对价值主张、价值网络、价值维护和价值实现四个方面的因素进行设计,在创造顾客价值的基础上,为股东及伙伴等其他利益相关者创造价值。其中:①价值主张和价值维护可归为战略方向方面,价值网络可归为运营结构方面,价值实现可归为经济逻辑方面;

②商业模式从本质上讲是企业的价值创造逻辑,而价值是通过顾客、伙伴、企业的合作被创造出来,并在它们之间进行传递和消费,因此,我们应当从顾客价值、伙伴价值和企业价值三个角度研究企业的价值创造活动;③从层次上看,顾客价值、伙伴价值和企业价值三者处于不同层次——顾客价值是基础,伙伴价值是支撑,企业价值是目标。

零售业态商业模式是指零售组织如何通过对价值主张、价值网络、价值维护和价值实现四个方面的因素进行设计,实现零售活动参与者价值创造的逻辑。具体而言,长期形成的C2C、B2C、C2B其实质就是零售业态商业模式。目前主要学者将C2C、B2C、C2B定义为电子商务的分类,忽视了其背后零售活动中价值创造各参与主体的关系、价值创造作用与价值创造过程,而这种总体的价值创造逻辑恰恰是零售业态的商业模式。以B2C为例,长期以来零售业态商业模式都以B2C为主,其代表是在价值创造过程中,企业占主导,消费者是次要的、被动的,而在价值创造的过程中零售企业通过不断提高效率来创造价值,价值创造过程即通过供应链优化与电子商务来实现效率水平的提高。被理论界普遍接受的四次零售革命,即百货商店、连锁经营、超级市场、电子商务的核心商业模式即是B2C,即为了适应工业化大生产的要求,形成的零售组织化水平不断提高的以零售企业为主导的价值创造逻辑,百货商店、超级市场是单点模式,连锁经营是组织化提高的模式,电子商务是虚拟化的模式。近年来,随着经济的发展出现了平台模式,现阶段仍然是以平台模式为主导。

5.3.1 P2B2C模式

现有零售业态商业模式的核心是平台模式(Platform Model),平台的本质是双边市场,双边市场的基本要素包括价格结构非中性、交叉网络外部性与平台结构。零售业态作为厂商与消费者的中介平台,具有典型的平台结构,同时其经营的核心是平台两边消费者与厂商数据的多寡。依照零售业态在价值主张、价值网络、价值维护和价值实现过程中的关系,可以将平台模式简化为P2B2C。P是指零售业态(零售平台);B是指商品与服务提供的厂商,并且以中小企业为主;C是指消费者。零售业态的基本活动是通过B与C的紧密互动而驱动的,这一互动通过零售业态的全渠道融合实现。与传统的B2C模式不同,传统的B2C中零售业态与厂商的关系是竞争,而在 P2B2C 中零售业态与 B 的关系是赋能关系，零售业态通过沉淀在全渠道平台上的数据资源，将消费者行为数据传递给厂商 B，使厂商提供满足消费者需要的商品与服务，并在零售业态与厂商持续互动中加速差异化与创新。同时零售业态为厂商 B 提供稳定的消费者流量，零售业态与厂商 B 的关系转变为合作关系，厂商 B 离开零售业态的支持无法独立完成对客户的服务。

现阶段，购物中心、百货商店、专业店商业模式都趋向于 P2B2C，以购物中心为例，全球正经历购物中心结构优化与转型升级的趋势。在分析绩效水平较高的购物中心典型案例时，不难发现其典型商业模式都采取 P2B2C 模式，在这个过程中首先观察零售活动参与者的关系，P2B2C 商业模式中，消费者开始处于主导，但现阶段 B 即中小企业没有直接满足消费者的能力，必须借助购物中心 P 这个平台进行赋能，购物中心的赋能主要体现在：一是根据差异化定位，形成稳定的目标群体，这个群体以年龄结构划分居多，稳定的目标群体是 B 生存的前提；二是为 B 提供大数据支持，大数据赋能类似于传统商务智能 BI（Business Intelligence），用来分析数据，给 B 提供决策支持和经营优化；三是厂商 B 之间的集聚与学习效应获取，设计师分享店集聚于购物中心就是 B 之间的集聚与学习效应获取的主要体现，但 B 的集聚也是购物中心作用的体现。P2B2C 作为平台经济时代在零售业态的复制，平台 P 是兼顾了厂商 B 与消费者 C 的利益，P2B2C 作为一种中间过渡性商业模式，其实质体现在双边市场的交叉网络外部性。未来在网络协同作用下，零售业态商业模式会向 C2B 演化。在 P2B2C 中为双边赋能的是零售业态，而在 C2B 商业模式中，为厂商和消费者赋能的是协同网络。

5.3.2 C2B 模式

零售业态从 B2C 到 P2B2C，典型的变化趋势是零售业态价值关系从竞争到合作，其中消费者从被动接受到参与价值创造，在未来零售业态从 P2B2C 到 C2B 转化时，消费者将从参与价值创造到在价值创造中占主导地位。零售业态 C2B 模式是在零售价值创造过程中改变价值创造的起点，价值创造的起点是消费者决策，价值创造起点的变化，将导致价值关系、价值创造过程、价值创造参与要素的重构。

5 零售业态演化的趋势、模式与特征

零售业态从P2B2C到C2B的支撑是全渠道融合基础上协同网络的支撑，由于全渠道融合与网络支撑，零售业态与消费者可以低成本、高效率的完成与消费者的持续互动过程，传统B2C与现阶段P2B2C模式，由于全渠道融合与协同网络的缺失，导致零售业态在与消费者互动方面成本较高，所以对消费者显性需求与隐性需求难以知晓。在C2B阶段，基于历史数据与实时数据，建立基于特定时间、空间的消费者画像，在此基础上使按需提供精准商品与服务成为可能。传统B2C阶段由于交互成本高，零售业态与消费者之间的信息交互大多是单向交互，在C2B阶段，由于社交网络、即时通信的出现，双向交互成为主流的方式。双向交互不但保证了消费者得到符合预期的产品，更希望通过交流成为产品研发和设计的决策者，他们希望产品中有自己的想法和创意，能够体现出自己独一无二的个性，满足个性消费潮流和消费行为的变化。

在P2B2C阶段，为了适应价值创造的需要，零售业态以联营为主，零售业态以店铺租赁与物业管理获取利润。未来随着C2B模式的确立，由于零售业态在与消费者互动方面的优势，其能充分获取消费者大数据，数据将成为零售业态的基本资源，在此基础上零售业态将逐渐回归自营，其根本原因在于利润的比较，如果零售业态仍以联营为主，不但获取的数据资源无法变现，更为关键的是，如果简单地将数据赋能给商品与服务的提供厂商B，厂商B将获得高额利润，而零售业态自身利润水平仍保持在一定水平，所以基于对数据变现与利润的比较，零售业态将向自营回归。通过沉淀在零售业态之上的消费者行为数据，定制个性化商品与差异化服务，通过协同网络配置资源，完成商品与服务的提供。同时在传统的P2B2C模式中，零售业态对于商品与服务的质量与体验难以控制，在未来转向自营的过程中，其可以对商品与服务的质量、消费体验进行把控，实现消费者购物体验的整体提升。

具体到零售业态，其C2B商业模式是指整个零售业态演化与创新以消费者为主导，驱动整个零售业态价值网络构建。面对未来生产与消费的变革，零售业态建立起和客户持续的互动，沉淀消费者行为数据，从经营商品向经营数据转变。依托零售业态数据优化，通过定制或采购个性化商品满足消费者个性化、多样化需求。提供多元化服务，以服务为主导，满足消费者不断提升的服务需求数量、质量的要求。

5.4 零售业态演化的趋势分析

零售业态演化的主要趋势，可以细分为业态主体、业态客体、业态渠道、业态活动等具体经营内容，通过具体经营内容的新变化，阐释零售业态演化的趋势。

5.4.1 零售业态主体的新角色

在整个零售业态演化的过程中，作为零售业态经营主体的零售组织其角色在不断发生改变。从第三次社会大分工开始，零售组织开始充当生产与消费的中介，由于连锁经营的出现，零售组织开始在价值传递过程中处于主导地位，生产厂商必须借助零售组织才能完成整个商品与服务价值的实现。在平台模式下，组织者和服务者成为零售主体的新角色。传统零售活动中，零售商的角色是专业化的商品交换媒介，从事的是面向消费者的商品转卖活动——零售商向上游供应商采购商品、向下游消费者销售商品，零售商赚取中间差价。在我国零售业发展过程中，零售商中介的经销职能部分被弱化，零售商不再具备经营能力，而成为品牌商与消费者进行交易的平台或通道，"租赁柜台+商业地产"盈利模式偏离零售服务核心，不可持续。此时，零售商为供应商和消费者的直接接触提供了平台，零售商向供应商收取相应的费用。在零售业态演化未来情境下，零售主体在商品交易活动中的角色发生了变化，阿里巴巴这样的新零售平台不仅以中间商或者平台的角色出现，而且成为了整条产业链中商品交易活动和商务关系的组织者和服务者。对于下游消费者，新零售平台走进消费者的生活方式，了解消费者的潜在需求，为消费者提供满足需求的商品和一系列商业服务组合，成为消费者的组织者和采购者。为上游供应商提供精准的消费者需求信息，从而走进供应商的价值链，为供应商的生产研发活动和市场推广活动提供服务和帮助，成为上游供应商的服务者。因此，在未来零售业态演化情境下，组织商品交易的顺利完成只是零售主体的部分角色，在更大程度上零售组织者将成为消费者大数据资源的开发者，并利用自身强大的大数据分析处理能力和计算能力，为产业活动的参与者提供一体化的服务，可以说，成为产业链活动的组织者和服务者是新零售赋予零售商的新角色。随着未来 C2B 商业模式的出现，零售组织的角色还将继续发生改变，从现阶段的组织者、服务者向价值创造的最终实现者，其突出的体现是，基于清晰的数据绘制消费者画像，零售组织将向商品与服务提供者转变，最终高质量的满足消费者需求，实现消费者提出的价值主张。典型的零售组织在探索未来零售业态演化中的角色时，纷纷转向最终的价值实现者，阿里巴巴基于数据技术与数据优势，在线下布局盒马鲜生、银泰百货等业态，其突出的体现是将数据变现，为消费者提供更优质的三公里生活服务。

5.4.2 零售业态客体的新内容

零售业态客体是指零售业态承载的商品与服务，伴随着零售业态主体角色的变化，零售业态客体也将发生根本性转变。零售业态客体的作用在于满足消费者的最终需求。面向未来，零售业态客体将承载更多的零售业态主体与消费者的关系并形成触点、触面，通过触点、触面完成消费者行为数据挖掘与消费者交互。需求的多样化、个性化。需求的多样化的直接结果是消费者不仅需要多样化的商品、更需要多样化的服务，而且由于服务的需求收入弹性比商品高，人类社会越发展，对服务的需求越多。与消费者直接相关的是消费性服务与公共服务，一般认为随着收入水平的提高，消费性服务与公共服务的收入弹性也较高。富克斯计算的工业品的收入弹性为 1.05，服务的收入弹性为 1.12。Fogel（1999）通过对美国支出结构的分析，得到了大部分最终需求性服务具有较高收入弹性的特征。在零售业态客体中，服务提供成为主流，原本的商品与服务比例界限不断被打破。购物中心、百货商店、折扣店、专业店等大型业态提供多元化的服务已经成为共识，大型零售业态转型的核心是提供少而精的商品，主要场地与资源用于服务的提供，未来购物中心可能不经营商品，只提供服务，只要消费者需要的服务都可以在购物中心提供。小型零售业态变革的核心是不断提高效率，但不妨碍小型零售业态的服务化转型，便利店、生鲜超市靠近消费者，只要消费者需要的服务，都在逐步提供。从商品看，未来标准化产品可以依托高效的物流体系，完成线上渠道的销售。而线下零售业态主要以提供个性化、差异化产品为主。就产品而言，定制产品成为主流，科技的应用使得定制的交易费用下降，定制产品不仅局限于高端产品，如成衣、珠宝，定制服务将向消费者的全面需求扩展。

在典型零售业态的调研过程中，清晰地发现，现阶段，在经营较好的零售业态以及刚开业的零售业态中，普遍向提供个性化商品定制与多元化服务转型。以新年开业的北京中海环宇荟购物中心为例，在该购物中心的定位过程中，充分利用高德地图对目标人群进行分析，制定了以社交属性及商务属性为核心的目标定位。在客体选择过程中，基于多元化、高品质的服务需求引入了80余家覆盖生活、文创、休闲、运动、美食等各个偏好维度的品牌，基本涵盖目标人群服务的需求。在商品选择过程中，没有将传统的服装鞋帽品牌引入购物中心，而是以集聚设计师体验店为主，通过设计师分享会和消费者深入参与，为目标群体提供个性化定制服装鞋帽的需求。在商超选择方面，其引入超级物种精品超市、京东无人店等精品零售业态，满足白领精英的高层次消费、体验需求。

5.4.3 零售业态渠道的新形态

在零售业态演化过程中，经历了线下渠道、线上线下融合渠道、全渠道融合阶段。未来零售业态的渠道选择将以全渠道融合为主。全渠道融合是指利用所有平台与途径，每时每刻想买就买。由于消费者信息搜集依赖于复杂决策网络，消费者的购物场景将极度分散化，线上线下多场景的组合，将使得购物场景极度丰富化，为了适应消费者购物场景的变化趋势，零售业态势必向全渠道融合演化。"全渠道零售"（Omni-channel Retailing）由Rigby首次提出，自2013年开始，全渠道零售越来越多地被提及或引用。它是指企业采取尽可能多的零售渠道类型进行组合和整合销售的行为，以满足顾客购物、娱乐和社交的综合体验需求，这些渠道类型包括有形店铺（实体店铺、服务网点）、无形店铺（上门直销、直邮和目录、电话购物、电视商场、网店、手机商店）以及信息媒体（网站、呼叫中心、社交媒体、E-mail、微博、微信）等。

全渠道融合除满足消费者购物场景的极度分散化需求外，在一定程度上满足采集消费者行为数据的要求，消费者购物场景分散化使得其行为数据与关系数据沉淀于各个购物场景，只有实现全渠道融合才能完成多源异构、多维完备的大数据要求。在全渠道融合的基础上，通过协同网络的搭建和大数据的沉淀,使得零售组织可以在更高水平上配置零售要素,通过全渠道融合对不同时间、空间的商流、物流、信息流、资金流、人员流进行优化,达到资源在时间、空间的最优配置,极大提升零售业态的经营绩效。以全渠道供应链协同为例,通过供应链协同与库存协同,在一定程度上可以将物流成本降到最低。同时在此基础上,也为人工智能的引入提供了网络支持与数据来源,人工智能在零售业态的引入,将从根本上改变零售组织资本密集型与劳动力密集型的产业属性,使零售业进入创新驱动与技术驱动时代。新零售依托零售平台商实现了线上、线下、移动端以及各种终端的全面打通和融合,从而为品牌商、零售商、分销商、服务商在平台上进行全渠道的整合营销传播提供了可能。全渠道融合增加了品牌商、零售商与消费者的接触点和接触机会,打破了时间和空间的约束,使品牌商、零售商与消费者之间的重复接触和持续接触成为了可能。

5.4.4 零售业态活动的新关系

在零售业态演化过程中,零售业态参与主体的关系先后经历了竞争、竞合、合作的演化。在传统零售过程中,其相互关系的确立依赖于在整个供应链中地位的变化,由于连锁经营的存在,零售商在供应链占据主导,其依赖渠道优势,通过渠道费用、类金融模式逐步将供应商利润转化为零售企业利润,其结果是长期零供矛盾的产生,尤其是家乐福与沃尔玛普遍采取通道费用、类金融的形式,导致零售全行业都效仿,结果零供矛盾成为中国零售业绕不开的问题,零供矛盾的核心是零和博弈。传统零售活动中,零售活动涉及的各商业主体之间的关系都简化为商品——货币的交易关系,这种交易关系的背后是产业链上各产业主体之间利益关系的对立,传统零售下,零供关系是冲突的、相互博弈的,零售商与消费者的关系是独立的、单一的交易关系,整条供应链是由生产端至销售端层层推压的推式供应链。

在新零售背景下,零售商、供应商、专业服务提供商等从传统的竞争关系,转变为竞合关系,相互依赖,开发更多盈利领域,全面降低成本,结果是利润蛋糕做大了,按照原比例分配所有人都会得到比原来更多的利润,其实质是无限次重复博弈的结果。新零售活动中的商业关系是供需一体化的社群关系,新零售下,零售商为供应商进行赋能,零供关系成为彼此信任、互利共赢的合作关系，零售商将商业的触角进一步延伸至消费者的需求链，与消费者实现了深度的互动和交流，零售商成为消费者新生活方式的服务商和市场需求的采购商，成为消费者的代言人，零售商与消费者之间形成了深度互动的社群关系，供应链转变为以消费者需求为初始点的拉动供应链模式，由此，新零售中，商业关系被重新构建，商品—货币关系转变为其背后的人与人之间的关系，供给与需求被重新打通，各主体之间形成了以信任为基础的供需一体化的社群关系。传统零供关系紧张的核心问题是信息不对称，在新零售背景下，由于供应链各环节的信息共享与信息兼容，信息完全迫使供应链上下游企业由竞争转向合作。同时，合作领域的不断增多，新零售活动中的商业关系将进一步生成关系数据。随着覆盖全社会的协同网络的形成，在整个零售活动中将进一步降低信息不对称水平，信息完全要求零售活动的参与主体由竞合关系向合作关系转变，在合作关系的基础上，商品与服务提供厂商、零售组织、消费者将共同完成价值创造，以消费者需求为价值创造起点，零售组织和商品与服务提供厂商共同完成商品与服务的设计、生产、流通环节，在此基础上，依靠协同网络完成要素的高效配置与利益的分配，实现零售业态参与主体合作共赢关系的重塑。

5.4.5 零售业态经营的新理念

在零售业态演化的过程中，其经营观念将由商品经营为主转向服务经营、消费者关系经营、数据经营为主。零售业态从经营商品向经营服务转型，在零售业态经营客体变化过程中已经进行了充分的阐述，在此不再赘述。随着零售业态的演化，在零售活动的价值排序中，消费者成为零售业态经营的逻辑起点。消费者逐渐掌握市场主权，满足消费者异质性的需求成为生产活动和商业活动的出发点。新零售就是适应消费主权时代的新理念、新模式，新零售的出发点是满足消费者的需求，新零售技术的应用、零售要素的调整和变革都是为了更好地了解消费者的生活方式，从而更精准地满足消费者需求，为消费者不断创造价值。新零售下，商业主体的价值排序实现了重构，满足消费者需求成为全部商业活动的价值起点，为消费者创造价值的人本原则成为新零售经营理念的基础。在此基础上，建立持续互动的"零售商—消费者"关系，强化多场景购物体验，提供消费数据服务。零售组织的经济职能在于为消费者提供显性的商品和隐性的服务。零售业态以用户需求为核心，经营的战略重点从商品与服务向经营消费者转型，即 $RF = G \times C^2$，其中，G 表示商品（实物商品与服务商品），C 表示消费者。该公式代表了未来零售业态经营的核心是从经营商品向经营消费者转变，并且消费者的增长不是线性与对数增长，而是指数增长，对消费者的经营将为企业带来持续的利润来源。从经营商品向经营消费者转变意味着未来零售业态将进一步向经营数据转变，零售业态在沉淀交易数据方面有着绝对优势，无论技术如何更迭，消费者势必需要社交与服务活动，围绕消费者服务需求，大量交易、活动数据将沉淀于零售组织，数据真正成为零售业态的核心要素，基于数据的优势零售业态将向出售接入的机会与出售互补产品为主，出售接入的机会即在其他零售活动参与主体在借助零售业态流量优势与数据优势时，必须为流量与数据付费，这也是数据供给—需求成为资源的利润的直接体现。同时零售业态可以基于消费者与数据，开发个性化商品与服务，这也为自营奠定了基础。

5.4.6 零售业态技术的新变革

零售领域的技术创新与技术应用是零售业态演化的基础保障，零售业态的本质是零售组织的经营形态，对于构成零售经营形态的商品、服务、环境等内容不断进行边际调整，就形成了零售业态的持续演进和变革。在零售业态产生的初期，销售即时管理（POS）、电子收银（ECR）、物流技术、网络信息技术的应用，使得零售业态商品、服务、环境等内容发生了根本性的变化，直接导致了连锁经营与电子商务的产生。面向未来，零售业态在技术创新应用的主要领域在于协同网络构建与数据智能应用。在协同网络构建方面，从零售业态前台看，通过传感器的大范围应用，形成覆盖前台的物联网搭建，保证零售业态场景布置过程中数据的全过程采集。在零售业态中台，通过面向服务的分布式数据技术架构的改造，沉淀前台、中台、后台数据，实现与中台、后台经营过程数据的互联互通。通过数据的沉淀，在数据的作用下将实现零售业态构成要素的重新配置，并以此为核心对构成零售业态的各要素再次进行边际调整，从而形成了新的零售组织经营形态。在具体的配置过程中主要依赖于数据智能的应用，通过对零售业态前、中、后台业务流程的重新梳理，以算法的引入为主要目的，通过简单业务流程的算法替代,在初始环节将实现人力资源的节约,随着简单算法的迭代和大规模的普及,将在局部业务流程实现自组织,最终实现零售业态全过程自组织。现阶段,便利店在协同网络与数据智能双螺旋驱动下,开始逐步实现向无人货柜、无人货架、无人便利店的转型升级,未来更多零售业态将逐步实现数据智能对人工的替代,使得无人业态成为主要形态。

具体而言,零售业态将在多方面完成技术变革。物联网通过传感设备,按约定协议将任何物品通过物联网域名建立连接,进行信息交换和通信的网络概念,即"互联网"概念延伸和拓展到任何物品与物品之间。信息传感设备主要包括:射频识别(RFID)、红外感应器、全球定位系统、激光扫描器等。通过零售业态物联网的搭建可实现:①自动结账,消费者走出商店时自动结算;②布局优化,基于店内消费者数据全面分析;③客户跟踪,店内实时分析提升消费者体验和减少库存;④实时个性化促销,根据消费者地点、过往消费记录定向推送;⑤库存优化,基于自动货架和库存监控补货。过去20年的互联网知识整体看是零售数字化进程的一个序幕,互联网改变了交易端,但其对供应端的影响还很小,数字化进程的下一幕——物联网和智能化——对行业的改变会更加深刻彻底,在我们即将跨入的智能时代,成本、效率和体验的方式将变得完全不同,这也是未来零售业态创新和价值实现的机会所在。

5.5 零售业态演化的基本特征

零售业态演化过程中体现出的基本特征,有助于更好地识别零售业态适应性,同时也为零售业态演化提供基本方向。

5.5.1 智能感知

智能感知是零售业态获取数据能力提升的显著标准,随着元器件和传统器件的发展,零售业态的智能感知主要应用于室内感知技术,通过融合多传感器,已经能够实现较为精确的对象建模,典型的如 Leap Motion、RealSense 和 Kinect 等传感器。智能感知使零售业态获得持续不断的实时数据，实时数据与历史数据相结合，将使消费者的需求特征更加清晰，尤其可以将消费者的需求精准到具体的消费场景，通过消费场景的个性化设置，激发消费者的隐性需求。智能感知能力的提升可以加速语音识别、行为识别、虚拟现实、增强现实的应用，通过智能感知技术，实时采集消费者行为，可以通过语音、行为与消费者实现交互，使得消费过程更加人性化、便利化。营造沉浸式购物体验的 AR、VR 技术，支持自动结账、刷脸付款的无人超市，其都依赖于智能感知提供的实时数据和实时数据处理。智能感知能力的提升最为关键的是实现了算法的迭代，通过实时数据的持续输入，算法在解决具体问题过程中将完成持续迭代，获取源源不断的学习效应，更好地解决零售业态业务环节中的具体问题。零售业态智能感知特征，使得零售业态具有生物体的特征，其实质是计算机感知能力的获取和迭代，甚至在很多方面将超过人类的感知能力。

5.5.2 自组织

自组织的技术基础是自主控制，在智能感知的基础上，零售业态将实现自主控制。自主控制是一种无须或仅需极少的人为干预，就能独立地感知环境并完成对目标的自动控制的技术。自主控制的核心是处理能力，从计算机、手机到其他智能终端，其突出的优势是交互能力与计算能力的统一，交互能力体现在零售业态的多元化感知能力，在此基础之上，将数据输入计算单元，通过计算能力将实现自主控制与自组织。GPU 的应用对于推动后来以深度学习为主导的应用起到了关键作用。要满足处理真实世界感知与交互这一任务，传感器在采集零售业态数据的基础上，将数据传递给 GPU，GPU 经过数据处理，完成与消费者的进一步交互，在此进一步产生数据，尤其更新对"人、货、场"的认知，不断迭代算法，不断完成零售业态经营的升级。将自我控制技术映射到经济学领域就是上述所提到的自组织，自组织是在零售活动中，零售活动的参与要素完成自我配置，满足生产与消费的需要，仅需要极少人工的干预。传统零售业一致被认为是劳动、资本密集型的，汇丰中国在 2016 年 7 月发布《中国的新挑战：服务业发展越快，生产率增长越慢》的研究报告，报告中指出虽然房地产、金融等高端服务业可提供较高的生产率，但农民工更趋向于集中在零售、交通和物流等低端服务业,这将拉低中国经济整体人均产出的平均值,因为中国服务业的生产率水平只有工业的80%。零售业态完成自组织对于微观零售组织而言,将使用创新要素替代劳动力,对于全社会而言,将从根本上改变零售业劳动生产率低的行业特征,其示范作用将带动交通、物流等行业的重构,带动经济持续增长。以京东无人超市为例,无人超市的普遍应用是自组织的典型代表,通过全过程的传感器应用与协同网络搭建,京东便利店具有实时感知、处理交易的能力。在进入京东无人超市前,通过京东App与人脸识别技术,完成对消费者身份的识别,在具体选购过程中,消费者在具体商品前的停留时间、选购的频率与历史统计都将被传感器实时采集,在完成采购过程后,进入结算通道,自动识别商品与人脸,通过关联京东App与默认支付账号,完成整个交易闭环。在消费者购物结束后,中后台将自动完成商品更新、场景再设置与供应链协同。

5.5.3 精准升维

传统零售业态与新零售的根本区别在于精准升维,这里精准是指精确与准确,精确在于对零售活动测度,而准确主要指双向匹配的无误差,精准升维是指在精确和准确两个维度对零售业态进行升级。精确究竟是什么概念,如今的精确,不但要求企业根据不同的用户提供个性化服务,还要掌握用户是何地、何时、何种场景之下需要服务,这个道理很简单,每个人在早上9点和晚上9点时的心情大相径庭,在家和在公司的需求也不一样,在酒醉与清醒的不同状态下,又会产生截然不同的需求,所以精确要追求的方向,是在极度颗粒化的场景下,依据能找到具体时间点的需求,然后按需分配。在弄清这个精准的概念之后,让我们思考下一个问题:究竟如何才能实现精准?答案的核心是通过协同网络的不断扩张,获取一个人在不同场景、不同状态下的更多数据。举一个简单的例子,如果现在将某人在微博、微信、陌陌、淘宝、支付宝这些软件上所显示的所有数据都打通,那么对这个人的理解就会全面且立体,更便于商家在某个具体瞬间捕捉到他当时的某种服务需求,因此,我们得出了以下结论,精确是通过协同网络的扩张,对一个人在不同场景下的理解逐步深化的结果。

准确在对零售活动精确测度的基础上,实现准确的双向匹配,其主要依托于数据智能。准确具体到消费者,是指零售业态提供的商品与消费者的需求是准确匹配的,通过协同网络对消费者精确测度。零售业态提供个性化、多样化的商品,同时通过推荐系统实时匹配消费者,满足消费者不断提升的信息能力要求。准确具体到生产组织,是指零售业态提供的信息、场景、服务是准确的,准确匹配生产组织对生产环节要素配置的要求。淘宝在谷歌准确广告的方向上又往前走了一步,生产组织在淘宝投放一个广告之后,淘宝就会持续地进行跟踪反馈,比如在过去的一个月中,由于这条广告产生了多少直接和间接销售,广告的投放和产出变成了一个可变成本,并且可以准确计算投入产出。对于供应链管理在一定程度上可以实现零库存,库存永远在第三方物流配送的路上,而资金管理可以实现精准管理,同时可以打通消费与零售之间的链接,发展金融科技、金融服务,将零售活动中消费者的金融服务需求,通过大数据与人工智能,传递给传统银行,帮助金融机构(B端)做好消费金融、财务金融。

5.5.4 报酬递增

在零售业态演化的模块结构阶段,在零售信息集聚的基础上已开始出现报酬递增的阶段特征。在零售业态演化过程中,报酬递增主要来源于报酬递增要素内生化与边际成本递减。在阐述生产组织面临的外部环境时,本书清晰界定了要素,要素逐渐由低阶要素向中阶要素、高阶要素转化,例如信息、知识、网络等要素,由于其在零售活动中的普遍应用导致其报酬递增逐渐由特殊性向普遍性转化。以数据为例,在零售业态演化过程中,零售业态与商业基础设施互联互动的过程中,将形成多样性、多内容、多触达点和多维度的具有复合型商业特点的新型零售经营形态,在新型零售经营形态的基础上,依托协同网络将沉淀多元异构、完备海量的数据,数据自身的应用将带来报酬递增,数据对零售活动中要素再配置的同时也会带来配置效率的提高,更为关键的是零售数据具有关联性,其与生产组织、商业基础设施关联后,将产生更多价值来源。例如,零售数据通过对生产组织的再配置,将生产定制化、高价值商品。零售数据与金融相匹配,将产生消费金融领域全新的价值创造,零售数据与物流相匹配,将产生智能物流。在零售业态演化过程中,除了报酬递增要素普遍使用带来的报酬递增,更为关键的是在零售活动中逐渐出现边际成本递减的趋势,甚至逐步趋向零边际成本。由于协同网络搭建以及在此基础上数据智能的普遍应用,在零售活动中，消费者增加使得其边际成本逐渐降低，对于电子商务与无人零售业态，其边际成本逐步趋向于零。对于购物中心、超市等线下零售业态，其成本结构逐步趋向于数字产品的成本特点，高固定成本、低边际成本，相较于传统线下零售业态，其除支付传统的成本外，还需支付更多的网络搭建与数据智能应用所有的软、硬件成本，固定成本将进一步提高，一旦零售活动开始，由于数据智能的存在，投入的人力、物力将大幅度削减，边际成本下降。

5.5.5 寡头垄断

零售业态寡头垄断的特点是其网络结构与报酬递增特征决定的。零售业态演化越来越呈现出网络结构特征，具有网络产品的成本特征，网络产品具有高固定成本与低边际成本的特征，零售业态高固定成本是指零售业态进入智能零售时代后，在智能技术、协同网络搭建等方面需要较高的前期投入，传统缺乏资本积累的夫妻店、小企业将逐步退出市场，同时这也是规避投资失败后带来的沉没成本的客观要求。除网络结构特征外，报酬递增特征也要求零售组织进入正反馈的动态过程，最终带来寡头垄断。从现实的情况看，中国逐渐形成了阿里巴巴、京东（腾讯系）、苏宁云商为主导的寡头垄断市场格局，阿里巴巴、京东（腾讯系）、苏宁云商对线上市场的寡头垄断特征无须赘述。在线化零售业态部分，阿里巴巴先后收购大润发、银泰百货等，直接持股苏宁云商，而苏宁云商收购万达百货，基本形成了阿里巴巴、大润发、苏宁的线下格局。而腾讯系先后持股京东、永辉超市、家乐福、沃尔玛，形成了京东、永辉、家乐福、沃尔玛的线下格局。作为区域主导的零售商，例如步步高、联华超市等也纷纷站队阿里巴巴、腾讯，中国零售业态的寡头垄断局面正在形成。

从实际看，购物中心、百货商品、超市、电子商务都存在显著的正反馈效应，从区域市场购物中心、百货商店、连锁经营看，普遍存在少数购物中心和百货商店盈利水平高、客流量大，而大部分购物中心和百货店不得不面临关店的命运。从B2B看，中国电子商务研究中心发布的《2017年度中国网络零售市场数据监测报告》显示，在2017年中国B2C网络零售市场（包括开放平台式与自营销售式，不含品牌电商）中，天猫依然稳居首位，在市场中的份额占比为57.7%。京东凭25.4%的份额，排名第二位。

天猫与京东占整个市场的83.1%。美国、日本在线上线下一体化的过程中，呈现典型的线下企业整合线上企业或资源，实现线上线下融合发展。与美国、日本不同，由于线上零售企业具有资本优势、信息优势，中国线上线下一体化过程呈现线上企业整合线下企业或资源，以阿里巴巴持股苏宁、大润发，京东持股永辉、沃尔玛为例，未来阿里巴巴、京东商城将加速整合线下资源，未来区域零售商将面临线上零售企业的整合，区域市场势力被打破，全国性的零售市场势力将形成，将呈现正反馈过程（见图5-1），优势企业将实现寡头垄断，弱势企业将加速推出市场，市场集中度进一步提高。从商业基础设施的提供看，京东、百度、阿里巴巴、腾讯等互联网企业已成为中国主要的商业基础设施提供商，在大数据、云计算、位置服务、即时通信等领域占据着主要的市场份额，其垄断地位较之线上零售、线下零售份额还要高。阿里巴巴、腾讯等赋能线下新零售，是其充分利用商业技术设施优势的直接体现，未来在覆盖全社会的协同网络与数据智能双螺旋的驱动下，其在商业基础设施供应商方面的垄断地位会愈加明显。

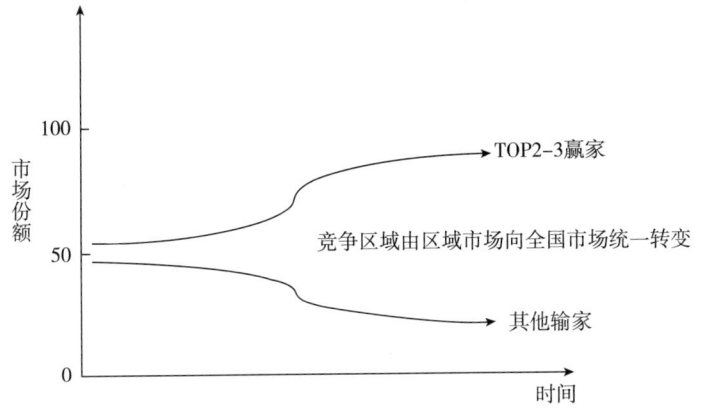

图5-1 零售业态市场结构的寡头垄断特征

5.5.6 和谐生态

零售业态演化过程中，零售活动的关系主体主要涉及零售商与生产组织、零售商与消费者、零售商与专业服务商的关系。在传统零售活动中，零售商与生产组织、零售商与消费者的关系是竞争关系，最突出的是零供竞争关系——零供矛盾，在连锁经营形式的影响下，零售商逐渐成为供应链主导。零售企业利用优势地位通过通道费用、类金融等形式将供应商利润转化为零售企业利润，长期存在零供关系紧张问题，尤其是家乐福与沃尔玛普遍采取通道费用、类金融的形式，零售业全行业都效仿，结果零供矛盾成为中国零售业绕不开的问题，零供矛盾的核心是对既定利润的争夺，其实质是零和博弈。随着零售业态演化，零售商、供应商、专业服务提供商等从传统的竞争关系，转变为竞合关系，相互依赖。在零售业态价值创造过程中，零售商通过多样化场景设施与消费者建立持续交互的用户界面，通过对消费者数据的沉淀，与生产组织开展形式多样的合作，为生产组织创造更多的利润来源，同时零售商与物流、资金流、信息流等商业基础设施服务企业进行互联互通，开发更多专业化服务，完善整个社会协同网络。在整个活动中，依托协同网络，零售活动的利润来源逐步增加，零售活动的主要参与者由传统的零和博弈向正和博弈转化，在相应的网络配置机制与数据智能的支撑下，零售活动过程中利润分配的比例趋向于合理，在整体利润增加的背景下，按照原比例分配所有人都会得到比原来更多的利润，关系逐渐趋向和谐。零售业态未来在智能感知与自组织支持下，将向着生态系统演化，而且随着寡头垄断格局的形成，在主要零售商搭建的生态系统下，将演化出越来越多的新物种、新业态，新物种、新业态一方面将满足不断升级的产品生产与消费者要求；另一方面将成为零售业态价值网络的重要节点，进一步完善零售业态生态系统的构建。

5.6 具体零售业态差异化创新

由于生产组织、消费者决策的多阶段叠加同时存在，未来零售业态的基本分类还将长期存在，但各零售业态将沿着共性的特征演化，同时根据长期积累的优势，进行差异化竞争。因此，针对不同的业态，应从本业态核心的商业模式和经营逻辑出发，"扬长补短"制定自身的差异化全渠道策略。根据国家标准化委员会 GB/T 18106—2004《零售业态分类》将零售业态分为食杂店、便利店、折扣店、超市、大型超市、仓储会员店、百货店、专业店、专卖店、家居建材店、购物中心、工厂直销中心、电视购物、邮购、网上商店、自动售货亭、电话购物17种零售业态。由于生产组织与消费者决策的阶段性特点,为了适应不同生产组织与消费者决策水平的差异,主要零售业态分类还将长期存在,但国家标准化委员会 GB/T 18106—2004 关于零售业态的分类已经不能满足未来零售业态演化需要,例如邮购、电视购物、电话购物等零售业态虽然还零星存在,但未来随着消费者信息能力的提升与生产组织复杂程度的提高,其在一定程度上将被其他业态替代,同时全渠道业态、无人业态的产生使得传统实体业态得以扩充。接下来我们将对具体零售业态演化的趋势进行分析。

(1) 食杂店与便利店。从经营方式、商品结构、服务功能等因素看,食杂店与便利店存在目标顾客趋同的趋势,未来食杂店与便利店演化将以规范化社群运营为基础,向社区服务转型。从商品结构看,传统食杂店与便利店提供的主要是标准化的食品与日用百货,随着无人智能货柜与无人便利店的技术成熟与大规模普及,传统食杂店与便利店将在以下几个方面完成升级。首先,食杂店与便利店将成为社区配送的终端,满足无人智能货柜与无人便利店的商品来源与日常维护。其次,从食杂店、便利店的商品结构看,其主要向差异化、个性化商品转化,同时提供即食餐饮,更好地满足社区消费者的即刻需求。再次,其通过规范化社群运营,向社群消费者提供更多社区服务、便利性服务,回归食杂店与便利店的社区本质。最后,全渠道O2O整合,通过社群、App、小程序、微信等渠道,与社区消费者建立持续互动的客户关系,最终以线上订单与上门服务为主。

(2) 折扣店、超市、大型超市与仓储会员店。随着电子商务的深度普及与应用,受冲击最大的业态是折扣店、超市、大型超市、仓储会员店,其根本原因在于其不能满足生产组织与消费者决策演化的要求,而电子商务冲击只是其外部因素。折扣店、超市、大型超市、仓储会员店都是伴随着生产组织单一结构、分工结构的产生而产生的,超市、大型超市主要是通过连锁经营获得规模经济,同时满足消费者关于信息搜集、处理的基本要求。折扣店是超市、大型超市的细分,其进一步精简SKU,简化服务与场景。仓储会员店是在传统超市的基础上进一步细分企业客户,其经济学实质是二级价格歧视。折扣店、超市、大型超市与仓储会员店在一定程度上都是牺牲消费者用户体验,追求效率提升的结果。随着电子商务的普及应用,尤其是B2C的出现,天猫超市、京东超市由于与传统折扣店、超市、大型超市与仓储会员店的经营品类趋同，发展面临着困境，以京东商城为例，其基本覆盖折扣店、超市、大型超市与仓储会员店的经营品类，而且其规模经济、范围经济较之折扣店、超市、大型超市与仓储会员店显著提升，所以家乐福、沃尔玛、麦德龙在中国市场的发展纷纷陷入困境。未来折扣店、超市、大型超市、仓储会员店业态的发展将进一步趋同，主要的发展方向包括：一是丰富的购物场景与购物体验，为消费者行为数据搜集提供基础；二是基于消费者行为数据分析，定制更加符合消费者个性化、多样化需求的商品，SKU进一步减少；三是增加生鲜、果蔬、主食厨房等品类，进一步融合餐饮业态与堂食场景；四是以线下门店为仓储配送中心，覆盖周边区域对生活品类的需求，以线上经营为主；五是人工智能的广泛应用，基于前、中、后台协同网络的搭建与兼容，在广泛获取数据的基础上，深度学习算法将驱动人工智能适应更多零售活动场景。

（3）百货店与购物中心。百货店在中国经历了充分的演化，但"千店一面"成为其典型特征，难以适应生产组织与消费者决策形同演化的需要。现阶段，购物中心是商业地产投资的热点，已经成为大型零售业态演化的主要方向，但从全国看，已普遍存在结构性开发过剩问题。百货店与购物中心从经营方式、商品结构、服务功能等因素看具有一致性，从未来演化看，其基本趋势主要体现在：①从联营向自营转型，现阶段，购物中心与百货商店普遍以物业管理和柜台租赁为主联营模式，但从未来看，从数据变现和消费者体验角度看，购物中心与百货商店沉淀大量消费者行为数据，必然将数据变现，数据变现报酬的直接来源是自营，部分百货店在转型过程中已经开始尝试将美妆、餐饮的高附加值部门自营，未来比例会持续提高。②从商品销售向服务主导转型，满足消费者社交、休闲等服务需求，百货商店与购物中心成为服务集聚地，未来更多服务业态会进入百货商店与购物中心。③购物中心现有服装销售楼层，逐步将被设计师体验店、厂商设计体验店取代，为个性化定制提供线下场景，并结合科技手段增强体验效果。④目标人群定位清晰，随着百货商店与购物中心结构性开发过剩，在一二线城市百货商店、购物中心将实现目标人群细分，不再照顾所有目标人群需要，在定位、商品、环境、服务以及营销方面根据目标人群需要重新定位、升级。⑤基于数据优势的新业态孵化，基于其数据获取与应用方面的优势，在百货店、购物中心内将加速孵化新业态，同时实现业态动态优化。⑥实施全渠道融合战略，全渠道零售战略的重点是以顾客需求为出发点，通过全方位、多渠道的整合，打通包括实体店、线上网站、移动端网站、移动支付及社交媒体，为顾客在消费全过程提供更贴心的购物体验。⑦专业店、专卖店将借助百货商店、购物中心流量优势，成为其多业态组合的一部分，3C产品、办公用品、药品、玩具等专业店将更多地进驻购物中心、百货商店，获取百货商店、购物中心流量优势。

（4）家居建材店。家居建材店具有低重复购买率、高体验性、组合性等特点，与其他零售业态相比具有典型的经营方式、商品结构、服务功能。未来家居建材店的主要发展方向体现在：一是以消费者画像为基础，提供个性化定制与整体解决方案，家居建材店在获取消费者全面数据的基础上，将为消费者提供个性化定制服务，并在装修施工方面提供一体化解决方案，保证风格一致性与完整性；二是家居建材信息不对称水平降低，通过全渠道融合与门店的全部在线化，将建立口碑评价与信用体系，消费者信息不对称的弱势地位将得到改变；三是提供个性化定制、顾客体验、场景展示、装修施工一体化解决方案，在家居建材店内将以品牌设计体验店为主，通过个性化设计，借助空间虚拟场景技术，完整还原家居场景，通过装修施工保障其实施；四是基于网络协同的物流供应链优化，在线下体验的基础上，实现基于协同网络的全局动态优化，进一步降低物流成本。

（5）无人零售业态。未来电视购物、邮购、电话购物等业态将随着互联网普及的深入逐渐被网上商店替代，电视购物、邮购、电话购物是在信息交互特定历史阶段下的阶段性业态，其在下单、支付、物流整合方面的劣势，将逐渐被网上商店取代。在无店铺业态中，网上商店与自动售货亭将进一步普及与应用。未来基于自动售货亭，将演化出更加丰富的无人零售业态，智能自动售卖机、无人便利店、开放式货架将占领消费者最近的消费者购物场景。未来无人零售演化的方向，从消费场景看，其基本消费场景是零售业态中最短半径的消费场景，满足碎片化、即时化、便利化需求的办公、家庭场景。从商品选择看以小量、多批次、点位分散的鲜食、水果等低温产品为主，增加动态管理、补货的难度。从经营主体看，建议与便利店、物流前置仓等其他零售业态共享物流配送服务的办法或者利用第三方物流来实现对商品的配送，以节省物流配送成本，同时与便利店共享信息系统。从经营技术看，依托计算机网络技术、互联网技术，实现全过程的网络协同与数据智能,其在网络协同与数据智能应用方面是所有零售业态中最彻底的。

(6) 网上商店。网上商店只是电子商务在早期的一种称谓,未来电子商务发展的趋势主要体现在,从渠道看,将实现全渠道融合,在移动网络、计算机网络、物联网基础上将实现所用网络应用的全覆盖,实现与生产组织与消费者决策的实时互动、协同,同时利用其技术特点与目标人群定位,积极拓展线下渠道,实现线上线下一体化。从组织方式看,将通过协同网络的搭建,实现自组织。从页面动态更新、商品采购、支付结算、物流配送、售前售后服务将通过数据智能引入,实现数据闭环与自组织。从市场结构看,其寡头垄断的趋势成为主流,在部分细分市场将出现垄断竞争的阶段特征,同时在线上线下融合过程中,将以线上渠道为主导,以数据、资本优势赋能线下渠道。

5.7 本章小结

本章的核心目的是对零售业态演化的未来趋势、模式、内容进行系统说明,清晰未来零售业态的基本情况。零售业态演化的内在本质是沉淀社会关系,在此基础上利用大数据、云计算、算法、人工智能对数据关系进行配置,零售业态演化的外在表现形式是智能零售。智能零售的核心是以消费者为中心的零售活动的生态化,生产设计、物流仓储、集中采购、场景售卖、服务活动、经营管理、资金流转等环节都逐渐融入数据化和智能化的平台,最终达到零售商效益优化,消费者体验优化,实现万物互联、智能决策的自主商业。未来零售业态的商业模式将从C2C、B2C向C2B转化,其中S2B2C是现阶段的过渡商业模式,商业模式的核心是说明生产者与消费者之间的关系,也是本书之所以研究微观生产组织与消费者行为演化的核心原因。零售业态在演化过程中,其主体、客体、内容、商业关系也将发生重构,最终体现出有别于传统零售业态的显著特征。

6

基于扎根理论研究过程
——阿里巴巴典型事实

6.1 扎根理论研究过程

6.1.1 案例背景

在选取零售业态演化的案例时,选取的标准是既要体现零售业态演化的过程,更要体现零售业态演化的未来,超市、百货商店、购物中心、专业店能够很好地体现中国零售业态演化的过程,在这个过程中大润发、银泰百货、苏宁云商成为目标案例,在零售业态未来演化方面京东、阿里巴巴、苏宁云商成为了目标案例,而阿里巴巴与大润发、银泰百货、苏宁云商是战略投资的关系,并且阿里巴巴在探索未来零售业态发展的过程中,积极赋能、升级大润发、银泰百货、苏宁云商,因此,阿里巴巴成为首先考虑的研究案例,除此之外,选择阿里巴巴作为研究案例,还包括以下几个原因:一是阿里巴巴较早的提出新零售战略,并积极进行新零售转型,2016年云栖大会,马云首次提出"新零售"概念,随即引发行业广泛关注;二是在新零售落地方面,阿里巴巴成效显著,盒马鲜生、银泰百货等一批新零售项目纷纷落地,效益显著提升;三是阿里巴巴积极布局大数据、云计算、物联网领域，积极进行业务拓展，进行云计算大数据领域基础和前瞻技术研究；四是阿里巴巴不断进行商业模式重构与组织变革，基于商业模式重构与组织变革，积极进行内部技术架构的调整；五是阿里巴巴在关注零售业态演化的同时，积极关注与零售直接相关的新制造问题与消费需求变化问题，与基于生产与消费协同视角的研究方向高度契合；六是以阿里巴巴为案例研究，在研究资料上比较丰富。在研究过程中，不仅做了详细的深度访谈，而且收集了阿里巴巴内部大量的二手资料，有较多的外部研究资料可以借鉴研究和互信印证，为研究提供多元化的资料来源，符合扎根理论的"三角验证"逻辑。

6.1.2 方法选择

本章的主要目的是研究生产组织与消费者决策协同演化背景下零售业态演化的过程、模式与趋势，在前1~5章已经建立了比较完善的理论框架与体系，在此基础上需要寻找典型零售企业的演化是否符合其基本理论，因此，比较适合采取案例研究方法。案例研究采取归纳研究思路，案例的有效性取决于在理论框架下对企业典型案例的理论细节挖掘，充分契合其理论框架。相较于演绎思路，案例研究所采取的归纳思路能够为研究问题提供翔实的资料，以反映研究目标的复杂性，所以能够回答关于"为什么""怎么样"的问题（Yin，2014）。因此，在理论构建部分，本书将选择经典案例进行深入分析，同时结合现有理论，对零售业态演化过程、模式、趋势进行探索性理论构建，作为一项案例研究，本书通过收集各种质性数据，并通过扎根于这些数据来构建理论。首先，确定开放性的搜集方案，依据阿里巴巴业态演化、组织架构、技术中台等相关问题，广泛搜集细节和充分的数据。确定研究零售业态演化这个开放性问题后，开始收集阿里巴巴商业逻辑、组织变革、技术架构相关案例的细节和数据，重点是关于阿里巴巴组织商业逻辑不断更替下组织变革与技术架构的重构。其次，通过对收集到的海量资料进行归纳分析，形成开放式编码，并随着分析深入，继续补充收集数据，将使用最重要的、出现最频繁的开放式编码提升为核心编码。最后，完善概念类属，探寻编码间的可能关联，通过理论抽样寻找新数据，形成解释零售业态演化的一个逻辑框架，完成理论建构，揭示生产组织与消费者决策协同演化过程下阿里巴巴的升级与调整。

6 基于扎根理论研究过程——阿里巴巴典型事实

6.1.3 数据收集

笔者对阿里巴巴一手资料收集开始于 2015 年，经阿里巴巴公司内部人员引荐和安排，先后与阿里巴巴的 6 位中高层管理人员进行半结构化访谈，平均访谈时间超过 30 分钟，全部整理出来后有 65000 多字。此外，还参观了阿里巴巴公司总部和北京分中心，并深入了解阿里巴巴共享业务中心和阿里云公司，并整理出一些现场观察记录。同时，获得阿里巴巴的部分内部资料和书面教材的二手资料，《智能商业》（曾鸣著，中信出版社，2018 年 11 月）、《企业 IT 架构转型之道——阿里巴巴中台战略思想与架构实战》（钟华著，机械工业出版社，2017 年 5 月）、《大数据之路——阿里巴巴大数据实践》（阿里巴巴数据技术及产品部，电子工业出版社，2017 年 7 月）、《马云：未来已来 阿里巴巴的商业逻辑和纵深布局》（阿里巴巴集团著，红旗出版社，2017 年 4 月）和部分互联网资料作为二手资料的来源。

6.2 阿里巴巴零售业务的发展历程

1999 年阿里巴巴成立，1999~2002 年阿里巴巴集团布局 B2B 模式，推出专注于国内批发贸易的中国交易市场 1688，1688 以批发和采购业务为核心，通过专业化运营，完善客户体验，全面优化企业电子商务的业务模式。鉴于本书研究的视角是零售业务，所以阿里巴巴创立阶段不在本书的考察范围，根据表 6-1，我们将阿里巴巴的历史演化过程分为五个阶段。

表 6-1 阿里巴巴的历史演进与组织变革

发展历程	变革时间	发展战略	战略重心	组织方式
第一阶段	2003~2008 年	平台搭建	交叉网络外部性	科层制
第二阶段	2009~2012 年	专业化分工	内部优化（搜索）	市场组织
第三阶段	2013~2016 年	生态系统构建	网络协同（数据中台）	网络组织
第四阶段	2017 年至今	新零售赋能	数据智能（物联网）	网络组织
第五阶段	未来	智能演化生态体	新商业文明	自组织

6.2.1 2003~2008年：零售业务布局阶段

基本业务拓展。2003~2008年阿里巴巴开始尝试零售业务，同时基本完成了网络零售业务布局。2003年初，阿里巴巴开始寻找新的增长点，2003年5月推出淘宝，11月推出网上实时通信软件贸易通（阿里旺旺）。2004年阿里巴巴创立独立的第三方电子支付平台——支付宝，使买卖双方更放心地基于淘宝平台进行交易。2005年阿里巴巴收购雅虎中国、2006年阿里巴巴收购口碑网、2007年阿里妈妈创立。

（1）淘宝的基因。2003年，马云从国外购买一款软件，基于这款软件的改造，形成最早期的淘宝。在梳理阿里巴巴零售业务发展的历史时，广泛访谈了早期的淘宝卖家、主要参与者、淘宝早期员工，最终提炼的关键词是协同网络。为了让更多卖家在淘宝平台进行销售，淘宝建立早期的社区BBS，由于当时计算机普及程度与操作技能的欠缺，淘宝卖家是弱势群体，为了让淘宝卖家掌握淘宝销售技巧与基本技能，绝大部分卖家愿意在社群里分享心得体会与经营要点，由于已有的淘宝卖家无偿地将经验分享给其他潜在卖家，在客观上带动了卖家的快速增长以及整体卖家服务能力的提升。正是由于淘宝社区、在线BBS的属性，卖家的免费分享与信息交互，使淘宝迅速扩张成一个利益共同体，协同网络由此搭建而成。淘宝的起点则是社区，是在线BBS。而京东的基因是线下实体，是B2C，淘宝与京东基因不同，演化路径大相径庭。

（2）基本定位的确立。随着消费者对淘宝认知程度的增加，淘宝的销售额快速攀升，在早期已经集聚了20多万卖家。原本简单的店铺风格已经满足不了日益庞大、复杂的消费人群，越来越多的消费者要求淘宝店铺必须更加美观，同时体现销售商品的风格特征。针对是否为淘宝卖家提供直接店铺装修时，淘宝内部产生了利益分歧，毫无疑问，20余万卖家的店铺装修业务将成为新生淘宝重要的利润来源，但同时，淘宝内部能否满足卖家逐渐增多的装修业务需求？很快我们就意识到，如果淘宝向用户提供店铺设计服务，所有的事情由自己完成只会导致团队臃肿和效率低下，最终的效果也无法让消费者满意，毕竟当时的淘宝团队还没有为几十万卖家同时提供设计服务的能力，最终淘宝平台只为卖家提供一个基础版本，如果需要更为美观、个性化的装修服务，可以通过购买第三方服务实现，由此除了买卖双方之外,淘宝产生了新的物种——软件设计师。通过店铺装修业务的考量,淘宝平台充分意识到应将重心放在平台业务自身,完善协同网络的搭建,其他业务通过分工由市场完成。基于基本定位的认识,淘宝平台迅速产生了物流、网页设计师等各种新的物种,新的分工的出现,进一步完善了淘宝早期的分工体系,协同网络基本形成。

（3）协同网络的形成。淘宝作为典型平台,早期已经开始探索平台经济的经营策略。在面对易贝易趣的竞争时,淘宝早期也在积极探索收取店铺租金、会员费、渠道费用等,在经过经营团队深入讨论之后得出了一致的结论,如果过早收取费用,将陷入传统零售模式的泥潭,并且淘宝开店成本将大幅度上升。在持续免费的政策背景下,使大量卖家进入淘宝,淘宝平台的交叉网络外部性开始出现,因此,B端（企业端）提供的商品不仅丰富度大大提高,价格也远比传统的线下零售更有优势,差异化的服务业逐渐浮现,自然带来C端（消费者端）的福利提升。于是,C端客户,尤其是大量未被传统零售覆盖到的C端客户蜂拥而至,不到几年的时间就形成了浪潮席卷之势,这股势头又反向刺激了B端,使其呈几何级数扩展,如此正向循环,淘宝自然出现了生态爆炸一般的繁荣。需要说明的是,淘宝打败美国易贝的一个重要原因是,淘宝鼓励商家和消费者直接、充分地连接、互动,而易贝则在这方面无动于衷。例如,评价让买家之间连接互动,帮派论坛则让卖家之间连接互动,直连互动使卖家和买家的积极性与创造力被极大激发,网络扩张带来的效益被成倍放大。

2003~2008年,淘宝平台实现了从无到有、从小到大,其基本原因在于：一是基于在线社区BBS,淘宝卖家的在线交互与免费经验分享,搭建了早期的协同网络,形成了淘宝早期的基因；二是确立平台的基本定位,充分将业务拆分给第三方,模特、物流、客服、软件设计等的加速,更加完善了淘宝的协同网络；三是持续的免费政策,使淘宝平台卖家、买家的交叉网络外部性不断增强,协同网络持续扩张。

6.2.2　2009~2012年：专业化分工阶段

专业化分工阶段包括主要业务布局、搜索引擎引入、分工体系细化与复杂双边市场形成三个方面的内容。

（1）主要业务布局。2008年9月,阿里巴巴提出后工业化时代和电子商务系统概念，主导方向发生转型。2009年，阿里巴巴内部开始针对是否进入云计算领域进行深入讨论，并认为云计算是互联网时代的基础设施。2010年，阿里巴巴集团明确提出了互联网时代将呼唤全新的商业文明。2011年，阿里巴巴集团开始感受到数据的价值，新成立的小额贷款公司被要求基于云计算和大数据，开始商业模式创新的探索。2012年，阿里巴巴设立了C2B（消费者对企业）的商业模式。基于以上战略层面的转型，2008年9月，阿里巴巴启动"大淘宝"战略，"要做电子商务的基础服务商，让用户在大淘宝平台上的支付、营销、物流以及其他技术问题都能够做到顺畅无阻"。之后不久，阿里妈妈并入淘宝，阿里上线无名良品，打通B2B与淘宝平台，形成B2B2C电子商务生态链条。2008年，B2C天猫商城成立。2009年，阿里云成立，同时阿里巴巴推出"双十一"购物节。2009年3月，阿里巴巴推出按效果付费关键词竞价系统"网销宝"。2009年9月，阿里巴巴收购中国最大的互联网基础服务提供商——中国万网。2011年6月，"大淘宝"战略升级至"大阿里"战略，"将和所有电子商务的参与者充分分享阿里集团的所有资源包括所服务的消费者群体、商户、制造产业链，整合信息流、物流、支付、无线以及提供数据分享为中心的云计算服务等，为中国电子商务的发展提供更好、更全面的基础服务"。

(2) 搜索引擎引入。在淘宝开始布局零售业务阶段，淘宝的类目十分有限，仅涵盖男装、女装、儿童用品等，消费者按照类目仅两三步就能完成搜索任务。但随着淘宝平台汇集几十万卖家和上千万商品时，仅依靠类目搜索的浏览路径已不再友好，为了满足消费者信息搜索的要求，淘宝在借助雅虎团队技术优势的基础上，在淘宝平台引入了搜索引擎，同时在搜索引擎的基础上对搜索排名进行了客观排序，2008~2011年搜索引擎的引入使得搜索引擎替代类目搜索成为流量的最主要来源。搜索引擎的引入在解决了消费者信息搜索的同时，通过竞价排行的广告模式，开始在淘宝平台推行精准广告，通过精准广告使得我们将小广告主和淘宝搜索，以及站外很多小网站的流量全部加以连接，淘宝的协同网络进一步拓展，同时竞价排行模式充分展现了淘宝的流量优势，将流量变现。

(3) 分工体系细化与复杂双边市场形成。如果说"双边市场的扩张"是淘宝早期的核心特征，那么当这些新角色不断产生后，淘宝在第二个阶段的核心特征，就是从一个简单的双边市场演化成了一个复杂的多边市场，多元角色在其中相互协同表现得越来越充分，淘宝也越来越立体。从早期支付宝作为主要资金担保中介接入淘宝平台后，支付宝不断开始消费金融创新。同时当越来越多的店主开始希望自己的店铺页面更美观、更独特、更能吸引买家时，店铺装修市场随之出现。专业的设计师、网页制作者在这个新生的双边市场上可以满足卖家的相应需求。这样的新角色在淘宝上越来越多，淘宝客、ISV（独立软件开发）、导购达人都是很好的例子，快递、客服这些角色更加无须赘述。随着淘宝商家数量与站外小网站流量的介入，淘宝的标准接口面临挑战，为了应对标准接口问题，淘宝开发了商家服务平台，在此平台上为商家提供完整的软件服务，流量较大的商家一次性采购上百个服务插件，由此使更多第三方服务企业也连接在一起。

6.2.3 2013~2016 年：生态系统构建阶段

生态系统构建阶段包括主要业务布局、商业基础设施基本形成和生态系统形成三个方面的内容。

（1）主要业务布局。2013 年，阿里巴巴设立了首席数据官的岗位，全力推动大数据和机器学习方面的技术进步与商业创新。2014 年，马云提出数据时代概念。2015 年，淘宝"千人千面"的个性化推荐开始释放出巨大的客户价值。2016 年，马云进一步提出了"五新"战略和互联网经济的思想。2013 年，阿里与多家物流公司共同创立菜鸟网络。2014 年，阿里于纽交所挂牌上市。2014 年，阿里与银泰成立合资企业，在中国发展 O2O 业务。2014 年支付宝独立，成立蚂蚁金服公司。2015 年阿里巴巴收购优酷土豆。

（2）商业基础设施基本形成。在分工深化基础上，阿里巴巴零售平台先后产生了物流、金融、社交、软件服务、大数据、云计算、信用需求，基于此，阿里巴巴演化出支付宝、菜鸟物流、阿里云、蚂蚁金服、芝麻信用、新浪微博等平台。菜鸟物流依托阿里巴巴物流需求，与主要物流公司，成立了中国智能物流骨干网，中国智能物流骨干网覆盖连接所有的物流公司、快递人员、仓储配送中心，基于菜鸟物流，物流活动的各参与方能实时在线互动，并基于数据沉淀，依托协同网络进行高效匹配，这一生态的力量进一步延伸到采购、批发，最终延伸到整个供应链。同时基于完备的消费者数据与商家数据，在支付宝的基础上，阿里巴巴成了蚂蚁金服，探索解决小微企业贷款难题。蚂蚁小贷所有信息采集和决策都由计算机后台完成，商家在线提交贷款申请，几秒钟内系统自动审批，审批后，贷款几乎可以实时地汇入卖家账户，虽然是无人信贷，但蚂蚁小贷的坏账率却显著低于传统银行的平均水平。蚂蚁小贷可以做到这些，主要归功于互联网，它能够分享潜在客户的诸多数据，比如这些淘宝卖家正在卖哪些商品、生意好不好、经营店铺是否勤快，之前是否有过不诚信行为，甚至还有他是否喜欢玩网游、卖家朋友的信用度是否高等，这些数据的丰富度、准确度，远高于传统银行能采集到的贷款者的信息。如果我们全面的检视蚂蚁小贷的业务，就会发现它做了三件关键的事，即特定商业场景的数据化，忠实于商业逻辑的算法及其迭代优化，以及将数据智能与商业场景无缝融合的产品，这三件事融会贯通、相互包含，在反馈闭环中共同演化，这就是未来智能商业的样貌。在支付宝、菜鸟物流、阿里云、蚂蚁金服、芝麻信用、新浪微博等平台的基础上，阿里巴巴基本形成了覆盖全社会的商业基础设施，商业基础设施的形成为阿里巴巴未来的线下赋能与智能演化提供了基础，也是阿里巴巴业务环节中最重要的一步。

（3）生态系统形成。以淘宝、天猫、聚划算等线上交易平台为核心，支付宝、菜鸟物流、阿里云、蚂蚁金服、芝麻信用、新浪微博等平台提供互补服务，并且在数据中台战略实施后，应用程序接口相继兼容，淘宝协同网络复杂结构开始形成。在阿里里巴巴社会化协作网络的基础上，阿里巴巴开始利用数据赋能零售平台卖家，演化出全新生态物种。在阿里巴巴生态系统（见图6-1）内部，孵化出了很多有价值的企业，像淘品牌御泥坊、韩都衣舍等一批企业，已经进入上市浪潮。除了开始的买家和卖家，绝大部分角色都不是按计划设计出来的，比如从窄带到宽带之后，出现了模特需求，于是有一批人当起了网店模特，随后有一部分没有货源的卖家开始提供运营服务，于是出现了名为代运营商的新物种，渐渐大家发现对快递服务的要求越来越高，于是出现了几家来自桐庐小镇的快递公司……像这样的例子，还有很多很多，新物种不断演化的过程，是以协同为核心，让网络不断扩张的过程。

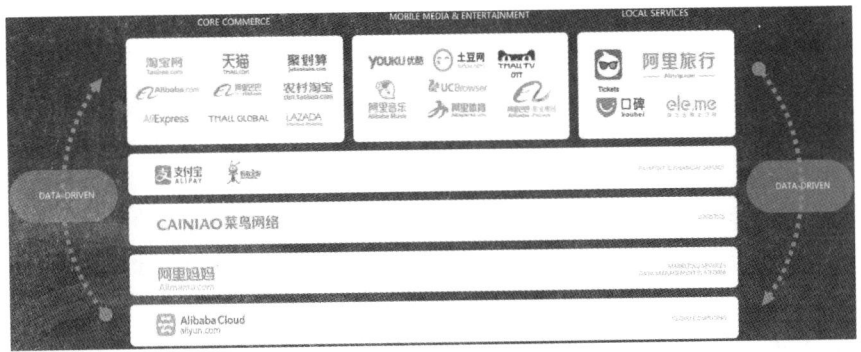

图 6-1　阿里巴巴生态系统

6.2.4　2017 年至今：新零售赋能阶段

2016 年云栖大会，马云首次提出"新零售"概念，随即引发行业广泛关注。阿里在零售方面的布局从 2014 年入股银泰开始，2015 年又与苏宁牵手。在"新零售"战略提出之后，阿里在零售方面布局明显加速，典型事件包括战略入股线下零售企业三江购物、联华超市和新华都，发展新兴业务如盒马鲜生、零售通、淘咖啡无人便利店。新零售的核心将从销售商品转向服务消费者，采用互联网、大数据、物流和支付等手段驱动线上线下融合，促进零售企业数字化转型。表 6-2 是阿里新零售典型事件的具体梳理。

表 6-2　阿里巴巴新零售典型事件

时间	标签	事件
2014 年 3 月	银泰商业	阿里集团将以 53.7 亿港元对银泰商业进行战略投资，交易完成后，阿里集团将持有银泰商业 9.9% 的股份及总额约 37.1 亿港元的可转换债券，持股比例不低于 25%
2015 年 8 月	苏宁易购	阿里巴巴 8 月 10 日宣布将以约 283 亿元人民币战略投资苏宁，成为第二大股东；苏宁将以 140 亿元人民币认购不超过 2780 万股的阿里新发行股份。双方将打通线上线下、全面提升效率
2016 年 1 月	盒马鲜生	盒马鲜生是阿里巴巴对线下超市完全重构的新零售业态，阿里 1.5 亿美元领投盒马鲜生，主营食品的支付宝会员店，打造线上线下全渠道商业模式。盒马鲜生首店于 2016 年 1 月在上海浦东金桥开店，面积 4500 平方米，创始人为原东京高管侯毅

续表

时间	标签	事件
2016年10月	马云提出"新零售"	阿里巴巴董事局主席马云在杭州发表演讲,首次提出"新零售"的概念
2016年11月	三江购物	阿里巴巴子公司以21.5亿元人民币收购总部位于浙江的上市公司三江购物32%股份成为战略投资者
2017年1月	银泰商业	阿里巴巴集团全资子公司阿里巴巴投资与沈国军组成的联合要约方以最大现金额198亿港元购入银泰商业计划股,交易建议完成后,阿里持股比例达73.73%,成为银泰控股股东。5月银泰私有化方案获批,股票于港交所退市
2017年2月	百联集团	阿里巴巴在上海衡山宾馆宣布与百联集团达成战略合作
2017年3月	阿里研究院	阿里研究院发布新零售研究报告作为阿里对新零售的权威解读
2017年5月	联华超市	阿里巴巴集团与易果生鲜签订《股权转让合同》,阿里巴巴集团向易果生鲜购入联华超市18%股权,成为联华二股东
2017年7月	阿里无人超市	杭州街头阿里第一家无人超市开业,顾客使用手机淘宝或支付宝扫码进店
2017年7月	盒马鲜生	马云携阿里众高管巡店盒马鲜生,正式对外承认盒马鲜生地位
2017年8月	易果生鲜	生鲜平台易果生鲜宣布完成D轮融资,投资方天猫注资3亿美元。2013年,阿里投资易果生鲜,易果生鲜成为阿里在生鲜方面的战略合作伙伴。至2017年8月,阿里巴巴与天猫已先后参与过易果生鲜的四轮融资
2017年8月	零售通	8月28日,阿里巴巴零售通宣布其覆盖的零售小店数量突破50万家,已成为快消B2B领域覆盖店数最多的平台之一。在这场名为"兼木成林容川入海"的战略发布会上,阿里巴巴表示将在未来一年覆盖100万家零售小店,并推出了零售通线下项目——天猫小店
2017年9月	新华都	通过阿里巴巴成都及一致行动人入股新华都10%并达战略合作
2017年11月	高鑫零售	11月20日凌晨,阿里巴巴正式宣布,阿里巴巴集团将投入约224亿港币(约28.8亿美元),直接和间接持有高鑫零售36.16%的股份。高鑫零售是我国零售界目前规模最大的零售公司,旗下的欧尚、大润发两大品牌在全国29个省市自治区都开设有大量的大型超市、大卖场
2018年4月	饿了么	4月2日,阿里巴巴集团、蚂蚁金服集团与饿了么联合宣布,阿里巴巴已经签订收购协议,将联合蚂蚁金服以95亿美元对饿了么完成全资收购

6.3 阿里巴巴的组织方式分析

以上我们将阿里巴巴零售业务的演进按照历史脉络进行了梳理，为了完成相应的业务，有必要对阿里巴巴内部组织进行分阶段分析。在访谈过程中，与腾讯、百度的对比多次被提及，在创始人层面，马云认为他和马化腾、李彦宏的差别是马化腾和李彦宏在产品和技术方面有优势，但他自己最厉害的地方是懂得管理、组织和人心。

6.3.1 科层组织

在阿里巴巴零售业务启动阶段，与其他企业一样，阿里巴巴仍然采取传统的组织方式——科层组织，即在企业内部存在自上而下的科层制。为了完成相应的业务组织和要素的配置，尤其是内部人力资源的激励，阿里巴巴仍然采取目标—过程—结果的组织模式，将早期阿里巴巴铁军的组织方式引入零售业务的管理。定目标—追过程—拿结果。定目标，团队的核心要清楚自己与团队的目标，并将目标合理地分配给团队中的每个成员，让团队成员清晰地知道在目标区间的具体结果是什么。追过程，在目标实施的过程中，全过程进行跟踪反馈，遇到问题和情况，团队不断讨论，保证预期目标得以实现。拿结果，团队在目标区间要拿出业绩结果，按照目标完成情况进行考核，使指标是否完成成为薪酬绩效的核心。在阿里巴巴零售探索初期，目标—过程—结果的传统科层组织方式，保证了既定目标的实施与完成，使 2003~2008 年淘宝零售业务形成阶段，快速地形成了淘宝平台的雏形，淘宝体量达到 20 多万卖家和上千万商品品类，阿里巴巴铁军也成为淘宝早期组织方式的一个缩影。

6.3.2 市场组织

随着淘宝业务量的逐渐扩大，原本业务管理协调依赖内部组织的模式开始发生改变，淘宝的组织越来越依靠市场完成。在梳理淘宝由科层组织方式向市场组织方式转变过程中进行要素配置时发现，从店铺装修开始，淘宝逐渐将主要业务重点放到平台搭建与交叉网络外部性获取，在将主要业务外包给第三方机构之后，早期淘宝产生了专业设计师、网页设计师、模特、ISV（独立软件开发）、快递、客服等，这时阿里巴巴基于自身平台核心优势，结合专业第三方服务的核心能力，淘宝迅速完成平台扩展，更为关键的是专业设计师、网页设计师、模特、ISV、快递、客服的发展，反过来要求阿里巴巴构建更多基于专业服务的第三方平台，基于专业设计师与网页设计师阿里巴巴推出了端口共享的商家服务平台，基于快递业务外包，阿里巴巴孵化了后期的菜鸟物流，专业服务平台的出现、发展，为后来形成覆盖全社会的商业基础设施提供了模块支撑。同时由于外包与外化，阿里巴巴产生了更多新物种，如模特的产生，早期仅为了展示需要的淘宝模特，借助淘宝平台与社交网络的发展，迅速发展成了网红电商模式，淘宝模特借助新浪微博、微信迅速建立起粉丝资源，通过与粉丝资源的交互互动，形成服装设计的需求来源，通过个性化设计以及基于淘宝的服务外包与制造外包，在较短的时间内完成服装从设计到生产的全过程，并通过淘宝渠道将商品销售给粉丝与消费者，据如涵控股2018年财报显示，部分网红电商的库存周期已经达到ZARA、H&M的15天水平，年营业额达10亿元。阿里巴巴仅提供零售平台和中介平台，依靠市场多元化的商品与服务，在提供过程中，商品与质量得以提升，价格下降，最终实现了整个阿里巴巴零售业务的良性循环，同时围绕阿里巴巴零售业务产生的金融、数据、信用、物流、交互需求的逐步多元化，最终为阿里巴巴零售组织的模块结构与网络组织演化奠定了基础。

6.3.3 网络组织

围绕阿里巴巴零售业务产生的金融、数据、信用、物流、交互需求，为了撮合金融、数据、信用、物流、交互供需双方的交易，阿里巴巴从原本简单的双边市场结构逐步向复杂的双边市场演化，开始形成了蚂蚁金服、阿里云、芝麻信用、菜鸟物流等双边市场。在阿里巴巴由简单的双边市场结构向复杂的双边市场结构演化的过程中，突出的问题开始出现：一是各个专业化平台难以实现端口兼容与数据共享，大量沉淀在专业化平台上的数据不能信息集聚，支撑下一步业务创新；二是数据仅作为辅助决策的作用，没能作为战略资源，成为阿里巴巴经营的核心；三是阿里巴巴赋能线下零售与新物种的能力受限。基于以上问题，阿里巴巴开始探索数据共享与数据中台建立，基于标准的端口与规则界面，阿里巴巴在顶层开始成为规则设计商，而专业平台成为模块集成商，社会第三方专业服务演化成为模块供应商，由此阿里巴巴的模块结构基本形成。依托阿里巴巴的数据共享与数据中台，形成了蚂蚁金服、阿里云、芝麻信用、菜鸟物流与原有的零售业务互联互通、彼此支撑，阿里巴巴覆盖全社会的商业基础设施基本形成。在数据中台与商业基础设施互联互通阶段，组织结构也发生了深刻的变革，由于管理被淡化和高度信息协同的需求，传统树状或矩阵结构的部门和层级区分将随之消融，取而代之的是连通一体、柔性结构的协同网络模式。在科层组织与市场组织阶段，阿里巴巴的组织方式仍然是典型的自上而下的树状结构，指令层层上传下达，在新的组织中，组织架构的形象更像一张网，组织里的每个点都与其他所有的点实时相连，确保任何脉动都能即时同步到整个组织中。新经济范式最根本的特质就是网——开放的网络结构、自由的多元协同、分布式的自组织体系。笔者将这种新的经济范式称为网络协同，在商业世界里，网络协同正在取代传统工业时代相对封闭的体系（例如传统供应链体系），成为互联网时代的基本合作范式。

在淘宝早期，阿里巴巴不断通过网络扩张带来了新一轮的多元化角色，越来越多的协同角色功能构筑并丰富了淘宝的协同网络，前台业务基本实现了在线化，为了适应数据应用与组织效率的提升，阿里巴巴不断将协同网络拓展至中、后台，最终基本实现前、中、后台业务活动的全部在线化，阿里巴巴协同网络基本形成。在系统网络形成后，阿里巴巴开始利用高效的网络组织，赋能新物种的产生，以网络电商为例，阿里巴巴未来（2018~2027年）将基于协同网络孵化10万家网红电商，淘宝服装品类的优势进一步凸显。如果你是网红，想在淘宝开网店卖衣服。你不需要会设计，不需要有自己的生产工厂、物流系统、客服团队……一切商品和服务你都可以在阿里生态体系里外包给第三方，向它们借力，阿里平台上有你所需要的上下游供应链，你只需发挥自己的所长，维护好粉丝，与粉丝互动、成长即可。同时阿里巴巴基于协同网络不断赋能全社会零售活动，基于网络组织，其孵化出菜鸟物流、盒马鲜生等线下新业态，阿里巴巴正在整体提升中国零售企业经营绩效。

6.3.4 自组织

从表面看，在淘宝平台上完成了商品从浏览、比较、购买的全过程，但隐藏在这简单购物过程背后的是全过程高效协同，与线下实体购物过程一样，其背后需要难以想象的社会协作系统的高效协同。在海量差异化、个性化商品通过数千万买家到达消费者手中，其背后需要卖家、买家、物流公司、银行、在线客服、库存管理、软件工程师等数以万计大量社会角色的共同配合和实时互动才能实现。依托协同网络，阿里巴巴零售业务背后完成了数以亿计的节点的交互与协同，满足各自需求，协同网络不断演化。但在此阶段，突出的问题开始暴露，尤其是在"双十一"期间更为明显，在如此庞大的人类协同面前，人的决策开始无能为力，此时机器替代人开始在阿里巴巴零售业务中出现。以淘宝"千人千面"的购物页面推荐为例，每一次消费者的页面刷新，淘宝都需要基于消费者的购物浏览痕迹，为消费者提供全新的业务推荐，这对于人的计算处理能力来说是无法实现的，更何况数以亿计的消费者同时在线。淘宝开始基于协同网络产生的海量数据，尝试数据智能在零售业务中的应用，数据智能的本质是机器替代人直接决策，与传统商业决策智能BI不同，数据智能的核心不是提供数据让决策人员决策，而是直接替代决策人员进行决策，中间不需要人为的介入，这就是所谓的数据闭环。数据智能的核心是大数据和算法，协同网络沉淀所有基于淘宝平台的行为数据与关系数据，为数据智能提供了数据来源，算法工程师基于人对处理具体问题的模拟，抽象成模型，然后用数学方法找出模型解，之后再用代码把解转化为机器可以执行的命令，这样就完成了一个机器大脑的构建。所以，算法其实就是将人对待事物的理解转化成机器可以理解和执行的模型与代码。在大数据的支撑下，源源不断的数据输入模型，将实现算法的快速迭代，经过无休止的迭代过程，算法将更高效地替代人解决具体问题。

协同网络与数据智能，阿里巴巴开始形成了高效的数据闭环，即协同网络产生数据，大数据输入算法，在数据智能的决策下，形成新的交易，新的交易又产生新的数据，协同网络与数据智能开始累积因果关系，数据闭环开始形成，在此过程中阿里巴巴开始实现了自我组织与自我进化，自组织阶段开始形成。协同网络与数据智能成为阿里巴巴自组织的双螺旋，不断将阿里巴巴推向更高层次的价值创造水平，同时阿里巴巴开始思考，如何将协同网络与数据智能向线下应用，相继推出了盒马鲜生、大润发的新零售孵化与传统零售的改造。

6.4 阿里巴巴的技术架构分析

分析阿里巴巴组织技术架构的演进，通过技术架构的演进，分析数据在零售活动中的地位与作用的逐步变化，数据部门从原本的辅助部门、消耗部门，逐步成为企业的战略中心，以此说明为什么数据是零售业态演化的基本驱动力。

6.4.1 烟囱式技术架构

阿里巴巴开始于1688 B2B模式，为了服务于1688事业部，在早期，阿里巴巴成立了1688技术团队，主要负责1688事业部的业务拓展与中、后台处理。随着2003年，淘宝事业部的成立，零售业务逐渐成为阿里巴巴业务的重心，淘宝技术团队成立并且逐渐发展壮大。2008年，阿里巴巴集团成立了天猫事业部，由于缺乏技术服务人员，淘宝技术团队肩负着同时支持淘宝事业部与天猫事业部的任务。这样的技术架构，决定了技术团队对于淘宝的业务需求永远处于优先级，原因很简单，技术团队无论从情感还是技术熟练程度都倾向于淘宝，天猫事业部技术支持得不到满足，严重影响了天猫的业务发展。淘宝、天猫是两套完全独立的运营体系，同时包含了商品、交易、评价、支付、物流等功能，而这两套独立运营体系的功能绝大部分都是重合的。

如图6-2所示，阿里巴巴2008年时淘宝的技术团队同时支持着淘宝和天猫两大电商平台。1999年成立的B2B电商平台1688一直拥有自己的技术支持团队。完全独立的三套架构，各自独立开发与运维，其实无论是B2B、B2C、C2C，从基本的业务流程和服务内容看基本是相同的，如信息展示、交易支付、用户评价、第三方端口，很明显其存在公共和通用的功能，可以共享。其实阿里巴巴烟囱式技术架构是早期中国企业系统建设的共同特征，其突出的弊端体现在：一是重复建设和维护带来的重复投资，1688、淘宝、天猫平台在信息展示、交易支付、用户评价、第三方端口都需要重复建设，在后期维护中，又需要不断进行投资；二是打通烟囱式系统间交互的集成和协作成本高昂，随着业务发展，品牌商着急获取到最终用户的消费行为、偏好等信息，从而为用户的精准营销做有力的数据支持，但发现用户的会员信息、商品信息、订单信息、消费行为信息等都被之前烟囱式的系统建设方式拆分到了不同的系统中，因此不得不开始打通这些烟囱，从而获得品牌商所需的全局会员以及消费数据，但在现实操作中由于数据格式的不同以及端口的差异，系统内交互与集成的难度极高，在集成的过程中不亚于重建系统；三是不利于传统业务的沉淀与新业务需求的持续发展。由于外部环境的复杂化，对新业务的需求与日俱增，烟囱式技术架构难以满足对传统业务的沉淀，尤其是新业务需求，更是无能为力。

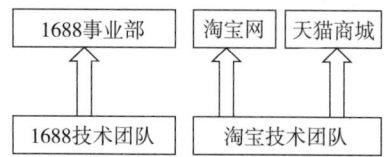

图 6-2　阿里巴巴集团三大电商体系的技术支持架构

6.4.2　数据共享技术架构

基于烟囱式技术架构的弊端，2009年，阿里巴巴集团成立了共享事业部，共享事业部与淘宝事业部、天猫事业部在级别上是相同的。阿里巴巴集团的初衷很简单，想通过共享事业部进一步梳理淘宝、天猫业务流程，将两个平台中公共的、通用的业务功能沉淀到共享平台，避免重复投资，同时加速数据的共享与沉淀。但是事与愿违，与其他企业的情况相同，技术部门在集团中的定位仍然是决策支持部门，是消耗资源的部门，而非战略部门，其话语权与淘宝事业部、天猫事业部不在一个层级。随着淘宝事业部、天猫事业部业务需求的激增，共享事业部在有限人力物力、有限资源的基础上，很难满足两大事业部的要求。而问题的解决来源于团购入口——聚划算的成立，聚划算上线后高速增长，1688、淘宝、天猫的商品只要进入聚划算平台，销售额立刻会增长25倍，1688、淘宝、天猫由于对新增长点的追求，纷纷要求对接聚划算，而阿里巴巴集团意识到这是提升共享事业部绝好的机会，要求凡是对接聚划算平台端口，必须通过共享事业部实现，由此以来，不仅提升了共享事业部的战略地位，更为关键的是将以前难以推动的业务共享顺理成章地实现了。图6-3清晰地描述了厚平台薄应用架构形态。目前阿里巴巴集团前端超过25个业务单元（如淘宝、天猫、聚划算），均不是独立地构建在阿里云的云平台之上，在后端阿里云平台和前端业务间有了一个共享业务事业部，将阿里巴巴集团前端业务中公共、通用的业务沉淀到了事业部，包含了用户中心、商品中心、交易中心、评价中心等十几个中心，而共享业务事业部正是厚平台的真实体现，为阿里巴巴各种前端业务提供着相应服务中心领域最为专业、稳定的业务服务。图6-2展示了共享服务是如何支持前端业务的，以1688、淘宝、聚划算、闲鱼为例，每个平台都有各自的订单创建流程，各流程所包括的服务数量和流程因为业务场景的不同而有所不同，但不管是哪种模式下的订单创建无一不会牵涉会员信息的验证、商品库存的修改、订单的创建、支付记录的生成，这些相关的服务均由各自的服务中心提供，这意味着不管前端业务形态如何多样，共享服务中心提供的服务都能很好地提供所包含的核心服务，让前端业务的交易信息和数据回流到对应的服务中心。

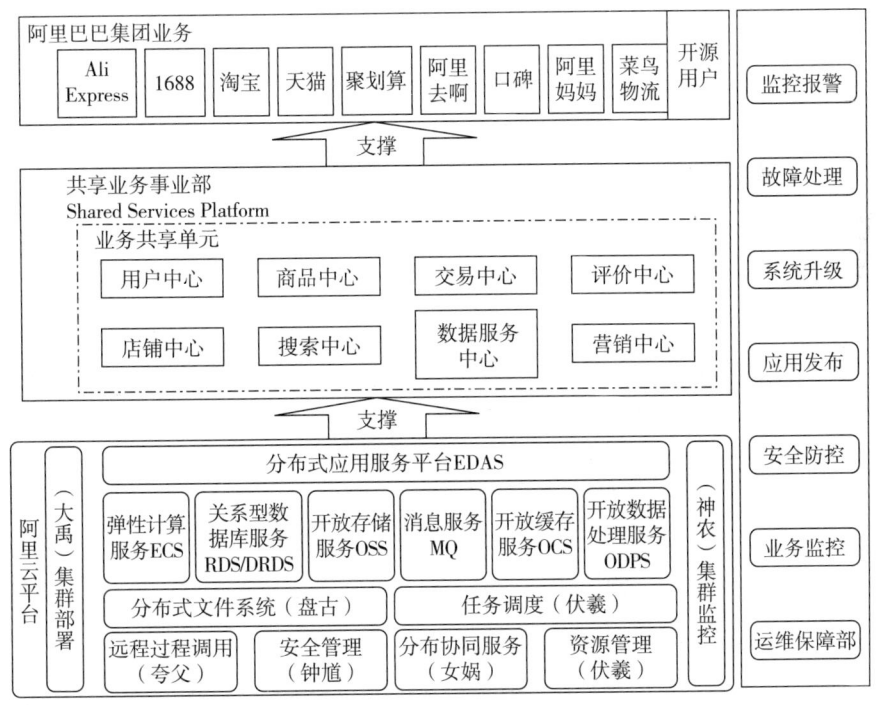

图6-3 阿里巴巴共享数据技术架构

共享事业部的成立发展，是技术实质建立在企业服务总线 EBS 基础上不同系统之间的集成与共享，以技术的视角选择了一个科学的架构实现了系统的互联，这只是利用了企业服务总线构建了一个企业内部的服务路由枢纽和渠道。其优势是避免了重复建设和后期重复投资，但面对迅速发展的新业务要求，共享事业部企业服务总线 EBS 模式也难以满足其需要，其根本原因是共享事业部 EBS 技术架构仍然是静态的，在面对新业务要求时，因为基于企业业务流程已经完成了封装和改造，共享事业部从自身的利益考量和风险评估角度考虑，绝大部分的情景是拒绝的，因为改造升级后的结果是否能满足新业务的需求，是否存在系统风险，是未知的，出于多一事不如少一事的心态，面对天猫事业部、淘宝事业部的新业务要求，往往是拒绝的。更为关键的是，KPI 的考核核心仍以稳定为主。所以共享事业部技术架构仍然不能满足动态变化的外部环境的需求，难以对业务进行有效沉淀和持续高速发展。

6.4.3 数据中台技术架构

图 6-4 是互联网时代与非互联网时代业务对系统的需求以及系统响应能力的曲线。从图中可以看出，进入互联网时代，业务对系统的需求激增，传统系统响应能力与业务对系统的需求之间的距离越来越大，这也是阿里巴巴不断改变传统烟囱式技术架构与 EBS 企业服务总线技术架构的根本原因。

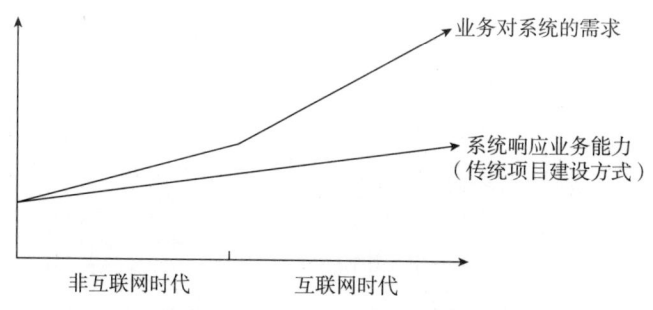

图 6-4　系统响应能力与业务对系统需求的差异曲线

在阿里巴巴共享事业部的存续后期，外部环境发生了重大变革：一是业务快速迭代，新的业务不断要求对技术架构的服务接入；二是数据成为企业的战略资源，要求技术架构不断地进行数据沉淀、输出。面对外部环境的变化，要求改变传统的形态技术架构，实现组织架构的实时动态感知。

要求改变传统中心式的 EBS 服务总线架构，确立基于分布式网络的去中心化服务架构。要求构建符合 DT 时代的工具创新性、灵活性的"大中台、小前台"组织机制和业务机制，让听见炮火的士兵（小前台）做决定。而 SOA 架构正好适应了外部环境与技术架构的要求，SOA 架构的主要特征包括面向服务的分布式计算，服务间松散耦合，支持服务的组装，服务注册和自动发现，以服务契约方式定义服务交互方式。基于 SOA 技术架构的核心思想与基本特征，阿里巴巴开始探索技术中台战略。

2015 年，当大多数企业忙着进行年度工作总结和下一年规划时，阿里巴巴集团对外宣布全面启动阿里巴巴集团 2018 年中台战略，构建符合 DT 时代的工具创新性、灵活性的"大中台、小前台"组织机制和业务机制，即作为前台的一线业务会更敏捷、更灵活适应瞬息万变的市场，而中台将集合整个集团的运营数据能力、产品技术创新能力，对各前台业务形成强力支撑。阿里巴巴中台技术架构的核心主要在于以下几方面。首先，确定数据中台部门是企业的战略中心，而非传统的成本中心。其次，坚持"大中台、小前台"，中台充分为前台业务创新赋能。最后，基于互联网的去中心化分布式架构，能快速感知外部环境变化。

阿里巴巴的中台架构（见图 6-5）包括基础数据存储和技术平台阿里云、人工智能和机器学习引擎 DT 个人信息助手（数据技术人工智能平台），代码、算法、模型的共创平台，项目管理和工程平台，以及应用层面的商业智能分析、调研、设计和开发应用平台等。这些子平台系统以统一的标准、协议和流程规范、畅通连接和共享，而创新的资源调度过程就如同将这些不同层级的组件进行搭配连通的乐高游戏。在具体实施的过程中，由于数据中台需要协同阿里巴巴所有业务部门，同时阿里巴巴所有业务部门的数据是割裂与不兼容的，就连基本的对性别的定义方式都各有不同，可想而知其难度有多大。从 2015 年开始，几百人的团队经过三年的努力，也仅统一了一般部门的数据格式。

数据中台架构难度如此之大，为什么阿里巴巴还要尝试。其核心原因在于：一是数据的沉淀，经过数据定义、计算、存储全部标准化之后，放到数据中台，所有数据、代码、元数据和描述文档都将充分共享，其他部门在进行新业务开发和数据代码需要时，可以在现有的基础上，进行再创新，创新效率极大提高。每一次创新同样在中后台平台上沉淀，智能、技术、经验、

图 6-5　阿里巴巴数据中台全景图

模式都以这种机制日益丰富、共同迭代，从而形成难以被其他平台超越的创新壁垒。二是 KPI 考核提供了丰富的数据来源，每个人做了什么，做了多少，多少被其他人利用，在数据中台上一目了然，更加有利于激励创新。三是输出能力，经过数据沉淀，数据中台成为企业最重要的战略资源，为数据变现对外输出提供了可能，这也是阿里巴巴赋能新零售的主要优势来源。

6.5　阿里巴巴的信息功能分析

阿里巴巴从开始探索零售业务开始，以信息中介切入零售业态演化的空白市场，在其演化过程中，通过阿里巴巴全渠道融合的尝试，已形成复杂的信息中介，并逐步向个人信息助手蜕变。

6.5.1　阿里巴巴的全渠道融合

阿里巴巴在搭建了线上淘宝、天猫、聚划算、菜鸟物流、蚂蚁金服等平台的基础上，开始逐步向线下转型，正如马云所言，未来十年、二十年电子商务将消失，阿里巴巴全面尝试全渠道融合。在百货商店方面先后收购银泰百货、三江百货，在超市方面先后收购大润发，持股百联集团，并且依托商业基础设施优势，推出生活选集、集货、就试试衣间、天猫新零食馆、家时代家居馆等专业店。阿里巴巴通过收购饿了么，将饿了么与口碑合并，成立线下生活事业部，进一步探索O2O本地生活服务。同时通过淘票票、优酷网、阿里影业等不断向文娱领域拓展。阿里巴巴逐渐覆盖消费者购物、服务的触点，实现全渠道融合发展。

阿里巴巴在线上已经形成了完善的生态系统，不断产生新物种。而近年来，随着阿里巴巴战略转型，阿里巴巴开始全面覆盖线下生活，除了对传统零售业态的孵化与改造外，阿里巴巴深入本地生活的各个角落。2017年，口碑业务从蚂蚁金服剥离，阿里巴巴开始以口碑业务为切入点布局本地生活服务。在与本地生活企业竞争的过程中，口碑业务开始陷入劣势。2018年4月，阿里巴巴全资收购饿了么，不仅取得了饿了么完善的线下资源，更为关键的是取得了蜂鸟配送的线下支撑，初步完成口碑到家、饿了么到店的线下布局。2018年10月，饿了么与口碑合并，成立全新的本地服务子公司。现阶段，阿里巴巴在线下已经初步形成大润发超市、盒马鲜生、区域零售企业、线下药店、零售通、天猫小店等各种业态。同时，阿里巴巴通过线下资源，不断进行业务输出，2018年8月，阿里巴巴与星巴克战略合作，通过饿了么与盒马鲜生为星巴克提供咖啡配送业务。从新零售代表盒马到时尚百货代表银泰，再从代表实体店数字化转型的天猫到快消和超市代表大润发等，服务的方面涵盖了从衣食住行到吃喝玩乐，阿里巴巴生态经济体全员进场（见表6-3）。阿里巴巴CEO张勇将它定义为一个展示阿里整体商业力量的舞台。未来基于阿里巴巴，将实现三公里本地生活服务圈，除了满足本地生活需求之外，更为关键的是通过复杂、多层的场景布置，阿里巴巴将获取全部消费者交易数据与行为数据，巨大体量的数据将为阿里巴巴进行协同搭建与数据智能迭代提供直接基础。

表6-3 阿里巴巴的全渠道融合发展

业态	百货	超市	专业店	无人店	便利店	平台	物流	线下生活
线上线下	天猫商城、银泰百货、三江百货	天猫超市、盒马鲜生、百联集团、苏宁易购、大润发	生活选集集货、就试试衣间、天猫新零食馆、家时代	淘宝、会员店	天猫小店	淘宝、喵街	菜鸟物流、三级配送体系、蜂鸟	口碑、饿了么门店

6.5.2 阿里巴巴的信息中介特征

阿里巴巴作为信息中介的尝试开始于淘宝。淘宝作为零售平台，其突出作用是信息中介，淘宝通过信息中介进一步改善了生产与消费的矛盾，实现了生产与消费在时间与空间的匹配。同时淘宝引入了评价机制，客观的消费者评价改变了传统消费者依赖于生产组织广告宣传，对于淘宝零售平台上的品类，消费者可以沉淀下客观评价，并可针对相关问题进行提问，在一定程度上满足了消费者信息搜集的要求，成为消费者最主要的信息来源。随着淘宝平台汇集几十万卖家和上千万商品的速度加快，仅依靠类目搜索的浏览路径已不再友好，为了满足消费者信息搜索的要求，淘宝在借助雅虎团队技术优势的基础上，在淘宝平台引入了搜索引擎。搜索引擎的引入进一步强化了淘宝信息中介的地位，通过输入关键词，直接产生搜索结果，其通过综合、人气、新品、销量、价格等多维度的搜索排名，快速筛选所需要的产品与服务，改变了传统消费者通过逐层类目信息搜索的低效。为了凸显淘宝商品在价格与质量方面的优势，淘宝将信息搜索、比较的范围扩大到全网，阿里巴巴推出比价搜索网站—淘网，可以从全网抓取数据，比较几乎所有电商平台价格数据，针对特定商品的价格离散程度一目了然，进一步提升了消费的信息能力。

6.5.3 阿里巴巴的个人信息助手特征

随着阿里巴巴品类扩充与评价沉淀，阿里巴巴平台信息冗余的趋势愈加明显，原本依靠消费者人脑进行决策的模式也在逐渐改变，基于消费者行为数据，阿里巴巴开始探索推荐系统的引入，通过挖掘用户动态兴趣的变化以及其沉淀于阿里巴巴平台的历史数据，阿里巴巴推出"千人千面"计划，基于系统模型——深度兴趣网络（Deep & Cross Network），消费者在淘宝、天猫等平台可以实时接受推荐系统为消费者筛选的感兴趣商品。阿里巴巴推荐系统在一定程度上实现了零售业态的实质，即高效动态的匹配生产与消费，进一步节约了消费者认知资源，提高消费者信息处理能力。在推荐系统的基础上，阿里巴巴开始意识到消费者在信息领域的弱势地位，探索进一步提升消费者信息能力。2018年，阿里巴巴正式推出首个面向淘宝和天猫用户的专属AI客服机器人——新版"阿里小蜜","阿里小蜜"是在2015年天猫AI智能客服的基础上推出的升级版本,是典型的服务于消费者个人的私人助理。"阿里小蜜"通过个人信息的授权,可以与消费者实现多模式交互,支持淘宝、天猫、支付宝等购物平台上问题的识别与解决,并根据与消费者的深度交互推荐相应的商品与服务。随着"阿里小蜜"模式的逐渐成熟,"阿里小蜜"的服务范围逐渐扩展到机票预订、天气查询等领域。未来,阿里巴巴在推荐系统与"阿里小蜜"的基础上,将利用其数据优势,全面向个人信息助手领域探索。

6.6 阿里巴巴的商业模式分析

6.6.1 C2C 模式

阿里巴巴零售业务开始于淘宝,淘宝的商业模式是C2C,即通过平台的接入处理价值创造、传递过程中个人与个人的关系,关于淘宝的历史进程已经进行了详尽的描述,在此不再赘述。对于个人与个人关系的处理,淘宝类似于传统的市场和业种店,因为买卖双方都是个人,而且人数众多,商品质量参差不齐,基于此商业模式确立的过程中,不需要担保机制的介入,因此,支付宝的产生在一定程度上保证了交易双方的交易利益与价值实现。同时由于个人在服务能力方面的限制,必然要求淘宝平台接入商家服务平台,通过不断丰富的网页设计、模特、物流等服务满足个人对商品经营的要求。阿里巴巴旺旺于2004年应运而生,让淘宝的购物不再单调,给了消费者一个表达意见、说出自身想法的途径。淘宝C2C商业模式的核心在于能够充分匹配个人与个人之间的差异与需求,在商品选择上,多样化、个性化的长尾商品成为主流,淘宝的核心能力是使得长尾商品的需求迅速放大。同时为了匹配消费者,如今淘宝实现了"千人千面"的阶段性目标,所有用户可以在第一时间得到更细致的服务。

6.6.2 B2C 模式

2008年,阿里巴巴推出天猫商城,天猫商城与线下百货商店、购物中心、专业店的商业模式相类似,其实是指 B2C,处理商家与个人之间的关系,B2C 商业模式是商家直接将产品或服务销售给消费者,与 C2C 相比,商业在商品质量与售后服务方面较之个人具有优势,同时其他商家在商品提供方面与个人提供长尾商品所不同,其提供的普遍是畅销商品。天猫商城的出现,在一定程度上为传统厂商提供了在线化销售渠道,进一步提高了厂商的规模经济。同时,厂商通过线上线下的协同,不仅能解决用户体验问题,更在一定程度上进行了库存共享与供应链优化。传统厂商由于缺少与消费者交互的界面,其产品更新换代速度慢,在天猫商城 B2C 模式下,厂商可以与消费者直接沟通,在一定程度上为快速获取消费者商品体验提供了直接渠道。天猫商城由于在商业模式上的优势,保证了持续扩大的交易规模,以"双十一"交易额为例,2018 年,天猫"双十一"交易额达到 2135 亿元,物流单量超过 10 亿单。图 6-6 是天猫"双十一"近十年的销售额,其体现了天猫 B2C 模式在畅销品销售方面的优势。

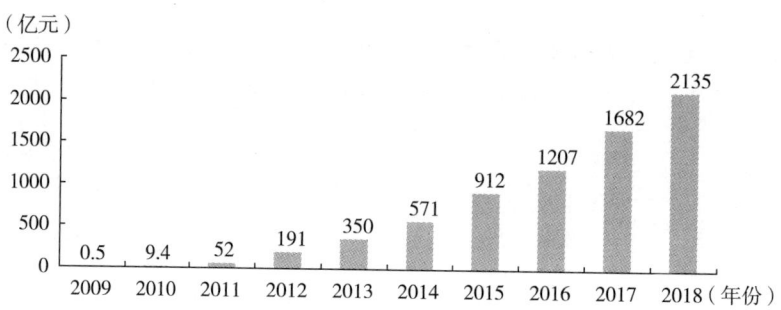

图 6-6 2009~2018 年天猫"双十一"销售额

6.6.3 P2B2C 模式

传统的 B2C 中零售业态与厂商的关系是竞争,而在 P2B2C 中零售业态与 B 的关系是赋能关系,零售业态通过沉淀在全渠道平台上的数据资源,将消费者行为数据传递给厂商 B,使厂商提供满足消费者需要的商品与服务,并在零售业态与厂商持续互动中加速差异化与创新。同时零售业态为厂商 B 提供稳定的消费者流量,零售业态与厂商 B 的关系转变为合作关系,厂商 B 离开零售业态的支持无法独立完成对客户的服务。

B2C 模式的突出问题是难以将个性化定制与规模化生产相衔接,P2B2C

模式的出现有效的解决了上述突出矛盾,阿里巴巴平台借助数据中台沉淀的消费者行为数据与关系数据,确立消费者画像,基于消费者个性化需求,定制个性化商品。天猫商城推出了一种基于数据智能的 P2B2C 模式,为个性化定制的发展打开了一扇新的大门。阿里巴巴关于 P2B2C 模式主要体现在小家电定制、汽车定制、网红电商等领域。在小家电定制方面,阿里巴巴利用自身掌握的多维完备数据,通过数据主导研发、设计、生产、定价,阿里巴巴先后为美的、九阳、苏泊尔等 10 个品牌的 12 条生产线提供小家电定制服务。在天猫包下的生产线的方式中,用户的搜索浏览、驻留时间、商品对比、购物车、下单、评价数据都被天猫全程记录,同时用户的个人资料,例如性别、地域、年龄、职业、消费水平、偏好也被记录,天猫通过对用户的这些资料进行分析,得出企业需要的数据,交叉分析、定点分析、抽样分析、群体分析,数据智能的挖掘与落地都得益于这些手段。2017年,上汽大通与阿里巴巴深度合作,通过阿里巴巴平台私人定制 D90 车型 SUV,在战略伙伴阿里的支持下,这次活动从设计到定价共有 66 万用户参与,无论是颜色、座椅还是驱动形式,共有 58 类可以供消费者选择的定制方案,根据不同的方案,有 1 万多种价格梯度来满足不同阶层的消费者,而这些都可以在一个 App 上完成,这样的活动自然受到了广大汽车爱好者的青睐,仅在 2017 年 12 月,上汽大通接到的订单就超过 1 万份。网红电商模式是阿里巴巴赋能的最直接体现,网红电商整个用户获取、生产设计、物流与供应链、售后服务全部依托阿里巴巴赋能。

6.6.4 C2B 模式

在 P2B2C 阶段,为了适应价值创造的需要,零售业态主要以联营为主,通过提供物业管理赚取利润。由于零售业态在与消费者互动方面的优势,使其能充分获取消费者数据,这些数据将成为零售业态的基本资源。在此基础上,零售业态将逐渐回归自营,如果零售业态仍以联营为主,不但获取的数据资源无法变现,更为关键的是如果简单地将数据赋能给商品与服务的提供厂商 B,厂商 B 将获得高额利润,而零售业态自身利润水平仍保持在一定水平,所以基于对数据变现与利润的比较,零售业态将向自营回归。通过沉淀在零售业态之上的消费者行为数据,定制个性化商品与差异化服务,通过协同网络配置资源,完成商品与服务的提供。在传统的 P2B2C 模式中，零售业态对于商品与服务的质量与体验是难以控制的，在未来转向自营的过程中，其可以对商品与服务的质量、消费者体验进行把控，实现消费者购物体验的提升。阿里巴巴在C2B模式中，突出的体现是线下自营模式的增加，阿里巴巴借助完善的商业基础设施，在线下开启了盒马鲜生、大润发的新零售尝试，其突出特点是以消费者的需求为逻辑起点，自主设计商品与服务。通过供应链系统，为自营盒马鲜生、大润发提供商品采购，服务质量与用户体验深度优化。

6.7 阿里巴巴的绩效考核分析

组织存在的首要任务是完成共同目标，传统组织为了完成既定目标，通常会采取KPI来考核、管理、奖励，在淘宝早期明显的定目标—追过程—拿结果就是KPI绩效考核体系的具体化。在淘宝早期，由于阿里巴巴零售业务追求的目标相对单一，比如卖家有多好、销售额是多少，KPI考核能适应当时企业内外部环境的需要，并且由于KPI指标的指向性强，可以在短时间内完成淘宝快速扩张的需要。但随着分工深化与新物种的产生，原有的第三方服务在规模经济的基础上形成了相应的互补性平台，如菜鸟物流、蚂蚁金服等，相关互补性平台与淘宝、天猫、聚划算交易平台的互联互通，形成了复杂双边市场，进而演化成智能生态系统。随着阿里巴巴零售业务的演化，再依靠传统的KPI组织激励已经不可行，其主要原因包括以下几个方面：一是多任务目标同时存在，传统买家数量与销售额已成为次要目标，数据的沉淀、新物种的孵化、中小卖家的成长通道、企业持续能力等，这些都需要被纳入动态考核的指标体系。在一定程度上传统KPI考核体系，已经不能体现企业的发展战略，传统企业在面对发展战略执行和KPI考核时，往往企业的发展战略处于妥协状态，或者简化成若干不能完全覆盖战略的指标。二是传统KPI考核体系是静态的，在制定完KPI考核体系后，若干财务年度内是不变的，面对外部环境瞬息万变和产品生命周期的缩短，必须有动态适应能力的KPI考核体系与之相适应。基于以上原因，阿里巴巴开始思考全新的考核体系，数据中台的形成并逐步完善为阿里巴巴新考核体系的产生奠定了基础，因为绝大部分前台、中台、后台的数据都将沉淀在数据中台，尤其员工的工作情况直接体现在相应的数据之上，基于此，阿里巴巴在充分利用数据中台的基础上，提出了 Matrix 考核体系，我们把它翻译成目标矩阵，动态目标矩阵的核心是将考核指标细化成几百个、几千个、几万个指标，这些指标基本覆盖阿里巴巴零售业务每阶段的主要战略，虽然指标在使用初期，可能不能很好地考核员工的绩效情况，但其通过数据中台的不断数据输入、快速迭代，最终能很好地反映员工的工作绩效。更为关键的是其数据来源与指标体系是动态更新的，这样使得其动态适应性更强。创新性组织目标的履行，必然要求全新的组织绩效考核方式，阿里巴巴 Matrix 考核体系为传统零售业态绩效考核提供了直接借鉴经验。

6.8 阿里巴巴的新零售实践分析

未来零售业态会实现完全在线化，所以阿里巴巴过去 20 年在线业务的典型经验为线下零售业态实现在线化提供完整的借鉴经验，更为关键的是，阿里巴巴通过线上业务的探索与新的商业基础设施的形成，直接开始探索线下零售业态创新，不仅与传统线下零售业态直接构成竞争，更为关键的是为传统线下零售业态提供了直接的借鉴经验，通过阿里巴巴赋能盒马鲜生、银泰百货、大润发、联华超市的尝试，可以更清晰未来零售业态演化的趋势与方向，也进一步验证本书关于零售业态演化趋势的基本观点。

6.8.1 盒马鲜生的典型实践

盒马鲜生是阿里巴巴首次全面的线下零售业态的尝试，盒马鲜生的成功在一定程度上为阿里巴巴所有线下零售业态尝试提供了借鉴模板。

（1）盒马鲜生的孵化基础。盒马鲜生的产生不是一蹴而就的，而是阿里巴巴在生鲜领域多年尝试与布局的结果，支撑着盒马鲜生从数据、供应链、物流配送的全过程，当盒马鲜生孵化所有的条件都具备时，盒马鲜生的产生就顺理成章了。阿里巴巴在孵化盒马鲜生时已经具备了如下优势：

一是数据来源,阿里巴巴基于淘宝、天猫、支付宝、优酷视频等覆盖消费者数据化生活全过程的网络应用,在一定程度上已经覆盖了三公里生活圈消费者数据的采集能力。二是商业基础设施的赋能,阿里巴巴完善的商业基础设施,为盒马鲜生在支付、物流、云计算、大数据方面提供了全面的支撑。三是阿里巴巴在生鲜领域的深耕。在平台方面,阿里巴巴探索天猫生鲜,其主要渠道包括天猫超市、喵鲜生和自营生鲜电商旗舰店。在具体运营方面,阿里巴巴先后多次增资易果生鲜,基本形成"天猫生鲜+易果生鲜"的线上线下一体化运营体系,阿里巴巴在生鲜领域的深耕,使得盒马鲜生的产生顺理成章。四是在生鲜供应链方面,阿里巴巴搭建了面向国外、面向农村的两条成熟的生鲜供应链体系,尤其是云象供应链的推出。云象供应链集合了优质的买手资源,将触角延伸到世界主要国家和地区的优质原产地,在水果、海鲜、牛肉、禽类采购方面与40个国家、50个原产地、100个供应商建立全球直采网络,基本覆盖了盒马鲜生的生鲜品类。五是高效的整合,依托易果生鲜的冷链、仓储网络,在云象供应链的品类支持下,以安鲜达解决最后一公里配送,阿里巴巴生鲜高效整合体系已基本形成。2018年阿里巴巴收购饿了么,饿了么旗下蜂鸟配送进一步完善了阿里巴巴线下物流网络。

(2)盒马鲜生的产生。在盒马鲜生产生之前,中国生鲜电商举步维艰,由于生鲜产品自身信息不对称、高损耗、非标准品、高线下冷链物流成本等特点,O2O模式和B2C模式都没有取得成功,但生鲜却是消费者日常生活需求量最大,采购频率最高的品类。基于此,盒马鲜生创始人侯毅开始了思考与探索,侯毅曾担任物流部门经理,拥有较好的线下经验与数据能力,2009年加入京东,负责京东到家O2O项目,在此阶段积累线上互联网经营的经验。2015年,侯毅在上海开始筹备成立盒马鲜生,基于对中国生鲜品类痛点的深刻理解与前期丰富的经验,侯毅认为应基于"网络信息技术+线下实体门店"的形式探索中国生鲜的第三条发展之路。在与主要投资人阿里巴巴进行沟通时,阿里巴巴CEO张勇是少数赞成的人,经过半年十余次的面对面交流,盒马鲜生的顶层设计基本完成,以超市为切入点,以生鲜为超市主要特色,线下重体验,并结合餐饮业态;线上主导,通过线下配送,完成三公里生活圈覆盖。2016年1月,盒马鲜生上海金桥店开业,同时上线盒马鲜生App。主要投资人阿里巴巴提出清晰目标:第一,线上交易需大于线下;第二,线上每天需做到单店5000单以上;第三,App能够自己独立生存,不需要其他流量支持;第四,在冷链物流成本可控的范围内做到30分钟送达。有了清晰的目标和顶层设计,团队开始制定具体的系统和流程。盒马创始团队提出新零售的五个具体标准:统一会员、统一库存、统一价格、统一营销、统一结算。盒马鲜生上海金桥店成立当年,全年营业额2.5亿元,坪效5.6万元,高于同业平均水平3.9倍,线上订单占70%。盒马鲜生完成既定目标,阿里巴巴新零售探索初步成功。

(3)盒马鲜生的模式。从零售业态看,盒马鲜生顺应了从微观单业态向复合多业态演化的趋势,其切入点是近年来发展迅猛的精品超市,在此基础上明确了餐饮特色业态,同时上线线上盒马鲜生App,其初步形成了全渠道融合业态的雏形。为了配合全渠道融合业态,盒马鲜生内部布局"一店二仓五个中心",即一个门店,前端为消费区,后端为仓储配送区,五个中心分别是超市中心、餐饮中心、物流中心、体验中心以及粉丝运营中心。创新性开发出前端消费区与后端仓储配送区的悬挂系统,悬挂系统是打通线上线下融合的最直接体现。从目标人群选择看,盒马鲜生以海鲜为切入点,提供波士顿龙虾、帝王蟹等中高端品类,定位于新中产阶层的新生活需求,盒马的目标消费群体是"80/90"后年轻群体,他们比"60/70"后更关注品质,时间敏感度高而价格敏感度相对较低。同时新中产阶层的消费体验具有很强的示范作用,进一步提高了盒马鲜生的覆盖范围。从渠道看,盒马鲜生实现线上、线下深度融合,通过将线上、线下业务完全一体化,来满足周边三公里范围内消费者对生鲜食品采购、餐饮以及生活休闲的需求。线上、线下所售商品完全是同一商品、同一品质和同一价格,线上提供快速的物流配送服务,线下增强消费者的场景体验感,双线协同作战、完美配合。从用户体验看,盒马鲜生以用户体验为中心,从生鲜品类看,明码标价,改变了传统线下生鲜售卖的信息不对称。现场制作与堂食,使得盒马鲜生成为线下社交场所。在生鲜制作过程中,消费者可以购买盒马鲜生针对目标群体筛选的较少SKU的商品。更为关键的是通过线上提供三公里生活方式,满足了新中产阶层对时间合理配置的需求。

(4)盒马鲜生的延伸。盒马鲜生的成功,使阿里巴巴基于盒马鲜生开始向上、向下进行拓展,向上扩大经营面积、扩充经营品类与业态,形成盒马集市。线下做减法,形成盒马F2(Fast & Fresh)便利店。2016年12

月,盒马集市在上海八佰伴开业,相比盒马鲜生,盒马集市在经营面积上扩大到1000平方米以上。在经营业态上,扩充了花店、烘焙等业态,餐饮占比继续增加。在SKU上,得到了极大的扩充,天猫超市基于大数据分析,将网红商品在盒马集市落地,同时增加更多百货服装。在购物体验方面,盒马集市可以通过扫码直接将所购商品快递回家,并可以在线点餐、在线排队,在推荐时间内堂食,较之盒马鲜生有较大的购物体验优化。侯毅表示,"盒马集市是真正意义上的超市和餐饮,超市和百货服装、休闲和娱乐、线上和线下完全融合的商店"。作为盒马鲜生向下延伸,2017年12月,盒马F2便利店在上海北外滩白金湾广场开业,盒马F2定位于高端办公区域,为白领解决便利性需求。其基本的业务流程是,在临近休息时间,上班族可以在线点餐,在接近预约时间时,前往便利店自提,便利店内有一个自开发的70度均衡保温自提机。自提后,可以堂食也可以外带,堂食过程全部自助,包括收拾餐盘过程。F2是一个专门为线下场景打造的业态,没有线上配送到门的服务,体验部分全部以线下为主。侯毅表示,盒马便利店就是一个下单移动化、交付自主化、商品自动化、门店全程数字化的管理,实现有人和无人之间的效率优化和无缝连接。

(5)盒马鲜生的商业逻辑。盒马鲜生通过对传统生鲜超市"人、货、场"的重构,实现了生鲜品类经营商业逻辑的升级。在传统生鲜超市的经营过程中,只能依据收入水平、年龄结构对目标人群进行模糊化的分类,根据其典型性需求,按照经营场景、生鲜品类与服务体验进行模糊定位。在整个管理过程中,主要依赖经营管理,通过长期积累的产品组合、品类采购、库存周期的经验,对经营流程进行把控。在具体的渠道选择方面,传统生鲜超市渠道处于割裂状态,尤其在线上线下渠道的供应链共享、数据共享、库存共享、配送共享方面,难以实现一体化和全局的优化配置,其结果是渠道融合不能提升生鲜超市的经营绩效。盒马鲜生的典型尝试改变了传统生鲜超市的经营逻辑,其通过阿里巴巴对数字化消费者的沉淀与搜集,清晰消费者需求特征与消费痛点,观察颗粒细腻化,在此基础上,通过消费者画像,提供按需组合的商品与服务。同时依据消费者信息搜集的网络依赖,实现全渠道融合,无时无刻、随时随地想买就买。更为关键的是通过全渠道融合和平台共享,盒马鲜生可以在更高水平上实现供应链共享、数据共享、库存共享、配送共享,使得其在更高水平上配置其新零售活动与要素，最终实现"人、货、场"的升级与重构（见图6-7）。

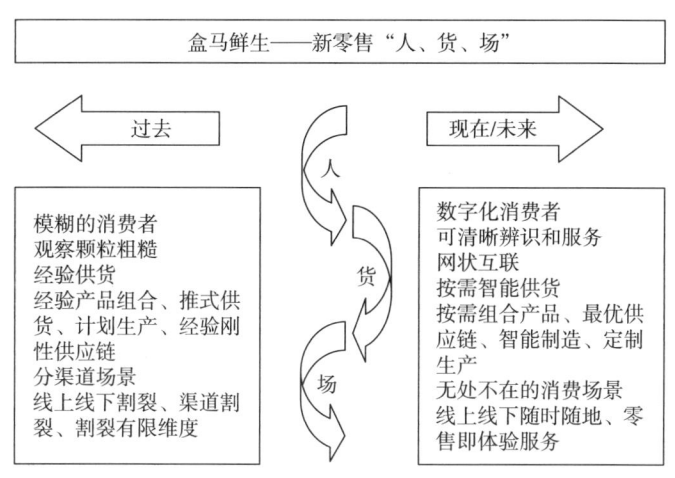

图6-7 盒马鲜生的商业逻辑

6.8.2 银泰百货的典型实践

银泰百货是杭州主导的商业企业，由于与阿里巴巴地理位置的交集，使其充分借助阿里巴巴资本、技术、人力资源优势，探索新零售转型升级。

（1）银泰百货的成长概况。银泰百货是主导杭州商业发展的线下商业集团，其区域优势以及与阿里巴巴在地理位置上的交集，使其成为阿里巴巴线下改造最早尝试的案例。1998年，银泰百货（武林店）开业，在早期的银泰百货发展过程中，主要立足于杭州的区域发展优势不断拓展线下门店资源。2007年，银泰百货在香港联交所上市交易，成为国内第一家赴香港上市的百货公司。在充足外源性资金的支撑下，银泰百货立足百货商店优势的同时，积极探索多业态组合与线上线下融合发展。2009年，银泰百货第一家购物中心开业。2010年，银泰网上线，银泰百货探索线上线下融合发展。2013年，银泰百货更名为银泰商业集团，开始异地扩张和全渠道融合发展。银泰百货相继在北京、西安等地区布局23家百货店。2014年，银泰商业集团与阿里巴巴集团展开全面合作，借助阿里巴巴资本投入与数据流量，开发出喵街App、西有、西选、集货、HomeTimes家居时代等新业态。之后银泰商业集团积极布局购物中心业态，杭州西湖银泰、杭州中大银泰开业，同时银泰商业集团托管杭州百货大楼，在杭州百货商店、购物中心占据主导地位。2017年，阿里巴巴联合沈国军私有化银泰百货，银泰百货从香港联交所退市，在银泰百货退市后，阿里巴巴成为银泰商业集团控股股东，开始基于银泰百货尝试大型零售业态改造升级之路。银泰百货发展历程如表6-4所示。

表6-4 银泰百货发展历程

年份	事件
1998	银泰百货第一家门店——杭州武林店开业
2007	银泰百货在香港联交所挂牌上市
2009	银泰百货第一家购物中心开业
2013	银泰百货更名"银泰商业"
2014	阿里巴巴以53.7亿港币战略投资银泰百货，成为仅次于创始人的第二大股东
2015	阿里巴巴CEO张勇接替沈国军成为银泰商业董事会主席
2017	阿里巴巴联合沈国军发起对银泰百货的私有化建议
2017	银泰百货从港交所退市，阿里巴巴成为银泰百货的控股股东，持股比例增至74%

（2）银泰百货的新零售升级路径。阿里巴巴对银泰商业集团的改造主要体现在百货商店、购物中心的升级上，由于百货商店、购物中心在线下零售业态结构中的主导地位，银泰商业集团的改造经验将为阿里巴巴大规模拓展线下零售业态提供保障。如图6-8所示，阿里巴巴对银泰百货的改造主要体现在全渠道建设、融合方面。

1）银泰百货新零售发展的基础。阿里巴巴对银泰百货的改造升级，最突出的作用体现在外源性资本的投入、数据与流量的支持。中国传统百货商店由于缺乏原始资本积累以及资本积累的过程缓慢，使其在面对外部环境变化时，难以迅速完成业态升级改造，导致路径依赖，这也是中国传统百货商店普遍陷入经营困境的核心因素。在阿里巴巴私有化银泰百货后，为银泰百货提供了充足的外源性资金来源，同时私有化可以淡化投资人的意见分析，专注于核心使命与战略。在数据与流量方面，银泰百货会员体系与阿里巴巴天猫大数据实现兼容共享，实现统一的会员体系，同时银泰百货利用阿里巴巴的历史数据、实时数据资源，清晰消费者数据、商品数据、地理位置数据，为在银泰百货新业态、新应用的创新提供了数据支撑。

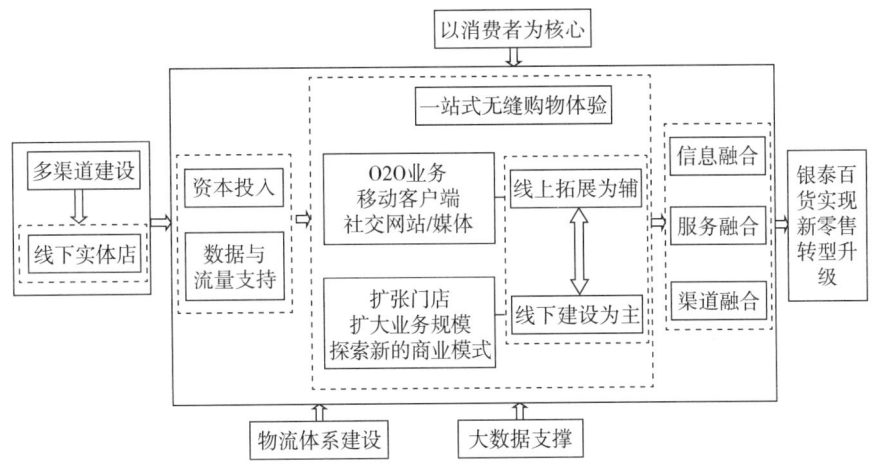

图 6-8 银泰百货的新零售升级路径

2) 银泰百货新渠道布局。在网络平台方面，银泰百货自建银泰网，并入驻天猫银泰旗舰店。移动平台，自建银泰 App，入驻喵街 App。其他平台，自建喵客（售货员社交零售媒体）。通过新渠道布局，银泰百货基本实现了全渠道融合，为后续渠道优化与资源高效配置提供了基础，同时也为数据沉淀提供了渠道支撑。

3) 银泰百货经营内容与业态创新。在经营内容上，银泰百货引入天猫国际线下实体店，依据天猫大数据，将天猫国际网红商品在线下展示，尤其是部分体验性较强的商品，如母婴品类、美妆品类、按摩仪品类，在线下实体店进行展示体验，在线下体验的过程中直接扫码在线下单，直接通过保税区快递到家。现阶段，天猫国际线下实体店只是保税展示的功能，随着更多尝试的开展，更多品类、更多功能会嵌入天猫国家线下实体店。线上线下同价。在全渠道融合的趋势下，由于消费者信息能力的提升，线上线下价格趋同是零售业态的基本经营内容，如果价格离散仍然存在，线下渠道只能沦为线下体验店，经过体验，消费者的购买行为仍然会转移到其他渠道，在银泰百货的改造过程中，全品类实现了全渠道同质同价，其突出作用是经过价格对比，顾客转化率提高。在商业美陈与购物场景方面，天猫金妆奖上展示的具有虚拟试妆效果的设备入驻一楼百货。为了方便女性消费者，阿里巴巴在银泰百货尝试设立了智能母婴室，为女性消费者提供补妆、替换尿布、哺乳需求。

4）调整商品结构，加快新业态孵化。在新业态孵化方面，产生了银泰西选、银泰意选、InJunior、集货、HomeTimes 家时代等新业态。银泰西选是在传统负一层超市基础上改造而成的，其突出特色体现在场景化的海淘体验场所，商品 90% 以上是进口的畅销单品，覆盖了生鲜、母婴、食品、家居、美妆等主要生活品类，并基于 App 探索西选宅配服务，实现了线上线下深度融合。银泰百货同时上线西有全球好店项目，经营服装鞋帽配饰等商品，为消费者提供意大利、法国商品的选购与体验服务。银泰百货基于阿里巴巴天猫大数据，推出集货项目，集货项目主要经营淘宝网红品牌，为网红单品提供线下体验。同时利用覆盖全球的买手，精选人气单品，积极培育本土设计师品牌，搭建设计师与消费者的沟通渠道。InJunior 母婴、儿童体验馆，其定位于 0~8 岁儿童成长需要，基于儿童场景设计，集合潮流儿童品牌，实现了体验、购物、重复购买的良性循环。HomeTimes 家时代，阿里巴巴在大数据的优势，上线智能家居体验馆，商品全部来源于大数据分析、选择，涵盖家具、家居和 3C 产品。基于阿里巴巴大数据赋能，银泰百货基于商品的精细化选择，结合精准的购物场景设置，实现了全新的业态布局。

5）银泰百货的数字化升级、融合。银泰百货在线下实体店实现了全过程的数据采集，通过 WiFi 全覆盖，对消费者在银泰百货线下门店中的交易行为数据、停留痕迹数据等进行了全面采集。同时逐步实现银泰 App、喵街 App、喵客 App 数据共享与兼容，银泰百货会员与银泰网、喵街、天猫旗舰店等各渠道信息交叉共享。阿里巴巴天猫大数据实现兼容共享，实现统一的会员体系，同时银泰百货利用阿里巴巴历史数据、实时数据资源，清晰消费者数据、商品数据、地理位置数据，为在银泰百货新业态、新应用的创新提供了数据支撑。

6）银泰百货物流体系重构。为了保障线上、线下高效融合运转，银泰百货不断强化物流体系建设，通过自建仓储配送中心与第三方物流企业、平台合作，实现了物流高效覆盖。在前期，银泰百货通过与顺丰速运建立战略合作伙伴关系，顺丰速运入驻银泰百货线下门店，为消费者提供基础的物流服务。随着物流量的增加，银泰百货接入菜鸟物流网络，将线下门店变为菜鸟物流的前置仓，消费者可以自主选择配送方式，基本实现本地商品配送 2 小时送达。

6.8.3 大润发超市的典型实践

超市一直是传统零售业态的主导，对传统超市的改造升级意义重大。在阿里巴巴新零售蜕变中，阿里巴巴对线下零售的改造思路已逐渐清晰，"阿里主导盒马鲜生、盒马鲜生主导大润发、大润发主导X"的框架已逐步清晰（见图6-9）。

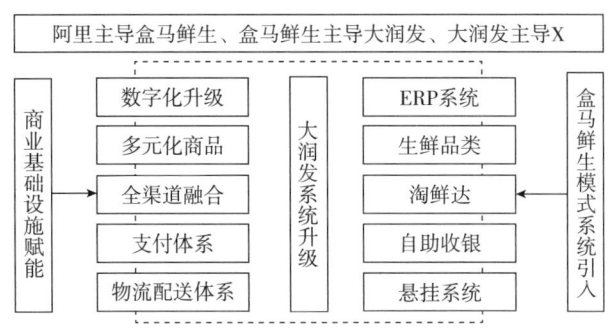

图6-9 大润发超市的改造路径

（1）融入更多的场景化陈列。传统超市"千店一面"的场景陈设，已经被新晋成长起来的消费者厌倦，阿里巴巴对大润发的改造开始于场景陈设。阿里巴巴将在盒马鲜生、银泰百货的典型尝试嵌入大润发场景陈设。围绕女性消费场景，在大润发设置专属货架与区域，将天猫部分畅销美妆入驻大润发超市，在天猫金妆奖上展示的具有虚拟试妆效果的设备也进驻大润发超市。阿里巴巴在银泰百货为了方便女性消费者尝试设立了智能母婴室，为女性消费者提供补妆、替换尿布、哺乳需求，这些场景也引入到了大润发。盒马的日日鲜系列商品、天猫超市的网红商品、天猫智能母婴区、淘宝心选门店等也已经在大润发落地。大润发根据周边大数据分析，正在不断改变传统超市场景陈设的缺陷与单调。在对大润发的调研过程中发现，开始改造与尚未改造的店面的消费体验呈现出明显的反差。

（2）多元化的商品选择。在商品方面，长期以来超市以提供标准化产品为主，在阿里巴巴改造大润发过程中，充分发挥了天猫超市的优势，"天猫下凡"成为主要特征，将天猫超市差异化、个性化的长尾商品进驻大润发超市。借助天猫超市在国际、农村供应链的优势，更多的进口商品进驻大润发货架。同时天猫将在阿里巴巴平台孵化的网红品牌，如三只松鼠、百草味、宝儿德、膜法世家、子初、全棉时代等进驻大润发，丰富了大润发超市的多样化程度。同时长期以来被关注的网红商品榜，也引进了不少网红产品，大大丰富了消费者的选择。更为关键的是，借助盒马鲜生在生鲜品类的优势，大润发将全面引进生鲜品类，尤其在盒马鲜生未覆盖的区域与城市，将成为消费者主要的生鲜采购渠道。

（3）线上线下融合。大润发超市在意识到互联网时代的重要性时，推出了飞牛网，但由于投入巨大收效甚微，大润发逐渐表现出退出意愿。在阿里巴巴改造大润发超市的过程中，充分利用了其在电子商务领域多年的经验积累，以淘鲜达切入大润发O2O过程，淘鲜达以手机淘宝作为流量入口，改变了飞牛网获取用户安装基础困难的窘境，在接入手机淘宝后，淘鲜达使用人数实现指数级增长。截至2018年，大润发运营3个月以上的淘鲜达店铺，单店日均新增线上订单1200单以上，单店月度销售额提升10%以上，单店累计新增年轻顾客2万名。① 为了巩固淘鲜达网络应用，使得消费者进一步依赖淘鲜达，在大润发自主收银区，提供淘鲜达结账方式与支付宝结账方式，而且利用淘鲜达结账方式，有较大的补贴与优惠，使消费者养成使用淘鲜达的习惯。

（4）配送体系重构。大润发长期以线下经营为主，经营绩效低于全渠道融合业态，在阿里巴巴对盒马鲜生孵化成功的案例下，大润发在物流配送方面以盒马鲜生为样板，全面进行升级改造。主要措施包括：一是以盒马鲜生三公里生活圈为样本，上线了"大润发优鲜"App，以提供生鲜、乳制品、烘焙食品、肉类、快消品为主，覆盖大润发线下超市三公里生活圈；二是全面引入盒马鲜生悬挂系统，同时进行店面与配送区域改造，进一步提高了大润发超市的接单反应能力，现阶段已经可以达到1小时内29元配送上门服务；三是与盒马鲜生共享线下配送资源，未来会与饿了么线下配送资源进行共享整合，提高线下配送节点密度与配送效率。

（5）供应链整合。如果说天猫商品、盒马鲜生生鲜进入大润发渠道是商品层面的打通，那么未来更为深入的整合体现在供应链共享，尤其是库存共享。阿里巴巴在改造大润发的过程中不是一味地以我为主，而是充分

---

① 数据来源：https://baijiahao.baidu.com/s?id=16194603467766063758&wfr=spider&for=pc。

尊重差异性和利用对方优势的过程。大润发通过长期的国内经营，其在供应链管理方面的效率已经达到了较高水平，供应链优化的空间十分有限。而阿里巴巴在传统供应链方面虽然也进行了全球化、农村化的尝试，但线上企业在线下布局方面的劣势十分明显。现阶段，阿里巴巴开始尝试将大润发、盒马鲜生、天猫超市的部分共享品类的库存打通，未来实现全品类的库存共享，在此基础上，覆盖全社会的供应链共享与库存打通将实现，阿里巴巴生态系统的效率会进一步提升。

（6）数字化升级。在商品打通、供应链打通的基础上，阿里巴巴也开始在深层次尝试与大润发实现数据共享。大润发数据共享开始于全面引入盒马鲜生ERP系统，目前接近200家大润发门店完成ERP系统的切换，ERP系统的切换为大润发沉淀数据、优化交易流程提供了基础。在此基础上，大润发将共享阿里巴巴会员和流量，现阶段阿里巴巴成员中，淘宝支付宝会员接近6亿，通过优酷、UC、陌陌触达的会员接近9亿人，基本覆盖了中国互联网总人数。未来当大润发与阿里巴巴数据方面进行深度共享后，大润发将进一步完成C2B商业模式的变革，以消费者需求画像为前提，高效匹配生产与消费。

（7）探索商超新路径。阿里巴巴在对大润发改造的案例中，充分发挥大润发在线下深耕多年的客户关系、供应链管理等优势。同时，借助商业基础设施赋能与盒马鲜生赋能，使得大润发融入更多盒马鲜生的场景化陈列。从总体看，阿里巴巴通过商业基础设施的优势，在数字化升级、多元化商品、全渠道融合、支付体系、物流配送体系等领域赋能、重构大润发。同时利用在盒马鲜生探索中形成的典型经验，将盒马鲜生ERP系统、生鲜品类、淘鲜达、自助收银、悬挂系统全面引入大润发，使得大润发超市获得盒马鲜生基因。阿里巴巴基于大润发的探索，将探索出更多新零售实践的经验，未来将呈现阿里巴巴主导盒马鲜生，盒马鲜生主导大润发，大润发主导线下零售业态改造升级的路径与过程。

6.9 本章小结

零售业态演化的过程实质上是零售商探索零售经营形态、商业模式、盈利模式的过程，以典型案例的时间序列分析，能充分验证零售业态演化理论的正确性与适用性。本章通过零售企业典型案例的扎根理论研究过程，涵盖书中主要的理论框架与学术观点。本章根据扎根理论研究方法的特点，选择阿里巴巴零售业务作为主要研究对象，通过对阿里巴巴零售业务的全过程跟踪，以阿里巴巴每个历史过程的典型业务操作为基础，剖析阿里巴巴发展战略与业务方向。为了完成典型业务与发展战略，阿里巴巴先后经历了科层组织、市场组织、网络组织、自组织等组织方式，完成业务组织的迭代。为了支撑相应业务组织，重点考察了阿里巴巴技术架构的演变过程，从烟囱式、数据共享到业务中台战略，阿里巴巴对数据搜集、处理、应用的过程，在一定程度上是支撑整个阿里巴巴组织方式变革和发展战略升级的根本动力。商业模式是发展战略的重要支撑，阿里巴巴先后经历了C2C、B2C、S2B2C、C2B 模式的演变，在演变的过程中消费者 C 与企业 B 的地位与互动关系不断发生动态变化。为了完成组织方式变革与商业模式演化，阿里巴巴考核机制也逐渐向动态 KPI 演化，为面向未来的零售企业考核提供了借鉴经验。最终重点考察阿里巴巴的新零售思考，对盒马鲜生、大润发、银泰百货进行了跟踪考察，尤其关注阿里巴巴如何利用生态系统优势，赋能新零售实践。

7

引领零售业态演化的政策建议

7.1 零售业态治理方式从直接控制型向授权式转变

零售业态具有典型的平台结构特征,尤其是购物中心、超级市场、电子商务等,随着其全渠道融合演化,逐渐形成了以零售商为核心的平台生态。诺贝尔经济学奖获得者 Tirole 将平台企业冠以"数字经济的守望者",平台企业最大的特征是掌握零售活动中信息的接入权,同时掌握零售活动中产生的各种数据和信息。随着平台企业接入的参与者逐渐增多,围绕核心企业形成平台生态,平台生态是指由平台及其参与者构成的生态(Boudreau & Hagiu,2011)。平台生态治理是指一套规则,它规范着谁参与生态系统、怎么分配价值、怎样解决纠纷(Alstyne,2014)。平台生态治理的核心是政府与平台界限的划分,着重解决哪些由平台管、哪些由政府管。一般来说,那些具有巨大外部性的事项,应当落入政府管制的范围,而外部性比较小的,则更多应该属于平台治理的范围。平台优势在于掌握更多的信息和更多的可选择工具,而突出缺点体现在其目标不是社会福利最大化。平台应鼓励更多的利益相关者参与治理过程,共同制定规则,维护平台秩序。而政府应以社会福利为关切点,治理的核心应基于平台企业的行为,如信息垄断、超级平台、单归属、排他性协议等问题。

随着零售活动的全渠道融合和场景极度颗粒化趋势，如图7-1所示，传统直接控制型治理方式无论从效率看还是从效果看，都不能满足零售治理的需要。从效率看，由于零售活动的场景极度颗粒化，政府已无法对所有零售活动进行监管，尤其在零售组织上开展零售活动主体的资质认定与消费者安全保障义务。在技术可行的前提下，假设政府对所有零售活动进行直接控制，在数据获取等方面仍是间接的、高成本的。《中华人民共和国电子商务法》（以下简称《电商法》）对关系消费者生命健康的商品与服务，电子商务平台经营者对平台内经营者的资质资格未尽到审核义务，或者对消费者未尽到安全保障义务，造成消费者损害的，依法与该平台内经营者承担相应的责任。《电商法》是国家关于零售业态治理的最新尝试，在《电商法》出台的过程中经历了电商平台责任的博弈，从第三稿的连带责任到第四稿的补充责任，再到最终稿的相应责任，其实在整个博弈过程中积极的意义在于授权治理方式雏形的出现，无论何种责任，平台都一定对零售活动、数据安全、食品安全负有相应责任。未来授权治理方式的核心是政府监管零售组织，零售组织对平台上供应商的经营资质、数据安全、消费者安全承担责任。授权治理方式是适应未来零售组织平台化、零售活动颗粒化的现实需要，也是提升治理效率与效果的必然选择。具体而言，授权式治理方式的核心是充分发挥政府与零售组织的优势，政府充分发挥数据兼容、反垄断规制等积极作用，并对零售组织连带责任履行情况进行审查。而零售组织对零售活动过程中的交易资质审查、数据安全、食品安全等具体事项承担连带责任，并根据政府监管的需要，对经过脱敏后的数据实时公开。

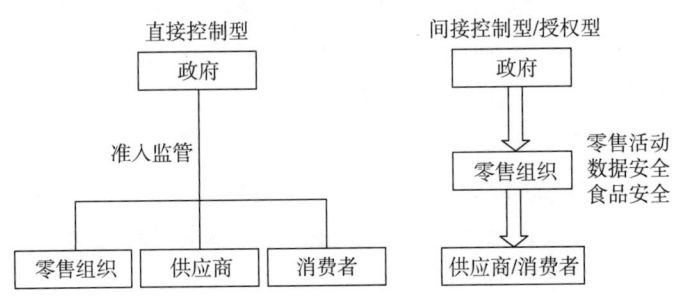

图7-1 直接控制型与间接控制型

7.2 推动零售业态的全面在线化

全渠道融合是未来零售渠道的必然趋势，我们可以将零售渠道细分为独立渠道、线上线下融合、全渠道融合，从目前的实际看，中国零售组织普遍处于独立渠道向线上线下融合渠道转变的阶段，部分领先零售组织开始尝试全渠道融合。立足中国实际，在授权式治理方式下，现阶段政策的重点是加快零售组织线上、线下渠道融合，即实现全面在线化，在实体、虚拟空间高效配置资源。从政府治理的角度看，零售组织核心产品或服务的在线化，将沉淀零售企业交易数据，为政府的授权治理方式提供数据来源。以食品安全为例，肉蛋果蔬追溯体系的建立是食品安全的基本保障，现阶段肉蛋果蔬追溯体系建立的核心问题是数据联系割裂，无法实现从种养殖、加工、批发、零售整条供应链的全覆盖。以猪肉为例，猪肉在饲养的过程中需要佩戴耳标，通过射频设备采集饲养数据。在进入肉联加工环节时，由于养猪场的数据没能实现在线化，肉联加工企业仅将检验检疫证明作为数据录入的第一步，基于SAP管理信息系统采集加工过程的数据。在进入批发环节，进入批发市场后，仍以检验检疫作为数据录入的第一步，通过批发市场IC卡资金流动实现批发环节的追溯。从批发环节进入零售环节，零售企业通过管理信息系统管理进销存，利用编码台秤实现零售环节的追溯。在整个饲养—加工—批发—零售的过程中，由于各参与企业没有实现在线化，在数据共享、兼容方面存在诸多割裂，最终通过国家重要农产品追溯平台实现种养殖—加工—流通—消费的追溯是困难的，即使能实现监控的全覆盖，其客观性也值得商榷。

通过肉蛋果蔬追溯体系建设的典型实践，可以清晰地发现，通过促使零售组织全面在线化，依据其双边市场的基本特征，将倒逼生产组织数据兼容与在线化，最终将实现授权式治理方式对覆盖全社会的数据需求。零售政策的核心是通过税收政策与财政政策，鼓励前期自建，后期适度抵扣、补贴的原则，实现零售组织的全面在线化。判断零售组织是否全面在线化的初步标志是零售活动过程中的核心产品与服务是否实现在线化，能不能直接在互联网上提供产品与服务。以购物中心为例，只有其线下提供的所有店铺、商品、服务都实现在线交易，其才初步具备在线化的能力。在零售组织初步在线化的基础上，进一步要求零售组织与用户建立持续性互动关系，即围绕社交媒体、即时通信，基于在线化商品与服务可以与消费者建立持续沟通、交互。在零售业态前台业务在线化的基础上，全面在线化的重心要求中后台的在线化，中、后台在线化的主要标准是面向用户与服务的开放式技术架构搭建与供应链线上线下共享，面向用户与服务的开放式技术架构可以沉淀所有线上线下交易数据，而供应链线上线下共享保障零售要素在更高层级的配置。

7.3 促进零售业态间的数据兼容

在零售组织全面在线化的基础上，基于协同网络将沉淀行为数据、关系数据与活动数据，由于数据分布广、格式不统一、不标准，零售组织内部、零售组织间、政府运用沉淀在协同网络上的数据的难度都将提高，基于此，实现零售组织内部、零售组织间、政府监管数据兼容迫在眉睫。从零售组织内部看，实现不同部门、不同场景、不同状态下的数据兼容，以消费者画像为例，知道一个人在不同场景、不同状态下更多的数据。最简单的，如果现在能够把一个人在微博、微信、陌陌、淘宝、支付宝上的这些数据都打通的话，那么对某个人的理解就会更加全面立体，就更能在一个瞬间捕捉到他当时需要的服务。系统在各自建设时都基于各自开发团队对业务的理解建设相关的数据模型，造成相关业务的数据模型和标准不统一，这就为大数据平台项目初期数据的抽取和同步带来了更多复杂工作，数据层方位的打通、数据权限的控制、数据格式的转换、数据清洗、数据同步等一系列的工作也对项目整体的实施带来风险。零售组织间数据兼容的难度在于数据安全与数据定价，关于零售组织间的数据安全，数据加密技术、区块链技术将从根本上解决数据共享过程中数据安全问题，基于零售业态、商业基础设施的共同需要，推进零售指标体系、格式接口、开放共享等重点标准的研制，实现零售平台生态的物质兼容。在此基础上，逐步研究制定网络零售数据采集、交换、可读写、匿名、脱敏、共享、追溯、管理等方面的标准，科学构建数据资源管理体系，统一编码、统一标识，支持研制源数据标准，实现数据与信息交互的兼容。同时研究制订零售数据商业化应用时的权责界定和使用规范。关于数据定价问题，将在下一小节系统说明，在此不再赘述。

在全球范围内，关于企业数据、消费者数据共享问题的讨论一直是争论的焦点，尤其涉及企业商业机密、消费者隐私保护，但现实的做法是所有企业都逐步对监管机构共享数据，包括美国苹果公司也在一定的范围内满足美国政府的数据请求。建立适应授权式治理方式要求的数据共享范围、标准、技术，对政府治理要求的数据共享范围进行确定，明确数据的公共属性与私人属性。加强涉及国家利益、公共安全、商业秘密、个人隐私等领域的数据管理标准。加快对物联网、人工智能、虚拟现实、区块链等新技术，无人商店、无人机送货、近场支付等新服务的前瞻性研究，推动形成研究成果，做好新业态、新模式标准的前瞻性研究和项目储备，进一步提高标准的适用性和有效性。

7.4 明确零售业态的数据产权

从零售业态演化的历史进程看，数据内生成为零售业态演化的主要动力，数据成为零售活动的要素后，数据的产权界定成为零售业态持续演化的主要任务。近年来，出现了由于数据产权界定不清晰导致的纠纷，直接影响了零售活动参与者的基本礼仪。2017年5月30日，菜鸟物流与顺丰快递产生争端，争端的重点是顺丰快递与菜鸟物流数据接口关闭，商家与消费者无法跟踪菜鸟物流平台顺丰快递的信息更新，虽然在国家邮政局的干预下最终端口实现了共享，但数据产权界定问题对零售业态演化的影响已经逐渐清晰。而2018年8月，被誉为数据产权第一案——阿里巴巴诉讼安徽美景信息科技有限公司案，直接将数据产权上升到法律层面。案件来源于淘宝对平台数据的应用。淘宝通过平台交易数据，开发出"生意参谋"应用，"生意参谋"应用通过可视化图表，直观地为商户提供决策数据，但需要收取一定费用。在此基础上，安徽美景信息技术科技有限公司开发了一款账号分享软件"咕咕互助平台"，通过平台已购"生意参谋"应用的商户可以进行账号共享，共同分担账号费用，但"咕咕互助平台"直接影响了淘宝"生意参谋"应用的销售数量，因此，双方诉诸法律，案件最终的审判结果是安徽美景信息科技赔偿阿里巴巴 200 万元，同时停止侵权行为。安徽美景信息科技在承担赔偿责任的同时，也提出自身关切的重点，其直接指出阿里巴巴"生意参谋"应用的数据来源于商户，所以商户有权获得数据的收益，阿里巴巴"生意参谋"应用收费是垄断行为的直接体现，该案件在社会上引起很大反响。

无论是菜鸟物流与顺丰快递的争端，还是阿里巴巴诉讼安徽美景信息科技有限公司案，其核心是基于零售业态、零售平台生态产生的数据产权问题，数据属于零售活动中哪一方。数据成为零售活动的主要投入要素和资产的观点已经被普遍接受，但数据产权必须被清晰界定，才会保证其作用合理发挥，同时为零售业态演化提供持续动力，否则会出现经济学典型的"公地悲剧"，由于零售活动底层数据只有经过加工处理，才能产生有效数据，如果产权界定不清晰，零售参与企业没有数据加工处理的激励机制，其结果一定是零售数据开发利用不足。从本质上说，零售数据产权界定问题成为关注热点的核心在于数据的收益，产权的产生是一个动态博弈的过程，只有产权收益高于其成本时，产权才会产生（Harold Demsetz，1965）。根据德姆塞茨的观点，任何产权都来源于产权界定收益增加或产权界定成本的减少，零售数据产权界定来源于数据收益的不断增加，同时区块链、计算机技术的应用也使得零售数据产权界定的成本降低。

零售数据产权问题产生后，产权的归属成为研究重点。长期以来，产权界定始终围绕着效率与公平的讨论展开，在新的产权问题产生初期，以关注效率为主，零售数据作为新生的产权问题，只有在充分关注使用效率的同时使得社会福利最大化后再关系公平问题。以效率为目标对产权进行界定的主要代表人物是罗纳德·科斯，"科斯定理Ⅰ"指出只要交易费用足够低，通过竞争，产权最终将实现最优配置。但从目前零售活动看，交易费用仍长期存在，依靠自由竞争难以实现数据的有效配置。那么"科斯定理Ⅱ"产生，其核心是如果交易费用存在，初始产权应归属于产权使用效率最高的使用人。从目前中国零售业态演化的实际看，交易费用的存在，使得数据产权趋向于使用效率最高的使用人。

从零售业态演化的实际看,现阶段,零售数据使用效率最高的使用者仍然是零售平台,上述已经分析,从零售组织模块结构开始,零售业态将沉淀大量数据,形成信息集聚,进而带来报酬递增,报酬递增的特征是其他零售活动参与者所不具备的。从具体应用过程看,零售业态与零售平台具有较强的加工、处理数据的技术,而其他零售活动参与者在数据加工、处理不具有技术条件,同时更为关键的是其他零售活动参与者由于使用数据领域的局限性,其在数据加工、处理成本收益方面不经济。从使用效率的角度看,零售业态在搜集、处理数据方面具有技术优势,同时由于其成本收益的经济性,数据零售业态,是比较可行的选择。在使用效率提高后,从长期看仍需要考虑公平,从国外的实践看,零售业态经营主体可以考虑对商户、消费者等搜集对象提供一定的费用补偿,实现数据使用的和谐与持续。

7.5 加速零售信息定价与交易

零售活动产生各种数据和信息,如前所述在零售活动中,用 θ 表示信息,$\theta(i=1,2,3\cdots)$ 表示每一个参与主体拥有的私人信息,用 Γ 表示共享信息或者参与者所掌握的公共信息。基于信息内生的观点,零售信息和零售活动中的商品、服务、资源一样也需要生产、需要耗费成本,同时也需要通过交易实现价值。同时零售信息是实质性要素,不仅外生地提高零售活动交易效率的市场因素,更内生地减少零售活动的时间和财富。零售信息是商品与服务的内生观点,要求必须对信息进行定价与交易,信息定价与交易也成为保障零售信息集聚的主要问题。在零售活动最初产生的是大数据,尤其是物联网的出现,各种传感器在零售活动中大量应用,产生海量非结构化数据。大数据并不能直接地具有使用价值,有价值的是对大数据的分析和挖掘以后的结果,经过分析挖掘后的大数据即零售信息,数据经过清洗、挖掘,才演变成可用于交易的有价值的信息。零售活动中产生私人信息与共享信息,由于信息搜集主体的不同,必然存在"信息公开是否收费"的问题，对于共享信息而言，由于具有公共物品的属性，按照传统经济理论应采取免费策略，但由于零售活动大数据不可避免地会涉及隐私，因此，必须对大数据进行预先处理，包括大数据的搜集、存储、脱敏，由于对共享数据进行预处理，需要耗费成本，如果采取免费策略，将带来的直接问题是由于大数据预处理的成本得不到合理补偿，零售信息集聚不可持续。如果市场化定价，带来的直接结果必然违背公共物品的初衷，合理的定价方式是依据边际成本，采取拉姆齐定价方式进行定价，信息预处理的成本得到补偿，信息复制和使用的成本也相对较低，保证了零售信息集聚的可持续。关于私人信息的定价，由于信息价值的双向不确定性，增加了信息定价的难度。信息定价的基本要求是合理性，信息定价过高或过低都会导致零售活动参与者利益受损，导致零售活动不可持续，信息集聚受阻。早期的定价理论包括马克思劳动价值论、效用论、供求决定论和成本论等，现代价格理论包括边际成本理论、垄断价格论和均衡价格理论。由于零售活动的信息不完全以及信息的双向不确定性，信息定价可先通过一定的定价模式确定大致的价格区间，再通过一定的定价策略进行精确定价。可采取效用价格论先确定最高价格，成本价格论确定最低价格，再结合竞争状况，采取具体动态的定价策略，确定其最终价格。结合现有动态定价策略，包括预处理策略、拍卖定价策略、协商定价策略、反馈定价策略，最终确定信息价格。

具体而言，根据效用价格论确定的是零售数据的最大值，如式（7-1）所示：

$$P_{max} = \left| \sum_i^n T_i J_i - \sum_j^m Q_j H_j \right| \tag{7-1}$$

其中，Q_j、H_j是使用零售数据前的预期概率与收益，T_i、J_i是零售数据使用后的概率和收益。

成本价格论认为决定零售数据价格的是其成本，是零售数据的最低价格，如式（7-2）所示。

$$P_{min} = C_0 + C_0 \cdot r_0 \tag{7-2}$$

其中，C_0是数据成本，r_0是利润率。

零售信息的定价区间如式（7-3）所示。

$$C_0 + C_0 \cdot r_0 = P_{min} \leqslant P \leqslant P_{max} = \left| \sum_i^n T_i J_i - \sum_j^m Q_j H_j \right| \tag{7-3}$$

以上是零售数据定价的理论区间，具体零售数据的定价，仍需结合预处理策略、拍卖定价策略、协商定价策略、反馈定价策略，最终确定零售数据价格。

7.6 持续完善商业基础设施

从零售业态演化的历史进程看，零售业态创新是随着商业基础设施的不断完善与发展的，传统商业基础设施包括物流基础设施、支付基础设施等，其保障零售活动过程中商流、物流、信息流、资金流、信用流、人员流的顺畅。但面向未来全渠道融合业态，需要构建覆盖全社会的新的商业基础设施与之适应。新的商业基础设施包括智慧金融、智慧物流、云计算、地理信息等，商业基础设施应满足的基本要求主要体现在以下几个方面：一是满足企业"即需即供"的需求，其基本特点与传统水电煤气一样，具有随时随地、无所不在的要求；二是准公共物品的特征，由于其"即需即供"的特征，其具有非排他性，根据消费价格进行定价，只要购买都可以使用，同时可在一定程度上将拒绝付款的消费者排除在受益范围之外；三是具有典型的数据产品特征，即高固定成本、低边际成本，所以在前期投资相对较高，在理论上应采取政府和市场共同分担的原则。在阿里巴巴、京东、百度、腾讯等主要企业提供商业基础设施的基础上，对亟须提供的而且存在市场空白的商业基础设施，政府应出台措施鼓励社会资本投入，在一定情况下，政府可以作为投资主体，推动中国商业基础设施和商业生态的升级。现阶段，亟须提供的而且存在市场空白的商业基础设施主要包括数据交易平台、信用服务平台、物流平台等。数据交易平台具体到零售领域，具体包括提供完善的零售数据确权、零售数据定价、零售数据指数、零售数据交易、结算、交付、安全保障、零售数据资产管理等综合配套服务。信用服务平台是在国家个人信用信息服务平台的基础上，实现与企业信用平台的数据兼容与共享，逐步实现覆盖个人完整数据的信用服务平台，在此基础上，逐步扩展企业信用体系建设。物流平台是在中国智能物流骨干网、丰巢自助快递服务平台等的基础上，搭建覆盖全社会物流活动参与主体的网络与平台，实现物流节点、物流通道、物流枢纽在更高水平上的优化配置。

7.7 改革零售业态反垄断规制模式

区别于传统的反垄断规制，阿里巴巴、腾讯等在零售领域的垄断开始具有网络经济下垄断的特征，即趋向自然垄断，其垄断的结果并未抑制创新，同时是消费者选择的结果，所以在具体反垄断规制过程中应改变传统关注垄断市场份额的规制，将规制的重点放到垄断行为的规制和零售活动的动态监控。具体而言，在零售活动监管过程中，对传统零售组织滥用市场支配地位，进行渠道控制、店址资源垄断等行为进行规制。对新零售组织滥用市场支配地位，如数据兼容、联合定价、排他性协议等行为进行反垄断规制。传统零售组织，在连锁经营组织形式下逐步具备了市场势力，导致其利用渠道优势，通过渠道费用、类金融模式将供应商利润转化为零售利润，其合理性长期存在争议。同时在店址资源选择方面，区域零售商具有显著优势，尤其在区域商业中心、步行街的优质店址资源，其利用是否符合街区定位与规划定位，是否存在闲置浪费。在传统零售组织的规制过程中，应充分关注具体的垄断行为，判断其渠道控制、店址资源垄断行为的合理性。新零售组织滥用市场支配地位，比较典型的包括断开数据接口、联合定价、虚假价格宣传、排他性协议、数据安全、兼并重组，政府都应考察其具体垄断行为，对滥用垄断地位的企业进行明确的处罚。针对零售组织滥用垄断地位的具体行为，在国家《反垄断法》修订过程中，细化、增加部分零售组织滥用市场地位的内容，通过规制过程完善零售业态规制的法律体系。

7.8 本章小结

中国在零售业态创新方面处于全球领先地位，在零售业态演化的政策保障方面在全球缺乏借鉴经验，为了引导零售业态演化，需要面向未来，借鉴中国在网约车领域全球先试先行的典型经验，探索出一条中国特色的零售业态治理模式。本章认为治理方式由直接治理向授权式治理升级是政策创新的基础，在此基础上，促进零售参与主体全面在线化、数据兼容、数据定价，保证覆盖全社会的协同网络的协同与数据智能的应用。在此基础上，零售业态应进行差异化创新、构建全社会零售生态、完善商业基础设施，保证中国零售业态演化的全球领先地位。

8

结论与展望

8.1 研究结论

本书以微观生产组织与消费者决策协同作用为主要视角，打破了传统单一视角或单纯经验判断的局限。微观生产组织研究企业如何生产与如何配置生产要素，消费者决策研究消费者如何完成决策过程。而零售长期以来被认为是生产、消费的中间环节，以微观生产组织与消费者决策协同作用视角有助于全面剖析零售业态演化的制约因素，并将零售业态演化纳入主流研究框架与范式。本书得出的主要结论包括以下七个方面。

（1）生产组织存在显著的阶段性结构特征与组织方式，在生产组织演化过程中主导要素匹配、渗透、融合、寄生的互动关系，决定其沿着科层组织、市场组织、网络组织、自组织的方式配置生产活动的要素与资源。随着组织方式的变革，生产组织对要素的需求层次发生改变，逐渐由低级要素依赖向中级要素、高级要素依赖转变，尤其对网络与数据的需求。基于生产组织的计算机网络、移动互联网与物联网搭建，将覆盖生产活动的所有流程与区段，沉淀生产数据，为网络配置机制提供信息来源，生产组织方式变革存在显著的信息依赖与信息协同过程。未来随着覆盖全社会的物联网的搭建，智能制造将成为未来制造的主要形式，所有生产活动参与主体将颗粒化成为协同网络上的节点，依靠大数据、云计算、算法完成自组织。

（2）建构理性与演化理性是基于消费者的两种极端假设，前者认为消费者具有完全信息，知晓效用最大化结果；后者认为消费者是环节作用的结果，完全无主观能动性。认知理性是建构理性与演化理性的调和，消费者理性应建立在认知理性的基础上，消费者决策纳入偏好—认知—效用分析框架。消费者偏好能否实现效用最大化取决于认知约束与信息约束，认知约束的本质是信息约束，信息约束成为调节偏好到效用的调节变量。在消费者具体决策过程中，消费者信息搜集由对生产组织依赖向消费者复杂决策网络依赖转变，消费者复杂决策网络有助于消费者信息搜集能力提升。消费者信息处理由人脑依赖向数据智能依赖转变，消费者数据智能有助于提升消费者信息处理能力。消费者信息搜集、处理能力相互促进，使得消费者认知水平提升，最终通过消费者隐性需求满足，提高其效用水平，实现效用最大化。

（3）从内在机理看，消费者决策能否实现效用最大化取决于信息能力，消费者信息能力提升降低生产组织利润水平，生产组织存在利用差异化创新稀释消费者信息能力的激励，消费者信息能力与生产组织差异化创新构成了微观消费者决策与生产组织协同作用的内在机理，在促使微观生产组织向更加复杂的组织结构和更加灵活的组织方式演化的同时，也验证了产品的多样化趋势是经济增长的一个主要原因。生产组织与消费者协同作用的外在表现为生产网络与消费者网络协同构成覆盖全社会的协同网络，协同网络促使生产与消费"时空错开、同步并联"，满足生产与消费者数据、信息要求。在算法、云计算等技术迭代下，加速数据智能应用，协同网络与数据智能构成经济社会演化的基本动力。

（4）生产组织要求零售业态为要素配置提供利益实现、差异化体验、服务界面，更为关键的是随着生产组织方式变革，要求零售业态为其差异化创新提供历史数据与实时数据来源。在满足生产组织客观要求的同时，零售组织也沿着生产组织的结构与方式演化。现阶段，零售业态演化进入模块结构阶段，物流、支付、信用、大数据等商业基础设施为零售组织提供了模块来源，在零售业态与商业基础设施互联互通的基础上，实现了零售信息多样性与零售信息集聚，其结果是报酬递增的实现。在生产组织作用于零售业态的过程中，消费者决策进一步调节其作用结果，使零售业态在渠道选择、商品经营结构、组织形式、经营模式、技术变革、基本功能持续演变。生产组织与消费者决策协同作用的内在机制体现在，消费者决策对生产组织作用于零售业态结果的调节，使零售业态构成要素发生重构与组合，提供了零售业态演化与创新的内在动力。

（5）生产组织与消费者决策协同作用的外在表现是协同网络搭建与数据智能迭代，生产组织"如何生产"与消费者决策"如何消费"都需要零售业态实现其中介与链接作用，为覆盖全社会的协同网络构建提供更多触点与接触机会，在此基础上沉淀生产组织与消费者决策必需的行为数据与关系数据。生产组织与消费者决策协同作用的外在结果是零售业态沿着协同网络与数据智能演化，协同网络提供历史数据、实时数据，在协同网络基础之上，借助云计算、算法实现数据智能，数据智能对劳动力的替代使零售业态向自组织演化，无人业态的典型实践是协同网络与数据智能协同作用的结果。

（6）生产组织与消费者决策的协同作用的内在要求与零售业态演化的本质是社会关系的刻画。生产组织与消费者决策的协同作用的外在要求是零售业态向智能零售升级，智能零售的核心是以消费者为中心的零售活动的生态化，生产设计、物流仓储、集中采购、场景售卖、服务活动、经营管理、资金流转等环节逐渐融入数据化和智能化的平台，最终达到零售商效益优化，消费者体验优化，实现万物互联、智能决策的自主商业。在内在本质与外在表现的基础上，零售业态演化将体现出主体新角色、客体新内容、渠道新形态、活动新关系、经营新理念、技术新变革等趋势，同时零售业态将具有智能感知、自组织、精准升维、报酬递增、寡头垄断、和谐生态的基本特征。

（7）面向未来，适应零售业态演化的需要，零售治理模式应由直接控制型向授权治理方式转变，即零售主观部门应在实现零售数据兼容的基础上，实现对零售组织的监管，零售组织对平台上的经营主体与经营活动承担连带责任。同时为了适应信息内生的要求，在数据互联互通、数据产权、信息定价交易、商业基础设施、反垄断规制模式领域综合配套改革，适应智能商业时代对数据使用的要求。

8.2　研究展望

尽管本书试图从生产组织与消费者决策系统的视角探索零售业态演化的过程、趋势与特征，但由于笔者学术水平与方法的局限，本书的研究仍然存在部分局限，主要体现在以下几个方面。

（1）在消费者决策过程模型的验证过程中，主要基于量表开发方法对消费者复杂决策网络、消费者数据智能、消费者信息搜集能力、消费者信息处理能力四个变量相关关系进行了验证，仍然属于抽样的方式研究问题，由于技术的限制，没能基于全样本利用大数据挖掘与分析。在今后的继续研究过程中，将继续探索利用数据挖掘的方法直接构建网络，克服传统抽样统计与量表开发的主观性，验证消费者信息搜索、处理的复杂决策网络结构与数据智能依赖。

（2）在微观生产组织结构、方式、特征部分，由于本书篇幅的局限，没能进行实证检验，只是基于现有理论的提炼与组构。在未来的研究过程中，将进一步利用实证方法验证生产组织结构与方式的普遍性，并且通过扎根理论学习过程研究典型生产组织的结构与方式，并且将研究范围拓展到最终销售终端，例如典型手机厂商华为、小米。

（3）在生产组织、消费者决策协同作用的内在机理与外在表现部分，本书从规范分析方法对其作用机理进行了系统阐释。生产组织、消费者决策与零售业态演化的相互作用与相互交互，正在形成复杂系统。在接下来的研究过程中，将借助复杂系统理论，将基于生产组织、消费者决策和零售业态演化的变量联系起来构建复杂网络，利用动态贝叶斯网络的表示和推理，验证其相互作用与变量联系。

参考文献

［1］Agergaard E, Olsen P A, Allpass J. The Interaction between Retailing and the Urban Centre Structure: A Theory of Spiral Movement［J］.Environment and Planning, 1970（2）: 55-71.

［2］Aldeson W. Marketing Behavior and Executive Action［J］.Southern Economic Journal, 1957, 25（1）.

［3］Angeletos, George-marios, Alessandro Pavan. Efficient Use of Information and Social Value of Information［J］.Economitrca, 2007（4）: 1103-1142.

［4］Armstrong Mark, Julian Wright. Two-sided Markets, Competitive Bottlenecks and Exclusive Contracts［J］.Economic Theory, 2007（32）: 353-380.

［5］Armstrong Mark. Competition in Two-Sided Markets［J］.RAND Journal of Economics, 2006（37）: 668-691.

［6］Baccara Mariagiovnna. A Field Study on Matching with Network Externalities［J］.American Economic Review, 2012（5）: 1773-1804.

［7］Battglini Marco Rebecca B. Morton. Information Aggregation and Strategic Abstention in Large Laboratory Elections［J］.American Economic Review, 2008（2）: 194-200.

［8］Beem E R, Oxenfeldt A R, Adiversity Theory for Market Processes in Food Retailing［J］.Journal of Farm Economics, 1966（8）: 69-95.

［9］Brown J R, Dant R P. Supply Chain Management and the Evolution of the "Big Middle"［J］.Journal of Retailing, 2005（2）: 97-105.

［10］Brown S. Institutional Change in Retailing: A Review and Synthesis［J］.European Journal of Marketing, 1987（6）: 5-36.

［11］Brown S. The Wheel of the Wheel of Retailing［J］.International Journal of Retailing, 1998（3）: 16-37.

[12] Chen J, U Doraszelski, J Harrington. Avoiding Market Dominance: Product Compatibility in Markets with Network Effects [J]. Rand Journal of Economics, 2009 (3): 455-485.

[13] Choi Jay Pil. Mergers with Bundling in Complementary Markets [J]. Journal of Industrial Economics, 2008 (56): 553-577.

[14] Choi Jay Pil. Tying in Two-sided Markets with Multi-homing [J]. Journal of Industrial Economics, 2010 (58): 607-626.

[15] Deiderick T E, Dodge H R. The Wheel of Retailing Rotates and Moves [R]. Carbondale: Proceedings Southern Marketing Association, 1983.

[16] Dixon Timothy, The Role of Retailing in Urban Regeneration [J]. Local Economy (Routledge), 2005 (2): 168-182.

[17] Economides Nicholas, Evangelos Katsamakas. Two-Sided Competition of Proprietary vs Open Source Technology Platforms and the Implications for the Software Industry [J]. Management Science, 2006 (52): 1057-1071.

[18] Evans, David, Andrei Hagiu, Richard Schmalensee. A Survey of The Economic Role of Software Platforms In Computer-Based Industries [J]. CESifo Economic Studies, 2005 (51): 189-224.

[19] Farrell Joseph, Paul Klemperer. Coordination and Lock-In: Competition with Switching Costs and Network Effects [J]. Handbook of Industrial Organization, 2007 (3): 1967-2072.

[20] Foster J. The Analytical Foundations of Evolutionary Economics: From Biological Analogy to Economic Self-organization [J]. Structural Changeand Economic Dynamics, 1997 (8): 427-451.

[21] Gist R R. Retailing: Concepts and Decisions [M]. New York: John WILey & Sons, 1968.

[22] Kahneman D, A Tversky. Prospect Theory: An Analysis of Decision under Risk [J]. Econometrica, 1979, 47 (2), 263-291.

[23] Kaivan Munshi. Community Networks and the Process of Development [J]. Journal of Economic Perspectives, 2014 (4): 49-76.

[24] Katz L, Michael, Carl Shapiro. Technology Adoption in the Presence of Network Externalities [J]. Journal of Political Economy, 1986 (94): 822-841.

[25] Katz Michael, Carl Shapiro. Product Compatibility Choice in a Market with Technological Progress [J].Oxford Economic Papers, 1986 (38): 146-165.

[26] Lord J D. Comparative Retail Structure of British and American Cities: Cardiff and Charllotte [J]. The International Review of Retail, 2011 (4): 391-423.

[27] Lucas R, E., Jr, E C. Prescott. Investment under Uncertainty [J]. Econometrica, 1971, 39 (5): 659-681.

[28] Lucas R, E. Jr, N Stokey. Optimal Fiscal and Monetary Policy in an Economy without Capital" [J].Journal of Monetary Economics, 1983, 12 (1): 55-93.

[29] Mcnair M P. Significant Trends and Developments in the Postwar Period [M].Pittsburgh: University of Pittsburgh Press, 1958.

[30] Markovich Moenius. Winning While Losing: Competition Dynamics in the Presence of Indirect Network Effects [J].International Journal of Industrial Organization, 2009 (3): 346-357.

[31] Matthew O. Jackson. Networks in the Understanding of Economic Behaviors [J].Journal of Economic Perspectives, 2014 (4): 3-22.

[32] Montgomery A L. Consumer Shopping and Spending Across Retail Formats [J].Journal of Business, 2008 (2): 49-56.

[33] Nair Harikesh. Pradeep Chintagunta and Jean-Pierre Dubé, Empirical Analysis of Indirect Network Effects in the Market for Personal Digital Assistants [J].Quantitative Marketing and Economics, 2004 (2): 23-58.

[34] Nocke Volke Martin Peitz Konrad Stahl. Platform Ownership [J].Journal of the European Economic Association, 2007 (5): 46-72.

[35] Ohashi. Hiroshi The Role of Network Effects in the U. S. VCR Market, 1978-1986 [J].Journal of Economics & Management Strategy, 2003 (12): 447-494.

[36] Regan W J. The States of Retail Development [M].Homewood, Illinoise: Richard D. Irwin Inc., 1964.

[37] Rohlfs Jeffrey. A Theory of Interdependent Demand for a Communications Service [J].Bell Journal of Economics, 2014 (5): 16-37.

[38] Rosen Roberto. Two-Sided Markets: A Tentative Survey [J]. Review of Network Economics, 2005 (4): 142-160.

[39] Rosenbloom B, Schiffman L G. Retailing Theory: Perspectives and Approaches [M]. Chicago: American Marketing Association, 1981.

[40] Rysman Marc. Competition Between Networks: A Study of the Market for Yellow Pages [J]. Review of Economic Studies, 2012 (4): 71-86.

[41] Rysman Marc. The Economics of Two-Sided Markets [J]. Journal of Economic Perspectives, 2009 (23): 125-143.

[42] R. H. Coase. The Nature of the Firm [J]. Economica, 1937 (11): 386-405.

[43] Sanchez R, Mahoney J T. Modularty and Economic Organization: Concepts Theory, Observations, and Predictions [R]. Urbana-Champaingn: University of Illinois, 2012.

[44] Scott Young. Two Types of Growth [EB/OL]. 2013 (2), https://www.scotthyoung.com/blog/2013/02/05/two-types-of-growth1.

[45] Simon, Herbert A. Bounded Rationality and Organizational Learning [J]. Organization Science, 1991, 2 (1): 125-134.

[46] Smith V L. Economics in The Laboratory [J]. Journal of Economic Perspectives, 1994, 8 (1): 113-131.

[47] Stango Victor. The Economics of Standards Wars [J]. Review of Network Economics, 2004 (3): 1-19.

[48] Vasco M. Carvalho. From Micro to Macrovia Production Networks [J]. Journal of Economic Perspectives, 2014 (4): 23-48.

[49] Williams Dmitri. Structure and Competition in the U. S. Home Video Game Industry [J]. International Journal on Media Management, 2002 (4): 41-54.

[50] Witt U. Self-organization and Economics-what is New [J]. Structural Changeand Economic Dynamics, 1997 (8): 489-507.

[51] Yoo Byungjoon Vidyan Choudhary, Tridas Mukhopadhyay. Electronic B2B Marketplaces with Different Ownership Structures [J]. Management Science, 2007 (53): 952-961.

[52] 奥利弗·E. 威廉姆森. 治理机制[M]. 北京：机械工业出版社，2016.

[53] 奥兹·谢伊. 互联网产业经济学[M]. 上海：上海财经大学出版社，2002.

[54] 蔡宏波. 网络经济下一定优胜劣汰吗？——基于临界容量与蝴蝶效应的网络经济分析[J]. 产业经济研究，2012（3）：41-49.

[55] 程贵孙，陈宏民，孙武军. 双边市场视角下的平台企业行为研究[J]. 经济理论与经济管理，2006（9）：55-60.

[56] 程进文，刘向东. 结构负利：流通业比重与地区经济增长[J]. 经济理论与经济管理，2014（6）：32-44.

[57] 戴黎燕. 中国零售业态变革研究[J]. 商业经济文荟，2006（3）：11-13.

[58] 方虹. 零售业态的生成机理与我国零售业态结构调整[J]. 商业经济与管理，2001（10）：5-8.

[59] 弗里德里希·奥古斯特·冯·哈耶克. 哈耶克论自由文明与保障[M]. 北京：中国商业出版社，2016.

[60] 弗里德里希·奥古斯特·冯·哈耶克. 哈耶克作品集[M]. 北京：中国社会科学出版社，2015.

[61] 龚秀芳. 网商生态系统与传统零售生态系统的比较分析[J]. 电子商务，2011（9）：8-12.

[62] 郭馨梅，张健丽，刘艳. 互联网时代我国零售业发展对策研究[J]. 价格理论与实践，2014（7）：106-108.

[63] 何大安. 互联网应用扩张与微观经济学基础——基于未来"数据与数据对话"的理论解说[J]. 经济研究，2018（8）：177-192.

[64] 亨德里克·迈耶·奥勒. 日本零售业的创新和动态：从技术到业态，再到系统[M]. 北京：知识产权出版社，2010.

[65] 黄纯纯. 网络产业组织的历史、发展及局限[J]. 经济研究，2011（4）：147-160.

[66] 黄国雄. 零售业态的调整、组合与创新研究[J]. 商业经济研究，2015（7）：2-7.

[67] 黄国雄，王强. 现代零售学[M]. 北京：中国人民大学出版社，

2008：16-24.

[68] 黄凯南，程臻宇. 认知理性与个体主义方法论的发展[J]. 经济研究，2008（7）：142-155.

[69] 黄漫宇. 中国农村零售业态变革分析[J]. 农业经济问题，2011（9）：72-76.

[70] 黄民礼. 双边市场与市场形态的演进[J]. 首都经贸大学学报，2007（3）：43-49.

[71] 纪汉霖，管锡展. 双边市场及其定价策略研究[J]. 外国经济与管理，2006（3）：15-23.

[72] 纪玉山. 网络经济的崛起——经济学面临的新挑战[J]. 经济学动态，1998（5）：3-8.

[73] 贾根良. 杨格定理与经济发展理论[J]. 经济社会体制比较，1996（2）：58-60.

[74] 江小涓. 高度联通社会中的资源重组与服务业增长[J]. 经济研究，2017（3）：4-15.

[75] 蒋传海. 网络效应、转移成本和竞争性价格歧视[J]. 经济研究，2010（9）：55-65.

[76] 卡尔·夏皮罗，哈尔·瓦里安. 信息规则：网络经济的策略指导[M]. 北京：中国人民大学出版社，2002.

[77] 卡利斯·Y. 鲍德温. 价值链管理[M]. 北京：中国人民大学出版社，2003.

[78] T. G. 勒维斯. 非摩擦经济——互联网时代的经济模式[M]. 南京：江苏人民出版社，2000.

[79] 雷兵. 网络零售生态系统种群成长的系统动力学分析[J]. 管理评论，2017（6）：152-164.

[80] 李飞，贺曦鸣. 零售业态演化理论研究回顾与展望[J]. 技术经济，2015（11）：34-46.

[81] 李飞. 零售革命[M]. 北京：经济管理出版社，2003：14-25.

[82] 李飞. 零售业态创新的路线图研究[J]. 科学学研究，2006（24）：654-660.

[83] 李飞. 迎接中国多渠道零售革命的风暴[J]. 北京工商大学学报

（社会科学版），2012（3）：16-24.

[84] 李光琴. 消费者视角下的国内零售业态变迁路径阐释[J]. 商业时代，2009（8）：14-15.

[85] 李桂华，刘铁. 传统零售商"优势触网"的条件与权变策略[J]. 北京工商大学学报（社会科学版），2011（5）：14-22.

[86] 李海舰，魏恒. 新型产业组织分析范式构建研究——从SCP到DIM[J]. 中国工业经济，2005（10）：29-39.

[87] 李海舰，袁磊. 论无边界企业[J]. 中国工业经济，2005（4）：94-102.

[88] 李明，王云美，司春林. 网络经济下锁定效应的经济学本质及成因研究——基于非转移成本的视角[J]. 上海管理与科学，2009（10）：14-19.

[89] 李煜伟，倪鹏飞. 外部性、运输网络与城市群经济增长[J]. 中国社会科学，2013（3）：22-42.

[90] 林力. 零售业态演化过程及业态划分依据探讨[J]. 商业时代，2014（29）：3-5.

[91] 刘大为，李凯. 双边市场中平台企业兼容策略选择研究[J]. 运筹与管理，2011（4）：179-182.

[92] 刘刚. 企业成长之谜——一个演化经济学的解释[J]. 南开经济研究，2003（5）：9-14.

[93] 刘宁. 零售业态分化与我国零售业态发展的战略调整[J]. 南京经济学院学报，2003（3）：22-26.

[94] 刘晓雪. 竞争与共生——中国零售业态结构演变分析[J]. 北京工商大学学报（社会科学版），2009（1）：1-5.

[95] 刘星原. 我国零售业态及经营模式异化与趋同的演化规律研究[J]. 当代经济科学，2001（4）：75-79.

[96] 卢福财，胡平波，黄晓红. 交易成本、交易收益与网络组织效率[J]. 财贸经济，2015（9）：19-23.

[97] 吕玉明，吕庆华. 中美网络零售业比较与我国网络零售业发展路径研究[J]. 宏观经济研究，2013（4）：100-106.

[98] 骆品亮，傅联英. 零售企业平台化转型及其双边定价策略研究[J]. 管理科学学报，2014（10）：1-12.

[99] 马超. 我国零售业演变的影响因素及发展趋势分析[D]. 西安: 西北大学博士学位论文, 2010: 53-68.

[100] 马龙龙. 我国高端消费外流成因与回流政策研究[J]. 价格理论与实践, 2013 (6): 17-19.

[101] 马树建, 王慧敏, 施庆生. 生产商能力限制条件下零售供应链的Stackelberg弈模型[J]. 统计与决策, 2008 (6): 50-51.

[102] 迈克尔·哈默. 企业再造[M]. 上海: 上海译文出版社, 2007.

[103] 孟利锋, 刘元元. 零售业态管理[M]. 北京: 清华大学出版社, 2013: 1-12.

[104] 牛华勇, 崔校, 宁苏灵. 外资零售对中国零售业态结构优化的调节效应[J]. 中国流通经济, 2015 (5): 100-106.

[105] 彭娟. 基于规模发展的零售业态区域差异实证研究[J]. 北京工商大学学报(社会科学版), 2012 (4): 17-24.

[106] 彭娟. 中国零售业态分类研究[J]. 商业研究, 2014 (7): 42-50.

[107] 青木昌彦. 模块时代: 新产业结构的本质[M]. 上海: 上海人民美术出版社, 2003.

[108] 邱泽奇, 张樹沁, 刘世定. 从数字鸿沟到红利差异[J]. 中国社会科学, 2016 (10): 94-115.

[109] 曲创, 杨超, 臧旭恒. 双边市场下大型零售商的竞争策略研究[J]. 中国工业经济, 2009 (7): 67-75.

[110] 曲振涛, 周正, 周方召. 网络外部性下的电子商务平台竞争与规制[J]. 中国工业经济, 2010 (4): 120-129.

[111] 芮明杰, 李想. 零售业态的差异化和演进: 产业组织的视角[J]. 产业经济研究, 2007 (2): 1-7.

[112] 沈蕾, 于炜霞. 中国服装零售业态发展内在动因的探讨[J]. 商业经济与管理, 2000 (5): 13-15.

[113] 石明明. 消费者异质性、搜寻与零售业态均衡——后福特时代流通过程如何响应消费者异质性[J]. 财贸经济, 2013 (11): 107-116.

[114] 石奇, 岳中刚. 大型零售商的双边市场特征及其政策研究[J]. 财贸经济, 2008 (2): 105-111.

[115] 石涛, 陶爱萍. 报酬递增: 特殊性向普遍性转化的分析[J]. 中国

工业经济，2007（4）：4-12.

[116] 史晋川，刘晓冬.网络外部性、商业模式与PC市场结构[J].经济研究，2005（3）：91-107.

[117] 司增绰.需求供给结构、产业链构成与传统流通业创新——以我国批发零售业为例[J].经济管理，2015（2）：20-30.

[118] 宋则.市场变异是破坏社会和谐的总根源——兼论一种"改革悖论"[J].经济体制改革，2007（6）：25-29.

[119] 宋则.我国零售业发展中长期三大战略要点[J].中国流通经济，2012（6）：13-18.

[120] 孙殿国.大型零售商主导购物中心零售业态双边市场运行机理[J].河北经贸大学学报，2015（1）：102-106.

[121] 孙明贵.业态管理学原理[M].北京：北京大学出版社，2004：2.

[122] 孙明贵.业态管理原理[M].北京：北京大学出版社，2004：60-69.

[123] 陶伟军，文启湘.零售业态的生成与演进：基于知识的分析[J].当代经济科学，2002（6）：52-57.

[124] 田华伟.消费者异质性视角下的中国零售业态发展与演进研究[J].价格月刊，2018（7）：74-79.

[125] 汪建成，任丽霞.中国零售业的环境指数、业态生命周期与业态变迁[J].当代经济与管理，2006（3）：38-46.

[126] 王海波，曹玉书.发达国家零售业发展的做法及启示[J].经济纵横，2015（11）：124-128.

[127] 王海波.我国零售业态演化的研究[D].北京：北京交通大学博士学位论文，2016：35-44.

[128] 王汉生.数据思维：从数据分析到商业价值[M].北京：中国人民大学出版社，2018.

[129] 王娟.基于消费者行为的零售业态演进研究[D].长沙：中南大学博士学位论文，2012.

[130] 王伟，宋雨.基于模块化制造网络的企业价值创造研究综述[J].大连海事大学学报（社会科学版），2016（3）：52-56.

[131] 王晓东.由电商之争看我国零售业发展问题[J].商业经济研究，

2014（3）：47-49.

[132] 王瑜，任浩. 模块化组织价值创新：内涵与本质[J]. 科学学研究，2014（2）：282-288.

[133] 王玥. 基于全球生产网络视角下的零售供应链升级与转型——以鲜奶和大豆油为例[J]. 地理研究，2018（7）：1435-1446.

[134] 维克托·迈尔-舍恩伯格. 大数据时代：生活、工作和思维大变革[M]. 杭州：浙江人民出版社，2013.

[135] 乌家培. 网络经济及其对经济理论的影响[J]. 学术研究，2000（1）：5-11.

[136] 吴汉洪，孟剑. 双边市场理论与应用评述[J]. 中国人民大学学报，2014（2）：149-156.

[137] 吴泗宗，蒋海华. 对网络外部性的经济学分析[J]. 同济大学学报（社会科学版），2002（12）：70-78.

[138] 武亚军. 中国本土新兴企业的战略双重性：基于华为、联想和海尔实践的理论探索[J]. 管理世界，2009（12）：120-136.

[139] 夏春玉，杨宜苗. 零售业态适应性评价及影响因素[J]. 财贸经济，2007（10）：87-92.

[140] 夏春玉. 零售业态变迁理论及其发展[J]. 当代经济科学，2002（7）：70-77.

[141] 辛向前. 网络经济的交易费用和信息不对称[J]. 中共中央党校学报，2003（11）：97-102.

[142] 邢宏建，臧旭恒. 网络标准竞争的共存均衡与厂商的兼容策略[J]. 南开经济研究，2008（1）：96-111.

[143] 徐从才，丁宁. 服务业与制造业互动发展的价值链创新及其绩效——基于大型零售商纵向约束与供应链流程再造的分析[J]. 管理世界，2008（8）：77-86.

[144] 徐从才，盛朝迅. 大型零售商主导产业链：中国产业转型升级新方向[J]. 财贸经济，2012（1）：71-77.

[145] 徐从才. 流通经济学：过程、组织、政策[M]. 北京：中国人民大学出版社，2012.

[146] 许定洁. 基于业态变迁学说的我国零售业态创新研究[J]. 商业经

济研究，2016（7）：97-99.

[147] 鄢章华，刘蕾."新零售"的概念、研究框架与发展趋势[J].中国流通经济，2017（10）：12-19.

[148] 颜安，周思伟.虚拟整合的概念模型与价值创造[J].中国工业经济，2011（7）：97-106.

[149] 晏维龙."零售之轮"理论发展的逻辑与不足[J].北京工商大学学报（社会科学版），2002（6）：30-34.

[150] 晏维龙.零售营销策略组合及零售业态多样化[J].财贸经济，2003（6）：83-95.

[151] 晏维龙.生产商主导还是流通商主导——关于流通渠道控制的产业组织分析[J].财贸经济，2004（5）：10-17.

[152] 于斌斌.演化经济学理论体系的构建与发展：一个文献综述[J].经济评论，2013（5）：139-145.

[153] 余东华，芮明杰.模块化、企业价值网络与企业边界变动[J].中国工业经济，2005（10）：88-95.

[154] 昝廷全.系统经济：新经济的本质——兼论模块化理论[J].中国工业经济，2003（9）：23-29.

[155] 张鸿雁，李程骅.商业业态变迁与消费行为互动关系论——新型商业业态本土化的社会学视角[J].江海学刊，2004（3）：99-105.

[156] 张宁宁，叶永彪.零售业态演变规律探析——一个以消费者为视角的新阐释[J].商业经济文萃，2006（2）：86-88.

[157] 张五常，企业契约的性质[J].现代制度经济学，1985：139-153.

[158] 张武康，郭立宏.网络零售业态引入对零售企业绩效的影响研究[J].统计与决策，2015（12）：180-184.

[159] 张先轸，何文，李京晓.流通、生产与消费：基于三部门封闭经济系统的均衡分析[J].财贸经济，2014（8）：94-103.

[160] 张翼成，吕琳媛，周涛.重塑：信息经济的结构[M].成都：四川人民出版社，2018.

[161] 张永林.互联网、信息元与屏幕化市场——现代网络经济理论模型和应用[J].经济研究，2016（9）：147-161.

[162] 张永林.网络、信息池与时间复制[J].经济研究，2014（2）：

171-182.

[163] 赵德海,胡元礼.现代商品流通运行[M].北京:中国财经出版社,2003.

[164] 赵德海.调整零售业态结构研究[J].商业研究,2002(7):70-77.

[165] 赵德海.商业地产开发中的错位及对策研究[J].财贸经济,2005(10):88-91.

[166] 赵泉午,刘婷婷,陈凤林.零售业态与企业绩效的实证研究[J].商业经济与管理,2010(9):19-26.

[167] 赵泉午,刘婷婷,陈凤林.零售业态与企业绩效的实证研究——基于沪深零售业上市公司的数据[J].商业经济与管理,2010(9):35-40.

[168] 赵伟,白长虹.对当前我国大型零售企业业态变革的思考[J].中国软科学,2000(2):33-36.

[169] 赵玮,李玉萍.消费者行为视角下零售业态演进的影响因素及发展趋势[J].商业经济研究,2016(11):23-24.

[170] 中西正雄,吴小丁.零售之轮真的在转吗[J].商讯商业经济文荟,2006(1):14-19.

[171] 周霄雪.下游企业市场扩张与上游企业生产效率——跨国零售企业对中国制造企业的影响[J].国际贸易问题,2016(11):76-85.

[172] 朱涛.零售业态演化:基于组织能力视角的理论分析[J].商业经济与管理,2009(3):5-10.

[173] 朱彤.外部性、网络外部性与网络效应[J].经济理论与经济管理,2001(11):60-64.

[174] 朱智,赵德海.中国城乡商品流通市场一体化研究[J].财贸经济,2010(3):130-135.

[175] 祝合良.扩大内需与我国流通业结构调整的基本思路[J].商业经济与管理,2011(12):5-12.

[176] 祝合良.现代商业经济学[M].北京:首都经济贸易大学出版社,2004.

[177] 庄华强.零售业态演化规律的理论探讨[J].商业经济与管理,2002(7):32-34.